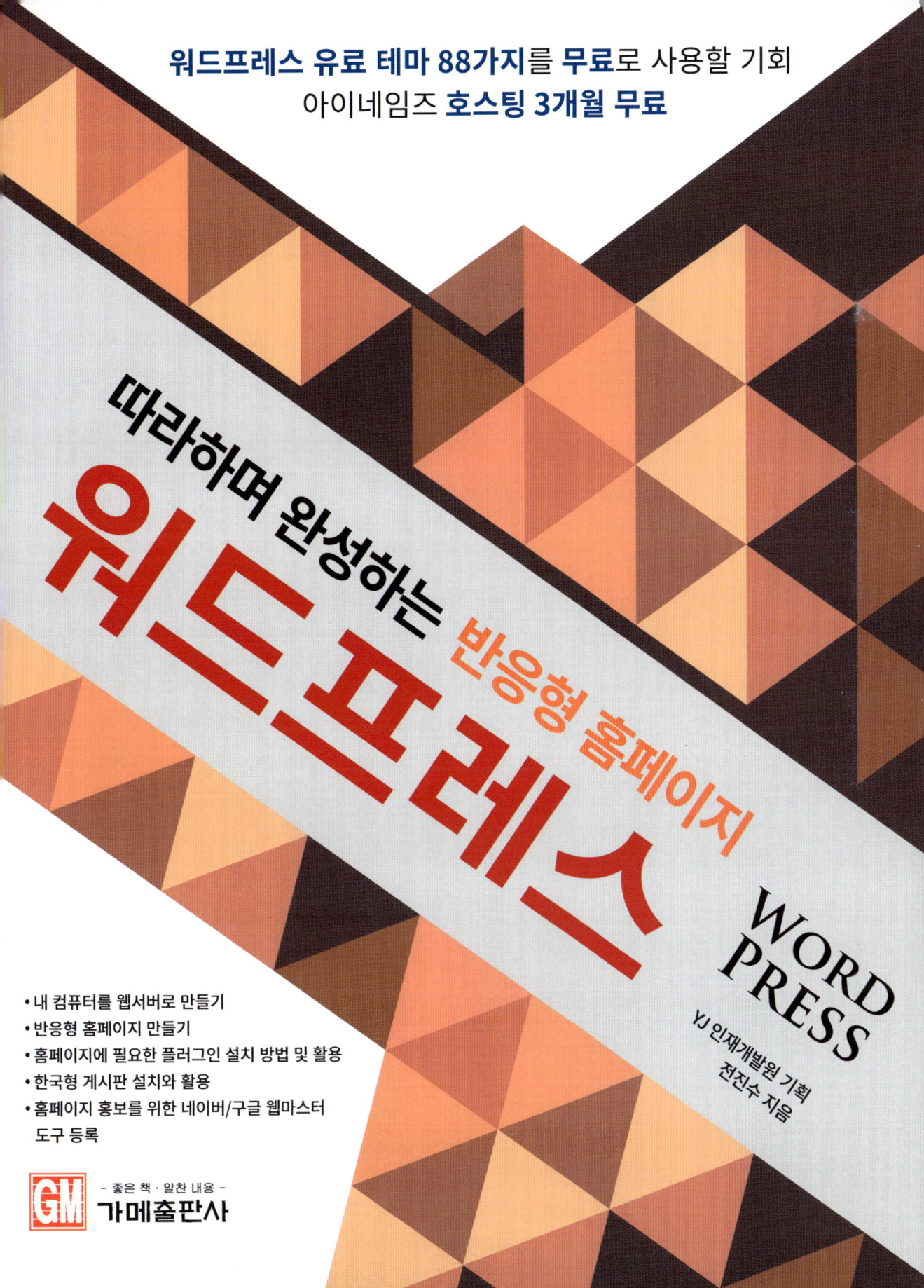

머리글

홈페이지를 만드는 툴은 여러 가지가 있습니다. 그중에 워드프레스는 현재 세계적으로 웹 개발을 위해 사용하고 있는 도구 중에 가장 많이 사용하고 있는 개발 도구이며 설치형 블로그로 유명합니다.

처음에는 화면도 복잡하고 어렵게 느껴질 수 있습니다. 책을 통해 한 단계씩 진행하다 보면 어느덧 여러분이 원하는 사이트가 완성될 것입니다.

이 책은 다음과 같이 7개의 Part로 구성하고 있습니다.

[Part1. 워드프레스의 이해와 홈페이지 개발을 위한 준비하기]에서는 워드프레스는 어떤 프로그램이고 홈페이지 개발을 위해 준비해야 하는 사항에 대해 알아보고 있습니다.

[Part 2. 내 컴퓨터를 웹서버로 만들고 워드프레스 설치하기]에서는 컴퓨터를 웹 서버로 만들기 위해 필요한 오토세 프로그램 설치와 환경 설정을 하고 워드프레스를 다운받아서 설치하는 방법을 실습해 봅니다.

[Part 3. 웹호스팅 서비스 신청하기]에서는 아이네임즈 호스팅에 가입하고 무료 쿠폰을 등록하여 워드프레스로 본격적으로 홈페이지를 만들기 위한 준비를 마치는 단계입니다.

[Part 4. 무료 테마로 워드프레스 기본기 다지기]에서는 호스팅에 워드프레스 설치와 무료 테마를 다운로드하여 설치하고 홈페이지 카테고리 구성 및 게시판을 설치하는 과정을 통해 워드프레스의 기초적인 부분을 마스터하는 과정입니다.

[Part 5. 홈페이지에 필요한 플러그인 추가하기]에서는 홈페이지를 구성할 때 필요한 메일문의를 만드는 Contact Form 7 플러그인, 페이지를 복사하는 Duplicate Post 플러그인, 한글 글꼴을 추가하는 Hangul font nanumgothic – google 플러그인, 한국형 소셜 공유기능을 하는 Korea SNS 플러그인 설치, 홈페이지의 콘텐츠 출력을 지원하는 플러그인, 사이트 최적화 도구 Yoast SEO 설치를 하고 활용하는 방법을 소개합니다.

[Part 6. 실전! 유료 테마로 회사 홈페이지 완성하기]에서는 유료 테마로 많은 분이 관심을 가지고 활용하고자 하는 "Divi" 테마를 선택하고 플러그인을 활성화하여 실제 활용되는 기업형 홈페이지를 완성해 보는 과정을 진행합니다.

[Part 7. 홈페이지 최적화 작업하기]에서는 홈페이지를 만들고, 사이트가 검색사이트에서 잘 검색되도록 검색엔진 최적화 작업 및 검색엔진에 등록하는 방법을 배웁니다.

이렇게 책이 나오기까지 항상 곁에서 지켜봐 주고 도움을 주는 가족과 가메출판사 가족 여러분께 진심으로 감사드립니다.

필자 전진수

기획하며

4차 산업혁명시대를 맞이하여 개인 혹은 자영업자 누구나 **홍보의 필요성**을 더 크게 인지하였습니다.

이에 자신을 잘 표현하여 **홍보할 1인 1 홈페이지** 운영이라는 시대 흐름에 부응하기 위해서 누구나 쉽게 홈페이지를 만드는 방법을 찾던 중 세계적으로 유명한 **워드프레스**를 이용한다면 **최신 트렌드에 걸맞은 홈페이지**를 만들 수 있겠다는 생각에 이르렀습니다.

따라서, IT 업계 실무와 강의 경험이 풍부하고, 스토리텔링의 원조 격인 필자와 함께 한 권의 책으로 **한글만 이해하면** 누구나 쉽게 자신이 원하는 **홈페이지**를 만들 수 있게 하려고 기획하게 되었습니다.

이 책을 통해 1인 1 홈페이지 운영이라는 시대 흐름에 독자 여러분도 동참할 수 있기를 바랍니다.

YJ 인재교육원장 김영재

목차

Part 1 워드프레스의 이해와 홈페이지 개발을 위한 준비

01 워드프레스란?   10
02 워드프레스의 시장 점유율   11
03 홈페이지 개발을 위한 준비 사항   12

Part 2 내 컴퓨터를 웹서버로 만들고 워드프레스 설치하기

01 오토셋 설치   26
02 오토셋 실행   33
03 워드프레스 다운로드   36
04 워드프레스 설치를 위한 데이터베이스 만들기   38
05 워드프레스 설치   41
06 홈페이지 접속 및 관리자 페이지 접속하기   45

Part 3 웹호스팅 서비스 신청하기

01 아이네임즈 회원 가입하기   50
02 아이네임즈 호스팅 등록하기   53
03 아이네임즈 호스팅 신청하기   56

Part 4 무료 테마로 워드프레스 기본기 다지기

01	호스팅에 워드프레스 설치하기	66
02	홈페이지 접속 및 관리자 페이지 접속하기	68
03	카테고리 구성하기	78
04	메뉴 구성	82
05	카테고리에 페이지 연결하기	85
06	게시판 플러그인 설치	88
07	게시판 생성하기	91
08	공지사항 일반 게시판 연결하기	94
09	제품소개 갤러리 게시판 연결하기	95
10	행사안내 캘린더 게시판 만들기	99
11	무료 테마와 플러그인 설치하기	101
12	헤더 영역 변경하기	106
13	메뉴 영역 변경하기	110
14	메인 이미지 및 타이틀 수정	112
15	메인 콘텐츠 영역 변경하기	115
16	푸터 사이드바 활성화	119
17	서브 페이지 위젯 설치하기	121

Part 5 홈페이지에 필요한 플러그인 추가하기

01	메일 문의를 만드는 Contact Form 7 플러그인	128
02	페이지를 복사하는 Duplicate Post 플러그인	129
03	한글을 추가하는 Hangul font nanumgothic - google 플러그인	132
04	한국형 소셜 공유 기능의 Korea SNS 플러그인 설치	134
05	홈페이지의 콘텐츠 출력을 지원하는 플러그인	135
06	사이트 통계 분석을 위한 Jetpack by WordPress.com 플러그인	137
07	사이트 최적화 도구 Yoast SEO 설치	142

Part 6 실전! 유료 테마로 회사 홈페이지 완성하기

01 유료 테마 설치하기   154
02 테마와 플러그인 활성화하기   159
03 홈페이지에 필요한 미디어 파일 올리기   162
04 홈 화면 레이아웃 설정   164
05 메인(홈) 페이지 지정하기   170
06 홈페이지에 필요한 페이지 구성   174
07 Divi 빌더를 활용하여 서브 페이지 업그레이드 하기   179
08 페이지 복사로 같은 유형 쉽게 만들기   187
09 홈페이지에 자료실 게시판 설치하기   193
10 홈페이지에 갤러리 게시판 설치하기   202
11 홈페이지에 캘린더 게시판 설치하기   206
12 지도를 삽입한 회사 안내 페이지 만들기   210
13 이메일 문의 페이지 만들기   217
14 홈페이지에 로고 등록하기   221
15 홈페이지 메뉴 구성하기   224
16 폰트 적용하기   234
17 메인 모듈 편집하기   236
18 FTP 프로그램 설치   262
19 FTP로 호스팅 접속하여 파일 전송하기   264
20 게시판에 동영상 등록하기   269
21 홈페이지에 SNS 공유 버튼 달기   272
22 홈페이지에 출력 기능 추가하기   275

Part 7 홈페이지 최적화하기

01 네이버 웹마스터도구에 홈페이지 등록   286
02 사이트 최적화 현황 분석   293

Part 1
워드프레스의 이해와 홈페이지 개발을 위한 준비

홈페이지를 만드는 도구는 여러 가지가 있습니다. 그중에서 워드프레스는 현재 세계적으로 홈페이지 개발을 위해 사용하고 있는 도구 중에 가장 많이 사용하고 있는 개발도구로 유명한 설치형 블로그입니다.

처음에는 화면도 복잡하고 어렵게 느껴질 수 있습니다. 책을 통해 한 단계씩 진행하다 보면 어느덧 여러분이 원하는 홈페이지가 완성될 것입니다.

01 워드프레스란?

워드프레스는 일반적으로 제공되는 블로그와 달리 설치형 블로그 형식으로 인터넷 호스팅 공간에 사용자가 설치하고 원하는 형태로 블로그 및 홈페이지, 쇼핑몰을 만들 수 있는 프로그램입니다. 여러가지 모습의 홈페이지로 변경할 수 있도록 다양한 스킨이 무료로 제공되고 있으며, 계속해서 업그레이드되고 있습니다.

이렇게 편리하게 사용할 수 있도록 만들어 놓은 콘텐츠 관리 시스템을 CMS(Contents Management System)라고 하며 웹 개발을 위한 HTML 및 다양한 언어를 알지 못해도 사용할 수 있습니다.

워드프레스의 설치환경은 아파치(Apache) 또는 엔진엑스(NginX) 그리고 PHP와 MySQL을 지원하는 모든 웹서버에 설치할 수 있습니다. 워드프레스 3.1 버전 이하는 PHP 4.1 이상과 MySQL 4.1 이상이 필요하고, 워드프레스 3.2 버전 이상은 PHP 5.2.4 이상과 MySQL 5.0 이상이 필요합니다.

현재 우리나라에서도 워드프레스를 이용하여 개발한 다양한 사이트가 있습니다. LG 전자(http://sociak.lge.co.kr) 사이트가 대표적으로 워드프레스를 사용한 사이트 유형입니다. 만들고자 하는 사람의 프로그램 능력에 따라 다양하게 변형할 수 있으며 프로그램 실력이 없더라도 현재 나와 있는 무료 스킨과 양질(high quality)의 유료 스킨으로 멋진 사이트 개발이 가능합니다.

여러분도 워드프레스를 이용하여 홈페이지 만들기에 도전해 보세요. 만들며 모르는 것은 다양한 커뮤니티와 포럼을 통해 교류하며 여러분의 실력을 업그레이드할 수 있습니다.

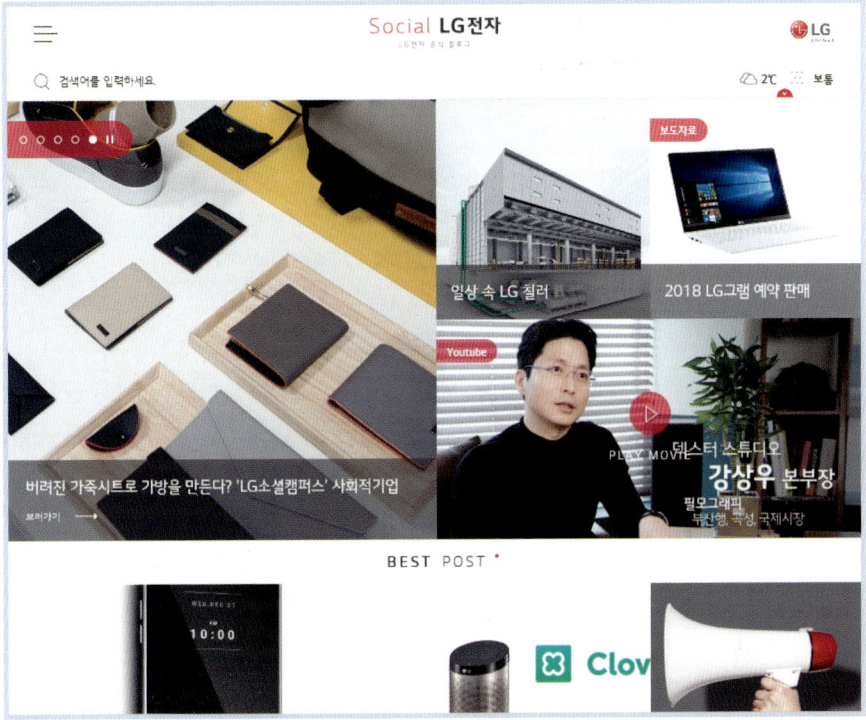

[LG전자 http://social.lge.co.kr]

02 워드프레스의 시장 점유율

웹 브라우저를 이용하여 웹 브라우저의 인터넷 주소에 https://w3techs.com을 입력하고 접속하면 웹에 대한 다양한 기술에 대한 정보를 수집하고 설문 조사를 하는 W3Techs에서 내놓은 자료를 볼 수 있다. 이 자료에 따르면 워드프레스가 2017년 10월 가장 인기 있는 콘텐츠 관리 시스템(CMS)으로 세계 시장의 59.9%를 차지하고 있다는 것을 확인할 수 있습니다.

[워드프레스 시장 점유율]

최상위 도메인으로 .kr을 사용하는 사이트의 워드프레스 사용 비율을 알아보기 위해 W3Techs에서 Technologies 〉 Top Level Domains 〉 .kr 〉 Segmentation 〉 Content Management 카테고리로 이동해보면 워드프레스의 사용율이 57.3%인 것을 것을 볼 수 있습니다.

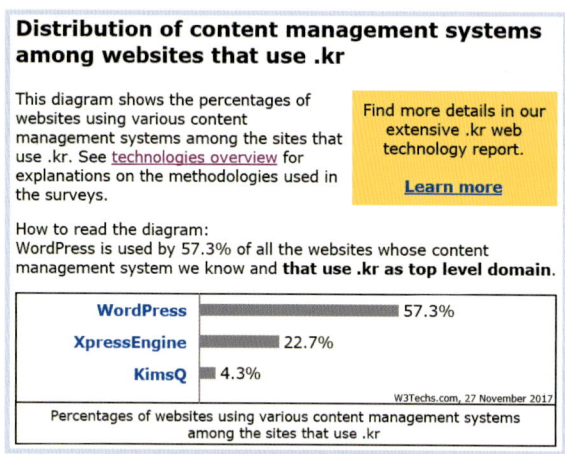

[.kr을 사용하는 사이트 중 워드프레스 점유율]

03 홈페이지 개발을 위한 준비 사항

홈페이지를 만들기 위해서는 우선 어떤 홈페이지를 만들 것인지에 대한 목표가 있어야 합니다. 만드는 과정에서 생각이 바뀌게 되면 처음부터 다시 진행해야 하는 일들이 많이 발생하기 때문에 홈페이지에 대한 기획을 먼저 하고, 특히 상업용으로 사용하려고 하는 경우는 어떤 대상에게 홈페이지를 보여줄 것인가를 생각해 보아야 합니다.

목표가 설정되었다면 이번에는 벤치마킹(benchmarking)을 해야 합니다. 자신의 생각을 정리하고 구체화하는 단계에서 유사 다른 사이트를 접속하여 사이트의 레이아웃 구성과 색상, 폰트, 콘텐츠 등을 살펴보며 자신이 기획한 홈페이지를 더욱 구체화하게 됩니다.

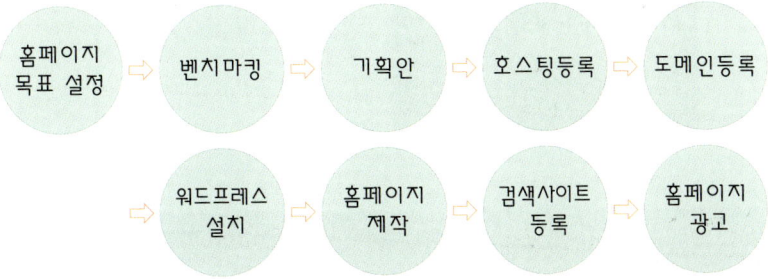

[홈페이지를 만드는 9단계]

기획안에서는 홈페이지에 대한 레이아웃과 카테고리와 대략적인 콘텐츠 구성이 나와야 합니다. 처음에는 완성도가 떨어질 수 있습니다. 전체적인 기준만 흔들리지 않는다면 세부적인 내용을 조금씩 수정해 가며 채워가며 진행하면 됩니다. 가벼운 마음으로 하나를 만들어보며 더 구체적인 수정 진행 단계로 사이트를 만들어 간다고 생각하면 좋을 것 같습니다.

로고 / 카테고리
메인 이미지
회사의 발자취
주요사업
메일 문의 및 회사 정보

[홈페이지 메인 레이아웃 예시]

로고 / 카테고리	
메인 이미지	
검색	서브 콘텐츠
메일 문의 및 회사 정보	

[홈페이지 서브 레이아웃 예시]

14 · 따라하며 완성하는 반응형 홈페이지 **워드프레스**

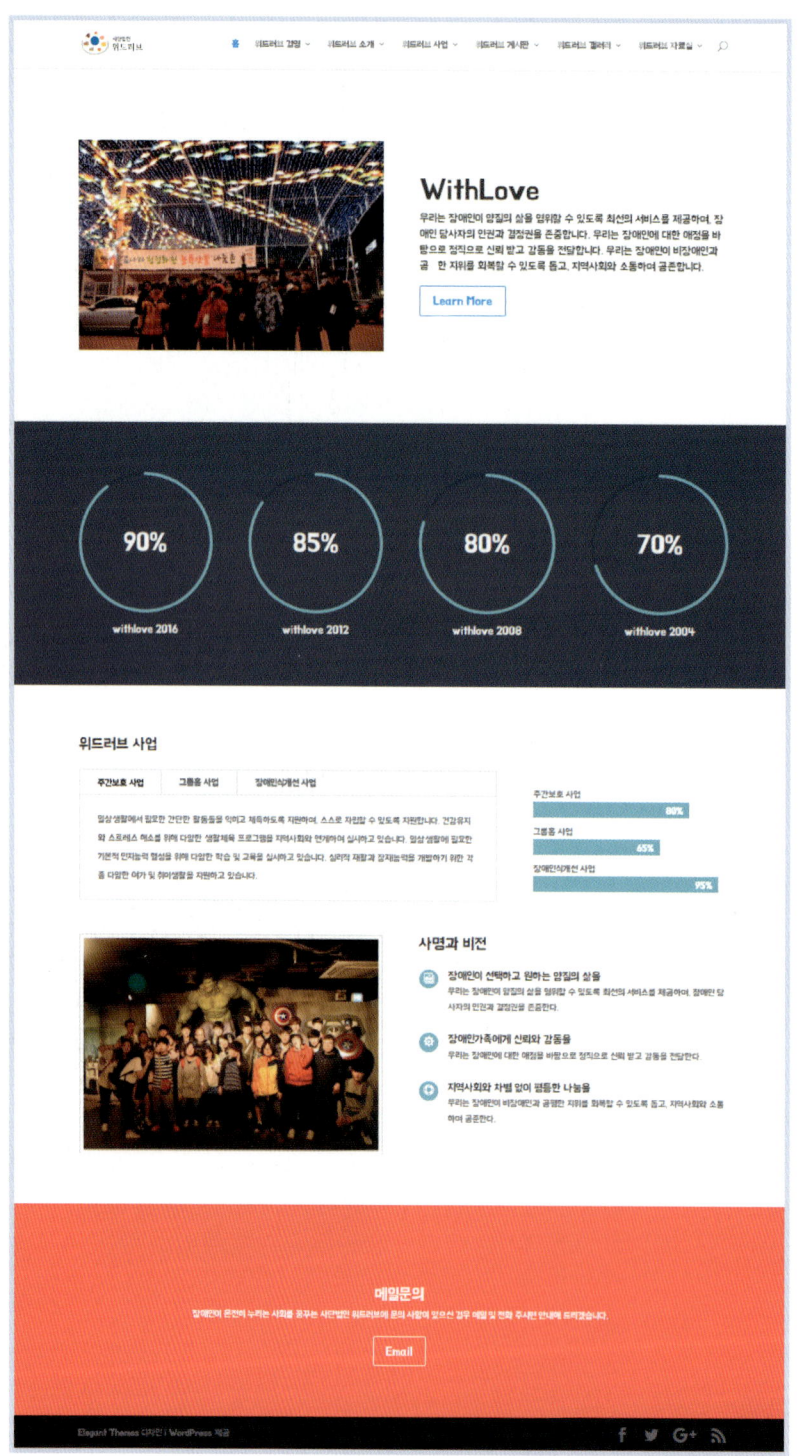

[책에서 만들어 보는 홈페이지 메인 화면]

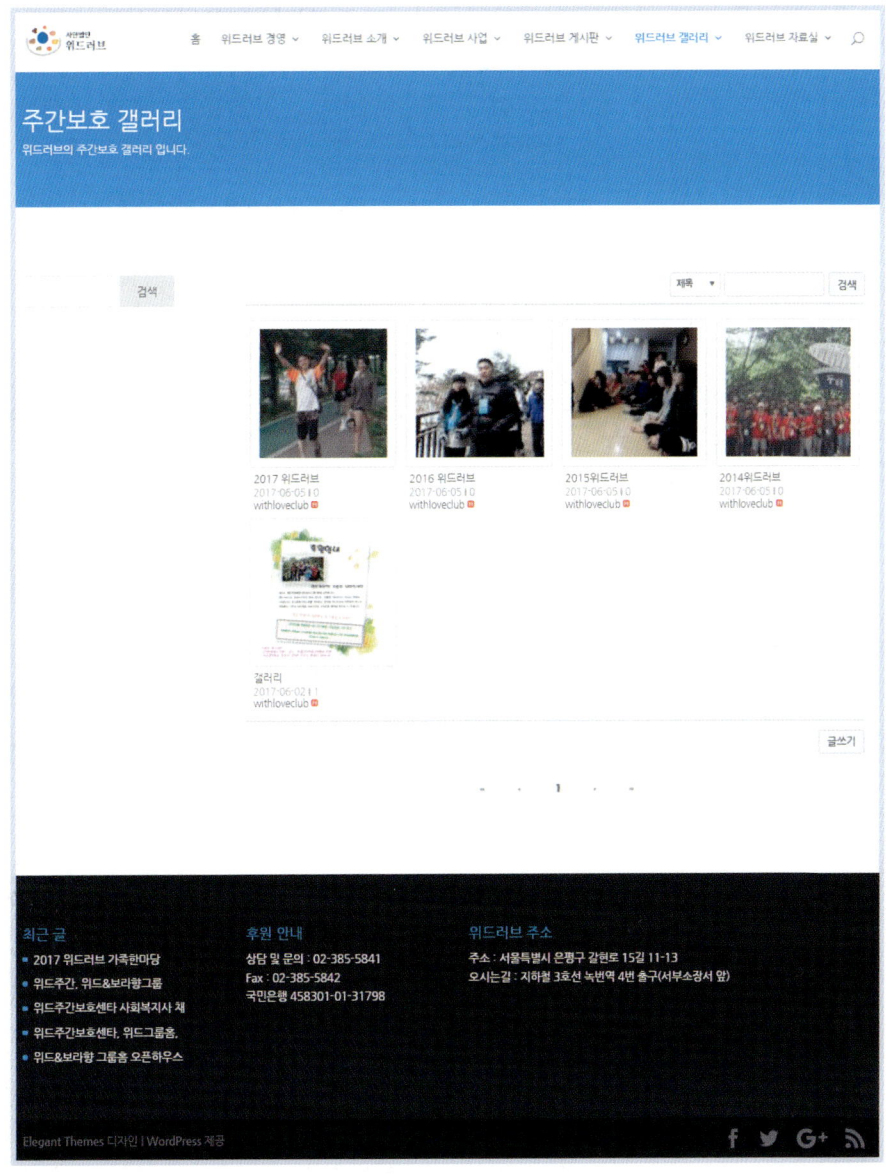

[책에서 만들어 보는 홈페이지 서브 화면]

앞의 내용처럼 대략적인 구성이 나왔으면 이제는 홈페이지 설정을 위한 준비입니다. 호스팅은 어디에 가입할 것이며, 도메인은 무료 도메인을 사용할 것인지 또는 유료 도메인으로 한다면 어떤 도메인을 구매할 것인지에 대한 내용 등을 정리해야 합니다.

첫 번째로 호스팅 서비스입니다.
호스팅 서비스를 알아보기 위해 네이버 화면에서 검색어로 '호스팅'을 입력하고 검색합니다. 검색 결과에 여러 사이트가 나오는 것을 볼 수 있습니다. 호스팅은 여러분이 만들려고 하는 홈페이지 자료를 저장하고 워드프레스를 설치하는 공간을 말합니다. 처음부터 큰 공간을 마련할 이유는 없다고 봅니다. 만들면서 용량이 늘어나는 경우 추가할 수 있으므로 처음에는 워드프레스 설정하고 기본적인 연습을 수행할 공간을 확보하면 됩니다.

[네이버에서 호스팅을 검색한 결과]

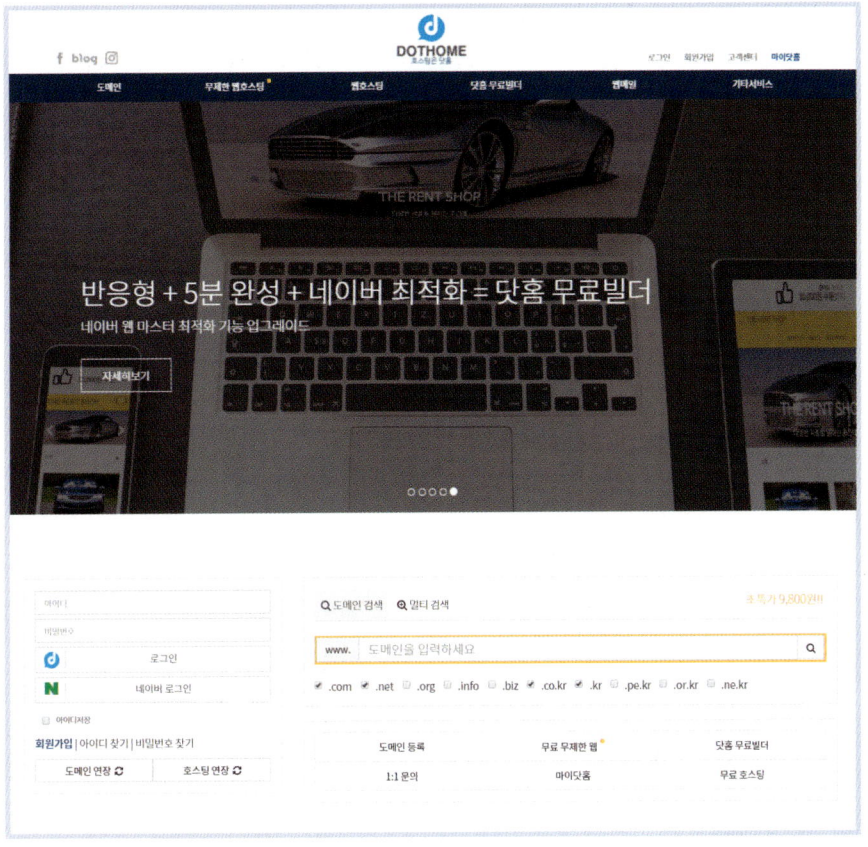

[호스팅을 무료로 제공해 주는 닷홈]

[3개월 무료 호스팅과 워드프레스 유료 테마를 무료로 제공하는 아이네임즈]

호스팅 서비스는 여러 가지가 있는데 그중에 **리눅스 호스팅** 서비스가 있는지 확인해야 합니다. 워드프레스를 아무 호스팅에나 설치할 수 있는 것이 아니라 프로그램별로 설치가 가능한 환경이 따로 있습니다. 앞에서 살펴본 내용과 같이 운영체제, 데이터베이스, 지원프로그램 언어 등을 꼼꼼히 살펴봐야 합니다.

[아이네임즈의 다양한 호스팅 서비스 항목]

호스팅 업체의 서비스 사양 안내 페이지로 이동하여 PHP와 MySQL을 지원하는지 확인해 보고 PHP 버전과 MySQL 버전을 확인해 보아야 합니다.

[서비스 사양 안내 페이지를 통해 설치환경 확인]

두 번째로 도메인입니다.

도메인은 인터넷 주소를 뜻하며 사용자가 원하는 도메인을 등록하여 사용할 수 있습니다. 도메인은 무료와 유료 도메인이 있고, 무료 도메인은 호스팅 업체에서 제공하는 2차 도메인입니다. 2차 도메인의 경우는 2차 도메인 서비스를 제공하는 업체의 주소가 뒤에 붙게 됩니다. 예를 들어 아이네임즈에서 호스팅 서비스를 받게 되면 무료로 제공되는 도메인은 http://신청한ID.inames.kr이 제공됩니다. 유료 도메인의 경우는 사용자가 도메인 신청 페이지에서 도메인을 검색하고 다른 사람이 도메인을 사용하지 않으면 신청할 수 있습니다.

[도메인 등록 페이지에서 원하는 도메인을 검색할 수 있습니다.]

도메인 검색 결과 페이지에서 등록된 도메인과 등록 가능한 도메인이 분리되어 표시된 것을 볼 수 있습니다. 등록을 원하는 도메인이 있는 경우 [담기] 버튼을 클릭하여 결재하면 자신의 도메인이 됩니다.

[도메인 검색 결과 등록된 도메인과 등록 가능 도메인이 구분되어 표시]

세 번째로 FTP 프로그램을 알아야 합니다.

네이버에서 FTP(File Transfer Protocol) 프로그램을 검색하면 여러 개의 프로그램이 나옵니다. FTP 프로그램은 사용하는 데스크 톱 컴퓨터와 웹서버 사이의 파일 송수신을 담당하는 프로그램으로 무료로 설치하여 사용할 수 있습니다.

FTP 프로그램을 처음 사용하는 사용자는 알드라이브를 설치하여 사용하기를 권장합니다. 다른 FTP 프로그램은 조금 복잡하게 느껴질 수 있지만, 알드라이브는 초보자도 편리하게 사용할 수 있습니다.

[네이버에서 FTP 프로그램을 검색한 결과]

다음 그림은 알드라이브의 사이트 맵을 통해 연결할 서버의 연결정보를 입력하는 화면의 예시입니다. 앞으로 알 드라이브를 이용하여 서버로 필요한 파일을 전송해 보는 과정이 진행될 예정입니다.

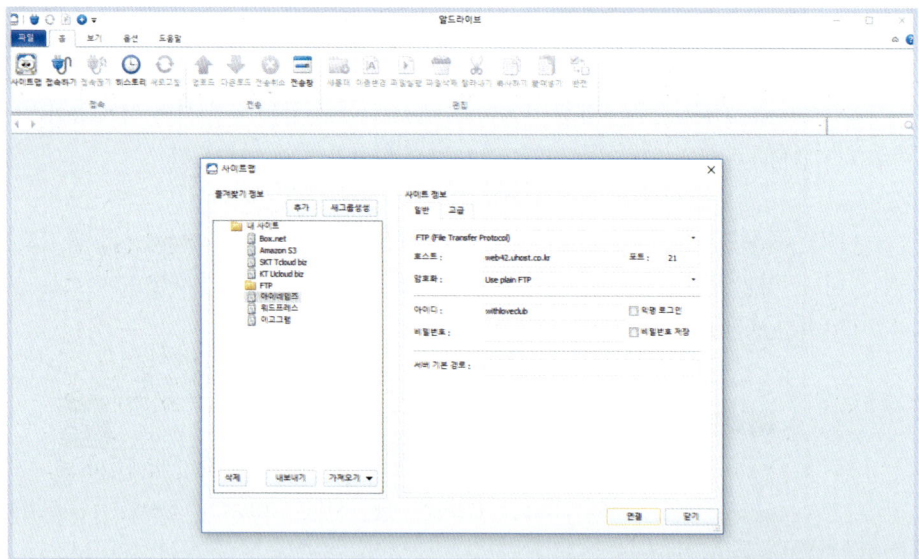

[알드라이브를 설치하고 웹서버에 접속하기 위한 사이트 정보 입력 모습]

네 번째로 **워드프레스 프로그램**을 다운로드하여 설치할 수 있어야 합니다.

워드프레스를 공부하기 위한 과정이므로 워드프레스 프로그램을 다운로드하고 설치하는 과정이 익숙해져야 합니다. 호스팅 업체에서 자동설치 프로그램을 많이 제공해주고 있어서 사용자가 복잡하게 설치하지 않아도 됩니다. 그렇지만 개인 서버를 운영하거나 저렴한 호스팅을 통해 본인이 모든 설정을 직접 해야 하는 경우 등 다양한 상황이 있으므로 워드프레스 설치에 대한 부분은 확실히 알아둘 것을 권장합니다.

[워드프레스 프로그램을 제공해 주는 홈페이지 화면]

다섯 번째로 홈페이지를 검색사이트에 등록하고 광고할 수 있어야 합니다.

홈페이지 관리자는 **네이버 웹 마스터 도구**를 통해 사이트를 점검하고 검색이 잘 될 수 있도록 최적화 단계를 거쳐서 사이트를 관리하고 홍보하는 방법을 알고 있어야 합니다. 검색 엔진에 잘 반영되기 위한 지침들이 있으며, 사이트를 만드는 사람은 그 지침을 알고 적용할 수 있어야 합니다. 이번 책의 마지막 장을 통해 사이트를 등록하고 홍보하는 방법에 대해 알아볼 것입니다.

[네이버 웹 마스터 도구의 메인 페이지]

Part 2
내 컴퓨터를 웹서버로 만들고 워드프레스 설치하기

워드프레스를 설치하고 연습하기에 가장 좋은 방법은 내 컴퓨터를 웹서버로 만들고 워드프레스를 실제로 설치하는 과정을 진행해 보는 것입니다. 호스팅 업체의 경우 자동설치 기능 및 간편 설치 방식으로 되어 있어서 직접 테이터 베이스를 생성해 본다든지 워드프레스 설치를 위한 환경을 잡아 본다든지 하는 경우가 많지 않습니다.

여기서는 웹서버의 환경도 만들고 직접 워드프레스를 다운로드하여 설치를 진행해 보겠습니다.

01 오토셋 설치

오토셋은 자신의 컴퓨터에 웹 서버 환경을 자동으로 만들어 주는 프로그램입니다. 홈페이지를 만들기 위한 웹 개발을 위해서는 웹서버(Apache HTTP Server)와 PHP, MySQL, CUBRID 등 필요한 프로그램을 설치하고 환경을 설정해야 하는데 이렇게 필요한 프로그램을 패키지로 구성해서 제공해 주는 프로그램이 오토셋입니다. 자신의 컴퓨터에 오토셋을 설치하는 과정을 같이 진행해 보겠습니다. 참고로 이 책에서 사용하는 웹 브라우저는 크롬 브라우저를 이용합니다.

오토셋을 설치하기 위해 http://autoset.net 홈페이지에 접속한 후에 상단에서 [무료 다운로드] 탭을 선택한 후 이어서 버전을 구분하는 탭 메뉴에서 [오토셋 10.7.0(PHP 7.0)] 메뉴를 클릭합니다. 이동한 페이지에서 표시되는 나오는 '오토셋 10.7.0.1 (64비트 PC용) 설치 파일'을 클릭합니다.

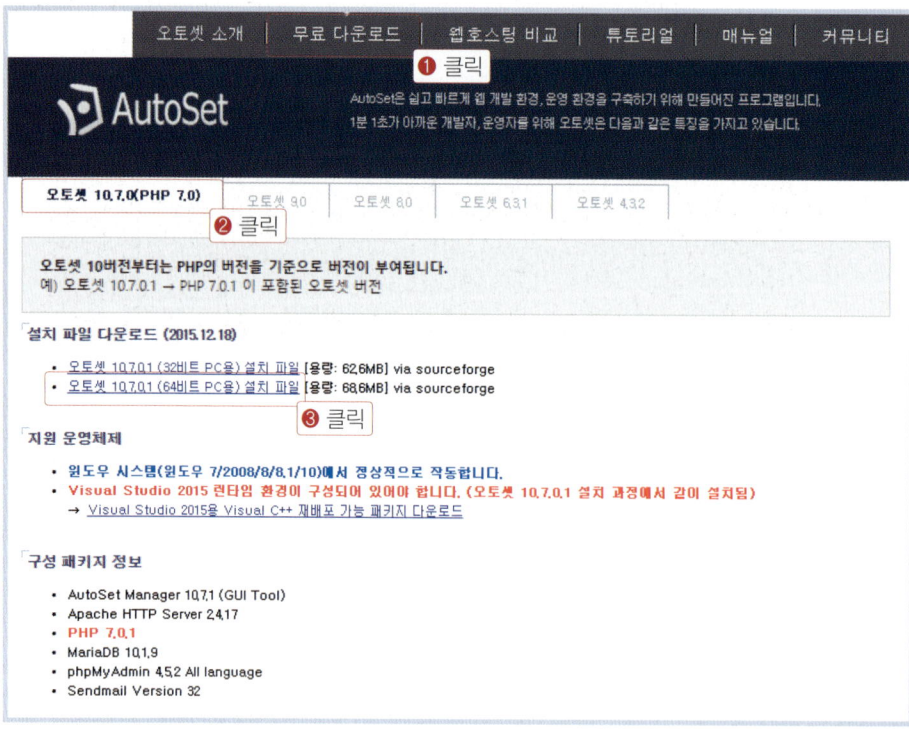

note

32비트와 64비트를 구분하는 컴퓨터 시스템 종류는 바탕화면에 있는 [내 컴퓨터] 또는 [내 PC] 아이콘을 마우스 오른쪽 버튼으로 클릭하여 표시되는 단축 메뉴에서 [속성] 메뉴를 선택하면 '컴퓨터에 대한 기본 정보 보기' 창이 표시됩니다. 자신의 컴퓨터 시스템 환경에 맞는 프로그램을 다운로드하여 설치하면 됩니다.

2 오토셋 설치 파일은 http://sourceforge.net을 통해 다운로드 됩니다. 설치 파일을 기본 위치 또는 적당한 위치에 저장합니다. 설치 파일의 다운로드가 완료되면 웹 브라우저의 하단에 나오는 다운로드 완료된 파일을 클릭하여 오토셋의 설치를 시작합니다.

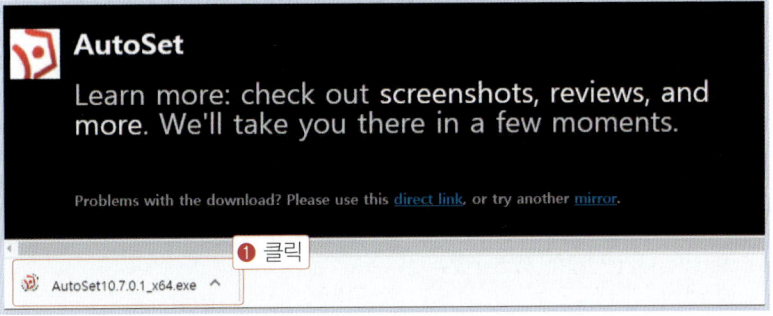

3 설치 언어를 선택하는 창에서 '한국어'를 선택하고 [확인] 버튼을 클릭합니다.

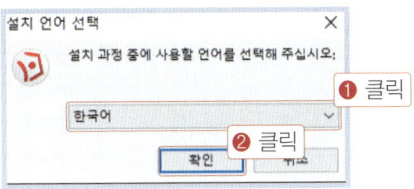

4 설치하는 오토셋의 버전에 관련된 내용이 나옵니다. AutoSet 10.7.0.1 (64bit)를 확인하고 하단에 있는 [다음] 버튼을 클릭합니다.

5 오토셋 사용자 계약 안내 페이지에서 내용을 읽어 본 후에 '사용자 계약에 동의합니다.' 항목에 체크하고 [다음] 버튼을 클릭합니다.

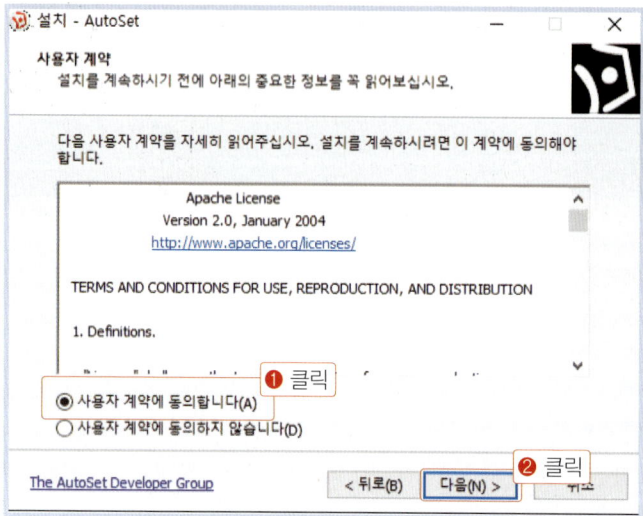

6 오토셋을 설치할 위치를 선택하는 화면에서 원하는 위치가 있는 경우는 [찾아보기] 버튼을 클릭하여 원하는 위치를 정합니다. 만약 기본적으로 설치하는 경우는 'C:\AutoSet10'에 저장이 됩니다. 워드프레스를 오토셋 설치 폴더 내에 저장해야 하기 때문에 경로를 꼭 기억하고 있어야 합니다. 경로 설정이 끝났으면 [다음] 버튼을 클릭합니다.

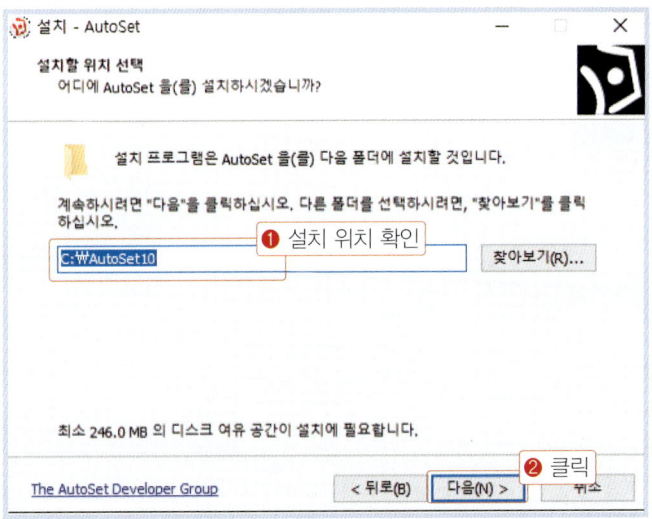

7 설치 구성 요소를 확인하는 창이 나옵니다. 기본적으로 체크되어 있는 항목으로 진행하기 위해 무엇을 설치하는지 항목을 살펴본 뒤에 하단에 있는 [다음] 버튼을 클릭합니다.

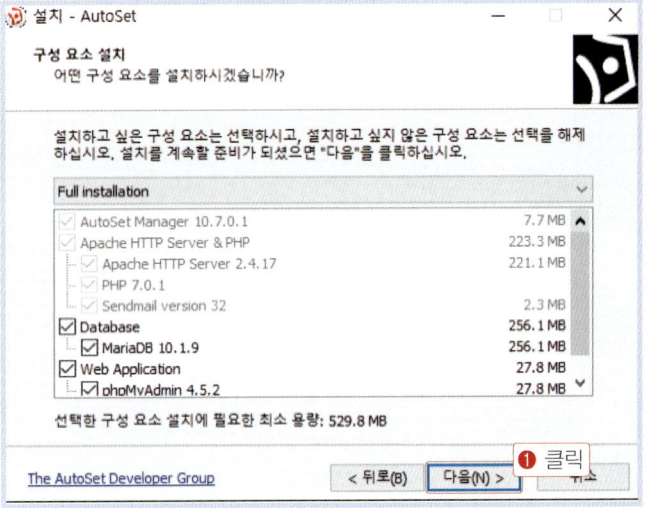

8 시작 메뉴 폴더 선택은 기본값으로 진행하기 위해 [다음] 버튼을 클릭합니다.

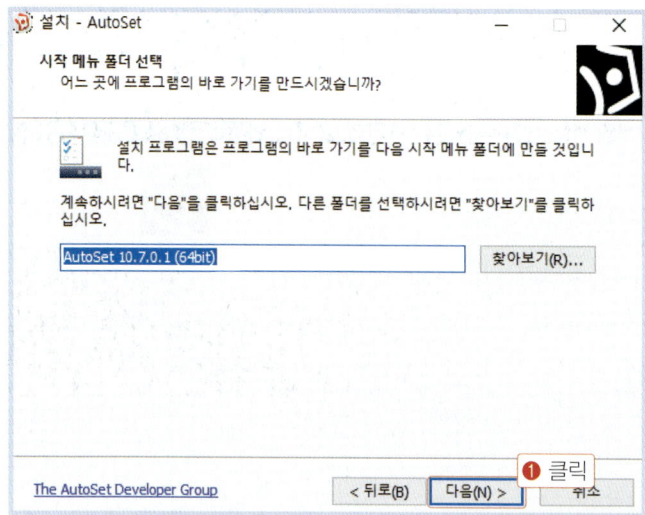

9 설치 준비 완료 화면에서 설치 정보를 확인하고 [설치] 버튼을 클릭합니다.

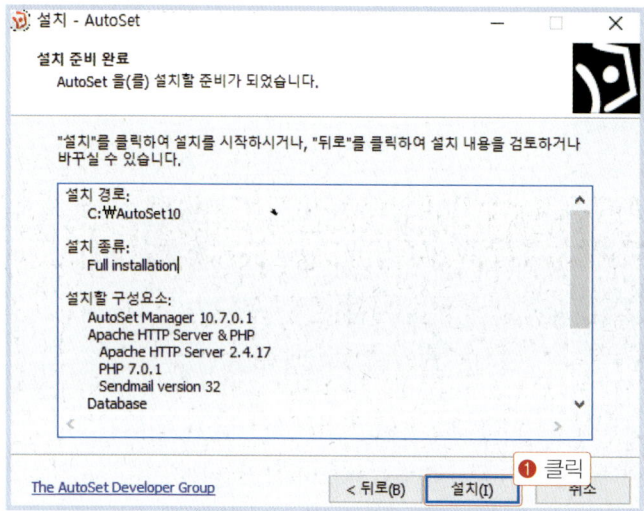

10 설치가 진행되는 것을 확인할 수 있습니다.

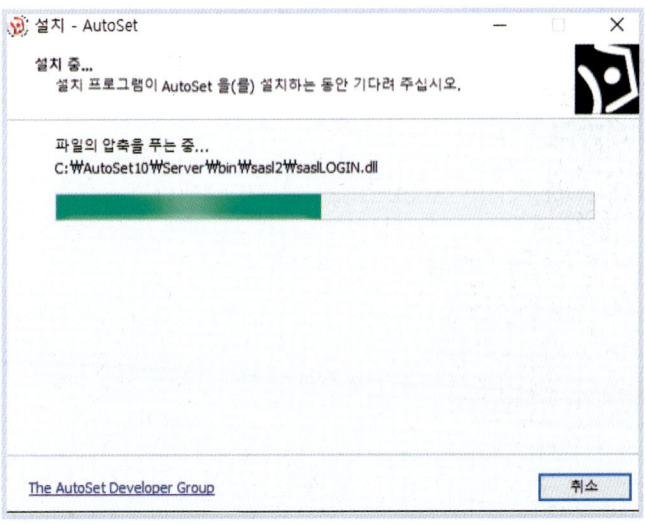

> **note**
>
> 진행 및 실행 과정에서 윈도우 보안 경고 창이 뜨면 [액세스 허용] 버튼을 클릭하여 차단된 기능을 활성화해 주어야 합니다.

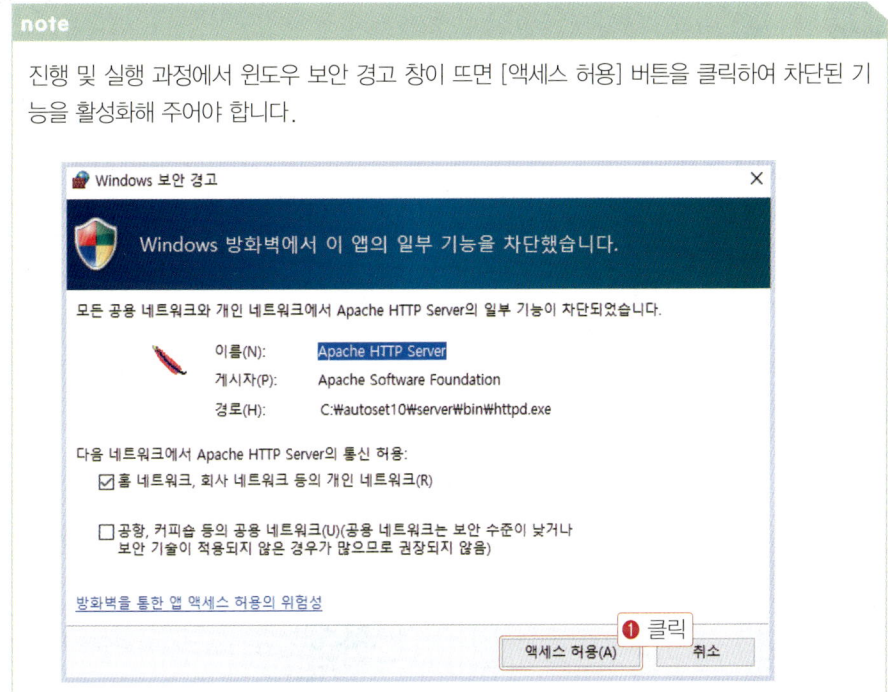

11 설치 정보를 확인하고 [다음] 버튼을 클릭합니다.

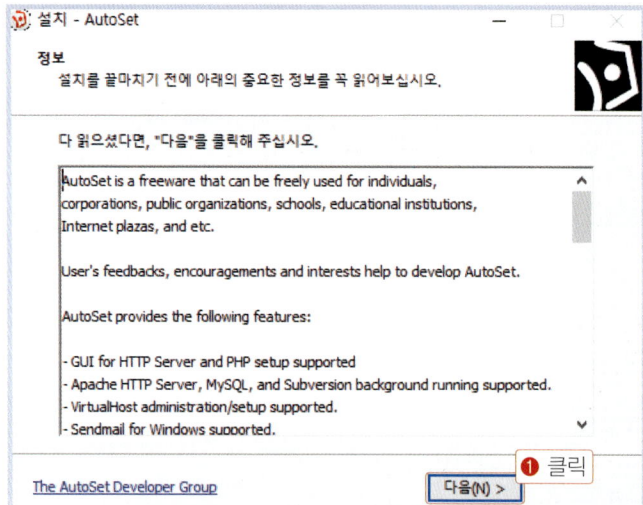

12 AutoSet 설치 완료 페이지에서 내용을 확인하고 [완료] 버튼을 클릭합니다.

02 오토셋 실행

오토셋이 컴퓨터에 잘 설치되었는지 확인한 후에 오토셋을 실행하고 웹서버와 데이터베이스인 MySql을 실행하는 과정을 진행해 보겠습니다.

1. 오토셋을 실행하기 위해 윈도우 [시작(⊞)] 버튼을 클릭한 후에 바로가기 메뉴에서 [오토셋 10.7 매니저 실행]을 클릭합니다.

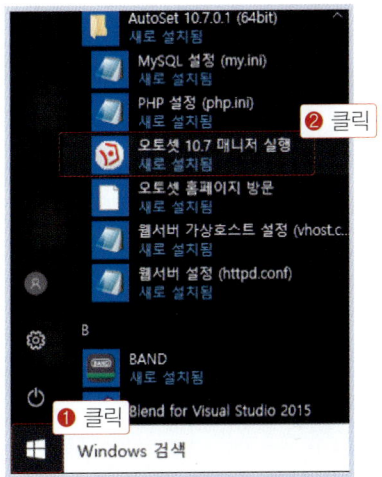

2. 오토셋이 실행되는 것을 볼 수 있습니다. [웹서버 시작] 버튼을 클릭하면 웹서버가 시작됩니다.

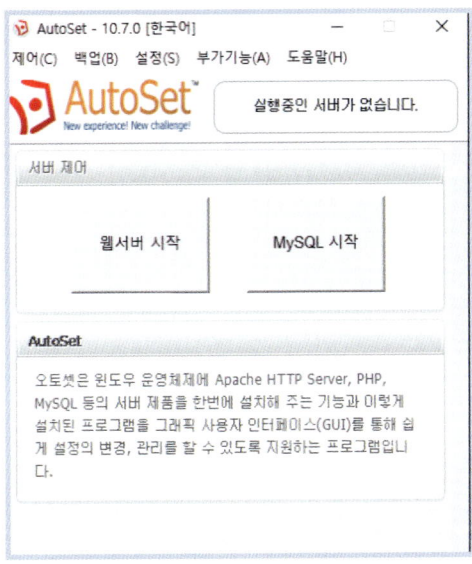

3 웹서버를 시작하는 다른 방법은 오토셋의 메뉴 [제어]-[웹서버 시작]을 선택할 수 있습니다. 웹서버가 시작되면 오토셋 창의 버튼이 [웹서버 멈춤]으로 변경됩니다.

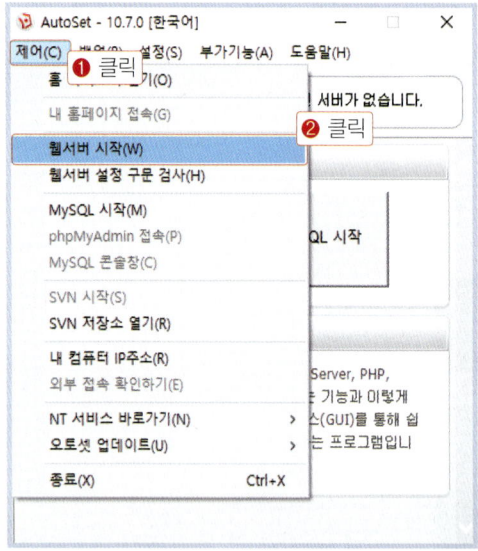

4 MySQL을 시작하기 위해 [MySQL 시작] 버튼을 클릭하거나, 오토셋 메뉴의 [제어]-[MySQL 시작]을 선택합니다.

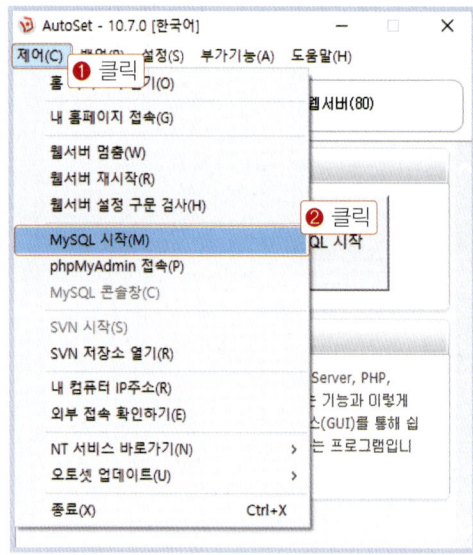

5 웹서버와 MySQL이 정상적으로 실행되고 있는 것을 확인할 수 있습니다.

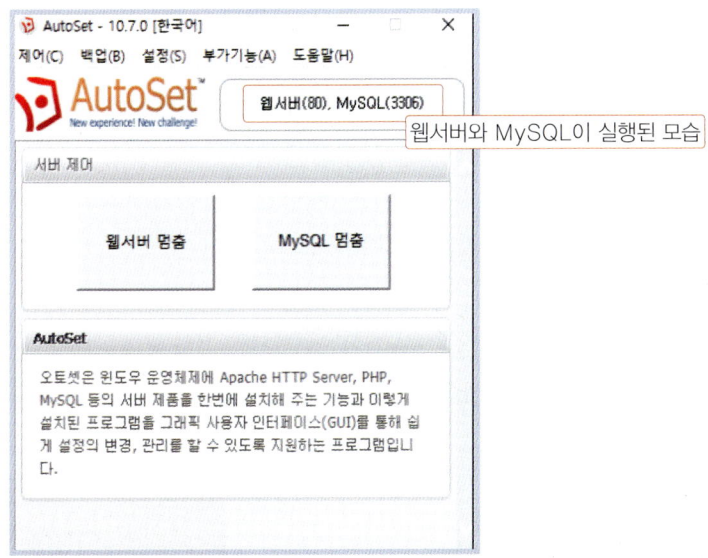

웹서버와 MySQL이 실행된 모습

> **note**
>
> 오토셋이 실행될 때 웹서버와 MySQL을 자동으로 시작할 수 있습니다. 오토셋 화면에서 [설정]-[오토셋 설정]-[오토셋 기본 정보] 메뉴를 클릭하면 [시작 옵션]과 [종료 옵션]이 있습니다. [시작 옵션]과 [종료 옵션]에서 웹서버 항목과 MySQL 항목에 체크하고 화면 하단에 있는 [변경 사항 적용] 버튼을 클릭하여 설정한 옵션을 저장합니다. 이렇게 설정하면 오토셋이 실행되면서 시작 옵션이 적용되어 웹서버와 MYSQL 서버가 자동으로 시작됩니다.

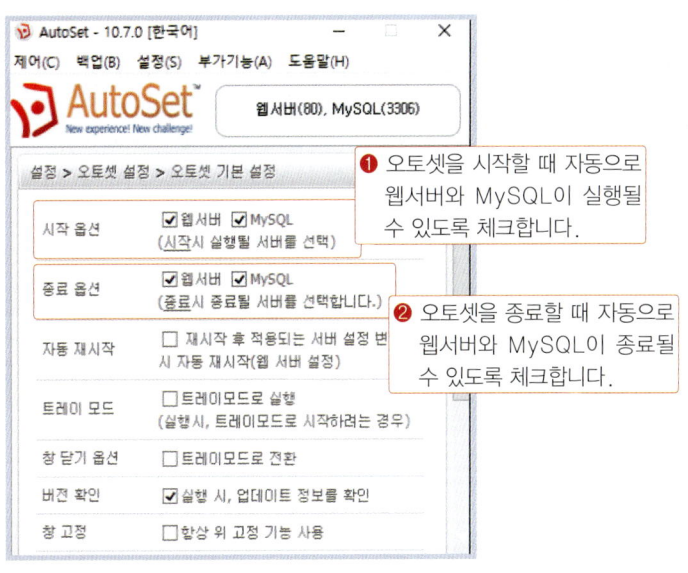

❶ 오토셋을 시작할 때 자동으로 웹서버와 MySQL이 실행될 수 있도록 체크합니다.

❷ 오토셋을 종료할 때 자동으로 웹서버와 MySQL이 종료될 수 있도록 체크합니다.

03 워드프레스 다운로드

앞에서 만들어 놓은 컴퓨터의 웹서버에 워드프레스를 설치하기 위해 워드프레스 공식 홈페이지(http://wordpress.org, 한글판 공식 홈페이지는 http://ko.wordpress.org)에서 워드프레스 프로그램을 다운로드하여 오토셋이 설치된 "C:\AutoSet10\public_html" 폴더로 복사하는 과정을 진행해 보겠습니다.

워드프레스를 다운로드하기 위해 워드프레스 홈페이지 https://ko.wordpress.org에 접속한 뒤에 화면의 오른쪽에 있는 [워드프레스 4.8 다운로드] 버튼을 클릭하여 임의의 위치에 "wordpress-4.8-ko_KR.zip" 파일을 저장합니다.

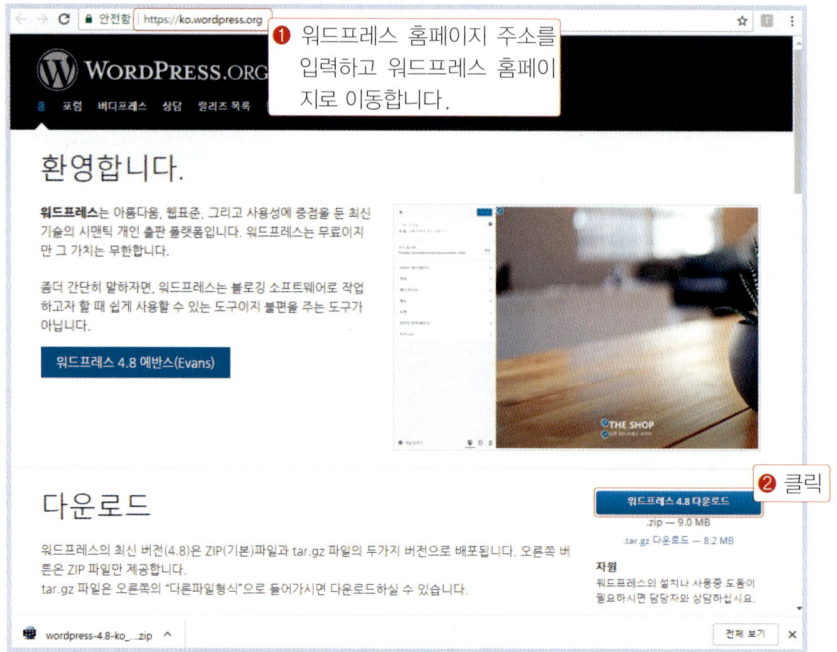

> **note**
>
> 워드프레스의 버전은 수시로 업데이트됩니다. 관리자 메인 페이지에 상단에 나오는 안내 메시지를 클릭하여 업데이트할 수 있습니다. 책을 쓰고 있는 과정에서도 수시로 업데이트 되고 있어서 많이 변경되는 부분은 체크하여 카페(http://cafe.naver.com/jinfield)를 통해 알려드리겠습니다.

2 다운로드가 완료되면 "wordpress-4.8-ko_KR.zip" 파일을 더블클릭하여 압축을 해제합니다. 압축 풀기 화면에서 워드프레스 폴더를 선택하고 [압축풀기] 버튼을 클릭합니다. 다음 그림은 알집(Alzip) 프로그램을 사용하여 압축을 해제하는 예시를 나타낸 것입니다.

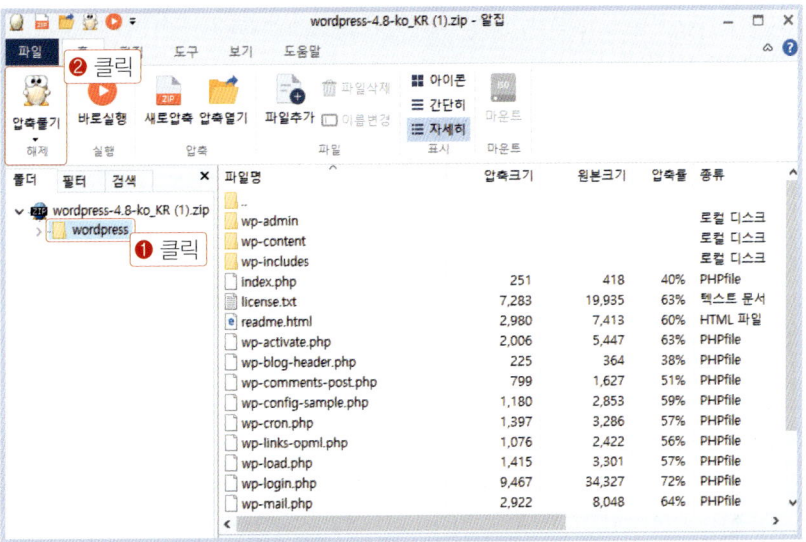

3 압축 해제된 폴더로 이동하여 "wordpress" 폴더를 선택하고 마우스 오른쪽 버튼을 눌러 표시되는 단축 메뉴에서 [복사]를 선택하여 폴더를 복사합니다.

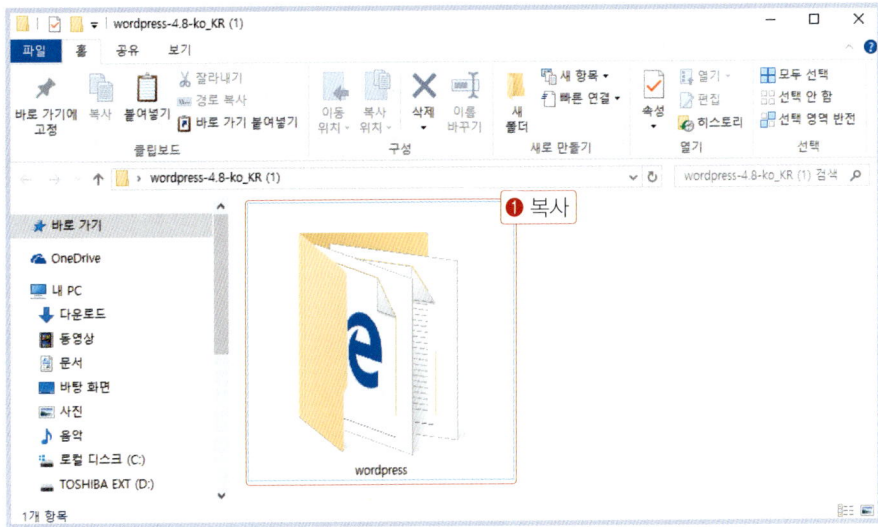

4 오토셋 설치 폴더로 이동하여 "C:\AutoSet10\public_html" 위치에 붙여넣기(Ctrl+V) 합니다.

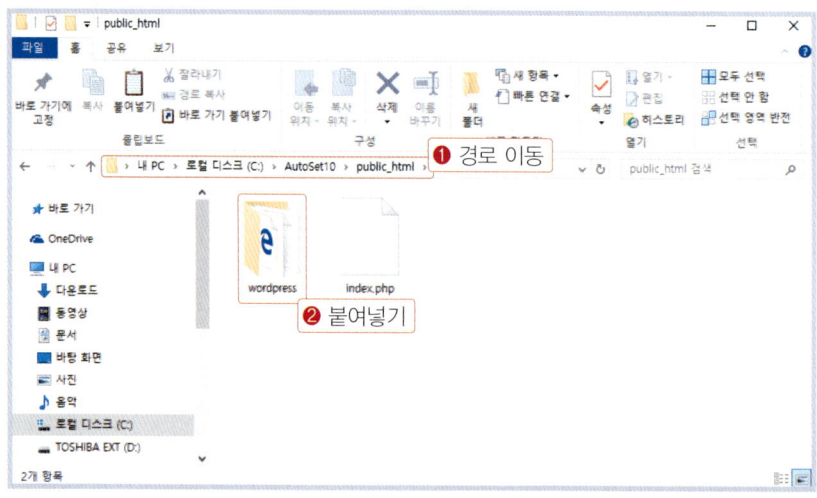

> **note**
>
> 워드프레스 설치 준비를 모두 마쳤습니다. 간혹 질문을 받는 내용 중의 하나는 다운로드한 워드프레스 파일의 압축을 풀 때 워드프레스 폴더가 이중으로 생기게 됩니다. wordpress-4.8-ko_KR 폴더 안에 wordpress 폴더가 있는 경우 wordpress 폴더만 복사해야 하는데 wordpress-4.8-ko_KR 폴더를 복사하여 C:\AutoSet10\public_html 붙여넣기 한 경우 에러가 발생합니다.

04 워드프레스 설치를 위한 데이터베이스 만들기

웹서버에 워드프레스를 설치하기 위해서는 수동으로 데이터베이스를 만들어야 합니다. 데이터베이스 설정은 웹 호스팅 환경에서 워드프레스를 설치할 때는 자동으로 설정되는 부분입니다. 하지만, 지금은 사용자의 컴퓨터를 직접 서버로 만들었기 때문에 사용자가 데이터베이스를 설정해야 합니다.

1 실행되어 있는 오토셋 창에서 메뉴 [제어]-[phpMyAdmin 접속]을 클릭합니다.

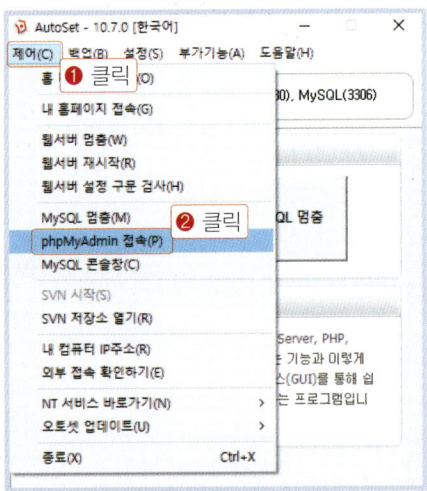

2 phpMyAdmin 접속화면에서 사용자명과 암호를 입력하고 [실행] 버튼을 클릭합니다. 사용자명과 암호는 다음과 같이 오토셋에서 기본으로 설정된 정보를 사용합니다.

    사용자명 : root
    암호   : autoset

3 phpMyAdmin에 접속된 것을 볼 수 있습니다. phpMyAdmin 접속화면에서 상단에 있는 [데이터베이스] 메뉴를 클릭합니다.

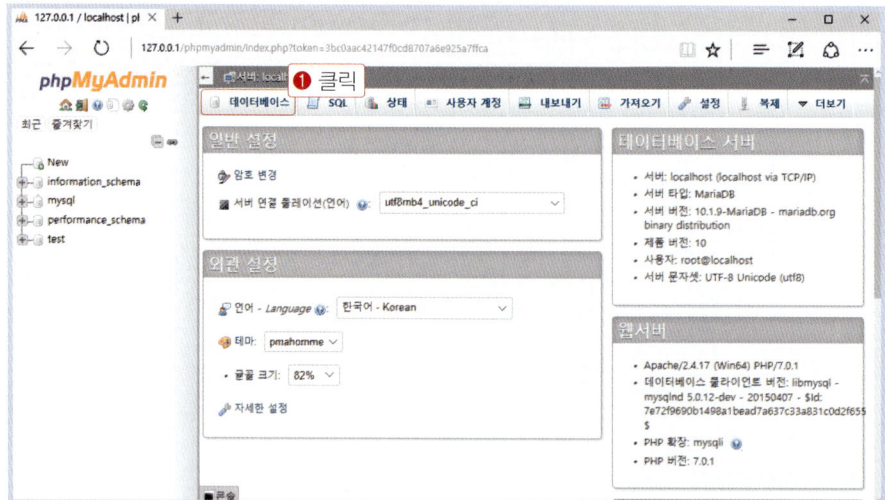

4 현재 데이터베이스를 볼 수 있는 화면이 표시됩니다. 데이터베이스 화면에서 새 데이터베이스 만들기 항목에서 워드프레스를 위한 데이터베이스를 만들기 위해 데이터베이스명 입력란에 'wordpress'를 입력하고 [만들기] 버튼을 클릭합니다.

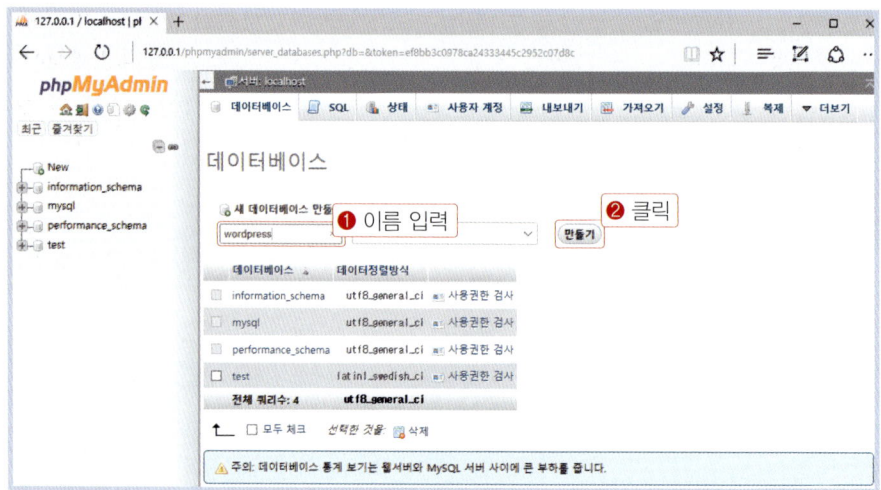

5 phpMyAdmin 화면 왼쪽에 표시되는 데이터베이스 목록에 새로운 데이터베이스 'wordpress'가 만들어진 것을 확인할 수 있습니다.

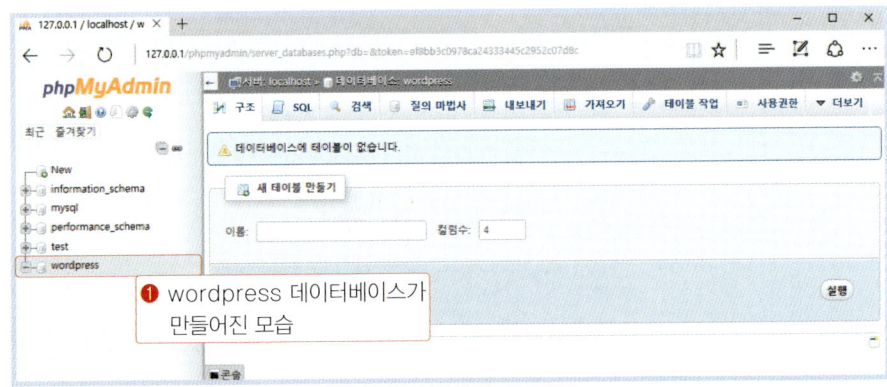

❶ wordpress 데이터베이스가 만들어진 모습

05 워드프레스 설치

자신의 컴퓨터에 설정된 웹서버에 접속하여 다운로드한 워드프레스 파일의 설치를 진행해 보겠습니다. 이 과정에서 오류가 발생하는 경우가 종종 있는데 대부분 앞에서 이야기한 워드프레스 폴더 설정이 잘못되었거나 데이터베이스를 생성할 때 오타가 있는 경우가 대부분입니다. 설치를 진행해 보겠습니다.

1. 워드프레스를 설치하기 위해 웹 브라우저의 주소 입력란에 'http://localhost/wordpress'를 입력하고 Enter 키를 누릅니다. 워드프레스 설치화면에서 설치를 진행하는 데 필요한 정보들이 어떤 것이 있는지와 지금부터 진행하는 설치 정보가 어디에 저장되는지 등에 관한 내용이 표시됩니다. 내용을 확인하고 [Let's go!] 버튼을 클릭합니다.

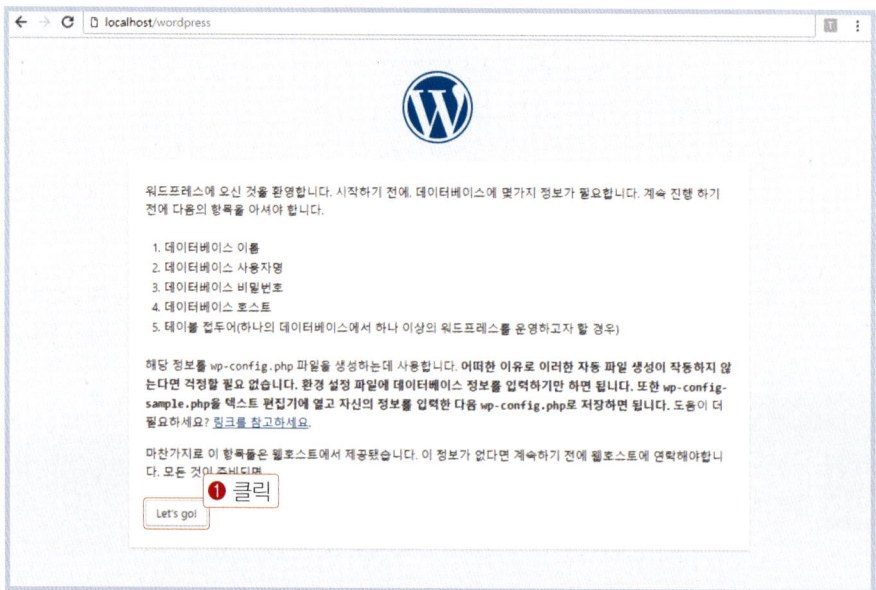

2. 워드프레스 설치 과정의 첫 번째 단계로 데이터베이스에 접속을 시도합니다. 데이터베이스 이름, 사용자명, 비밀번호, 데이터베이스 호스트, 테이블 접두어를 다음 그림에서와 같이 입력하고 [저장하기] 버튼을 클릭합니다.

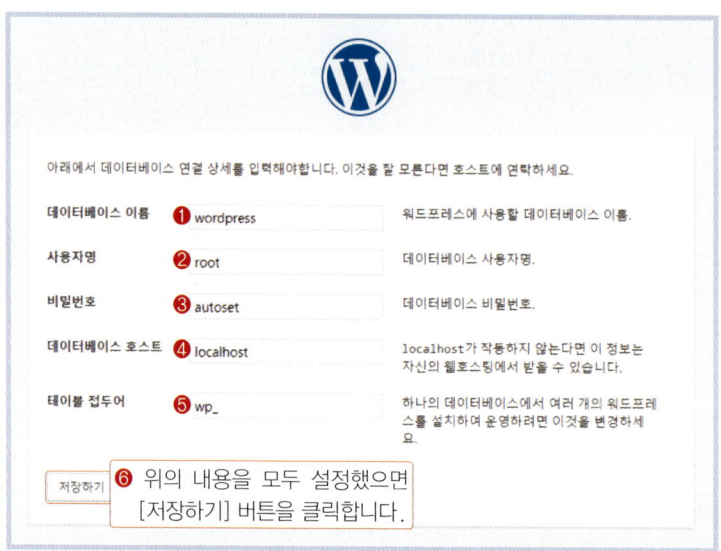

❶ **데이터베이스 이름** : 앞장에서 phpMyAdmin 접속하여 새롭게 만든 데이터베이스 이름을 말합니다. 이 책에서는 'wordpress'로 설정했으므로, 'wordpress'를 입력합니다.

❷ **사용자명** : 사용자명은 데이터베이스에 등록된 사용자명으로 phpMyAdmin에 접속할 때 입력한 'root'를 입력합니다.

❸ **비밀번호** : 비밀번호는 데이터베이스에 등록된 사용자의 비밀번호로 phpMyAdmin에 접속할 때 입력한 'autoset'을 입력합니다.

❹ **데이터베이스 호스트** : 데이터베이스 호스트는 현재 데이터베이스가 실행되고 있는 localhost를 입력하면 됩니다.

❺ **테이블 접두어** : 앞에서 생성한 데이터베이스에 새로운 워드프레스를 설치할 때 접두어를 변경해가며 여러 개의 워드프레스를 설치하여 여러 웹 사이트를 운영할 수 있습니다. 여기에서는 'wp_'를 입력합니다.

3 설치를 위한 데이터베이스 접속을 마무리했습니다. 실제로 워드프레스 프로그램을 설치하기 위한 준비를 마쳤으므로 워드프레스를 설치하기 위해 [설치 실행하기] 버튼을 클릭합니다.

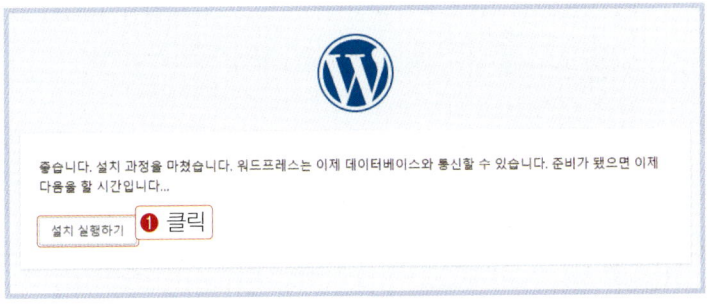

4 워드프레스 설치를 위한 필요한 정보 화면에서 사이트 제목, 사용자명, 비밀번호, 이메일 주소를 입력하고 [워드프레스 설치하기] 버튼을 클릭합니다.

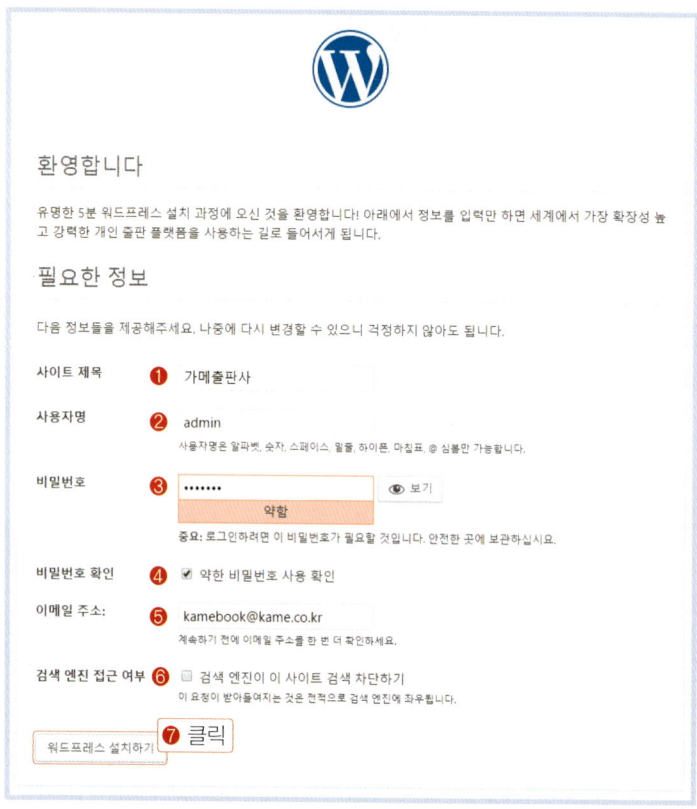

❶ **사이트 제목** : 현재 만들고 있는 홈페이지의 제목을 입력합니다.
❷ **사용자명** : 관리자 페이지에 접속할 때 사용하는 아이디입니다.
❸ **비밀번호** : 관리자 페이지에 접속할 때 사용하는 비밀번호입니다.
❹ **비밀번호 확인** : ❸번에서 입력한 비밀번호가 '약함'으로 결정되었을 때 비밀번호가 짧거나 단순해서 보안이 약해도 사용하려면 체크합니다.
❺ **이메일 주소** : 사용자의 이메일 주소를 입력합니다.
❻ **검색 엔진 접근 여부** : 현재 만들고 있는 사이트를 검색 엔진에서 검색이 안 되게 하려면 체크합니다.

5 워드프레스가 성공적으로 설치된 것을 볼 수 있습니다.

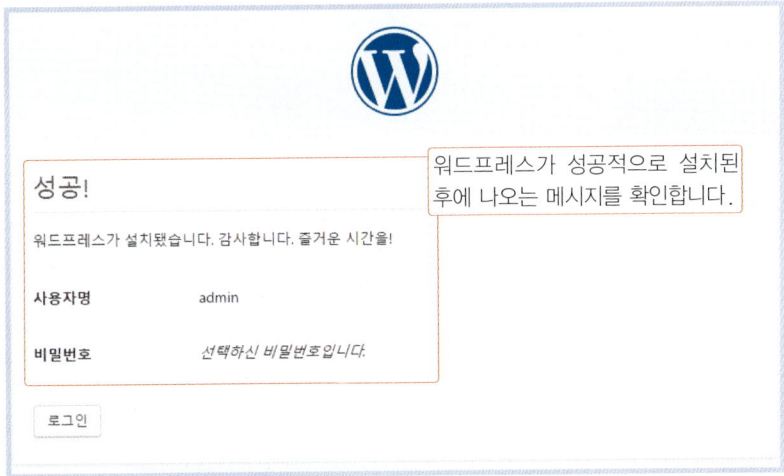

워드프레스가 성공적으로 설치된 후에 나오는 메시지를 확인합니다.

06 홈페이지 접속 및 관리자 페이지 접속하기

앞서 설정한 워드프레스의 홈페이지와 관리자 페이지에 접속해 보겠습니다. 홈페이지 접속과 관리자 페이지 접속이 되면 성공적으로 개인 웹서버 및 워드프레스 사이트 설정이 완료된 것입니다. 관리자를 통해 실제로 홈페이지를 만들어 가는 과정은 다음 파트인 호스팅에 워드프레스를 설정하고 진행하는 과정과 동일하기 때문에 이번 장에서는 기본 설정까지만 진행이 됩니다.

1. 웹 브라우저의 인터넷 주소 입력란에 http://localhost/wordpress/를 입력합니다. 워드프레스가 정상적으로 설치되었으면 기본 홈페이지가 표시됩니다.

홈페이지 주소를 입력하고 접속한 경우 기본 홈페이지가 표시되는 것을 볼 수 있습니다.

[앞에 셋팅한 홈페이지의 메인 화면]

2. 관리자 페이지에 접속하기 위해 http://localhost/wordpress/admin을 입력합니다. 접속된 화면에서 아이디와 비밀번호를 입력하고 [로그인] 버튼을 클릭합니다.

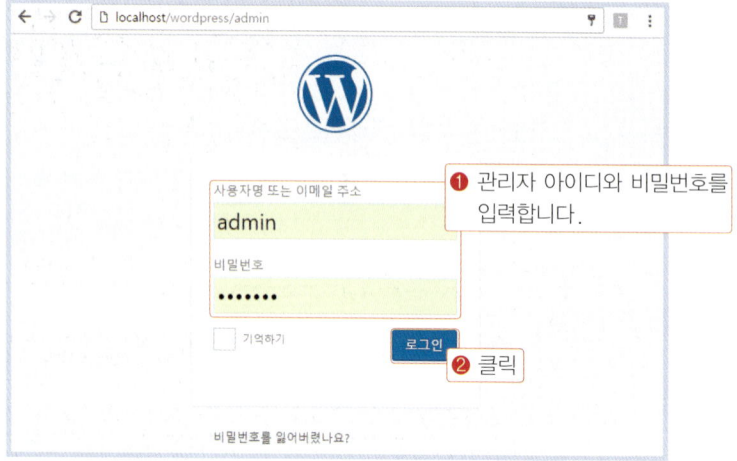

❶ 관리자 아이디와 비밀번호를 입력합니다.

❷ 클릭

[워드 프레스 관리자 페이지 접속 화면]

3 워드프레스 관리자에 접속된 것을 볼 수 있습니다.

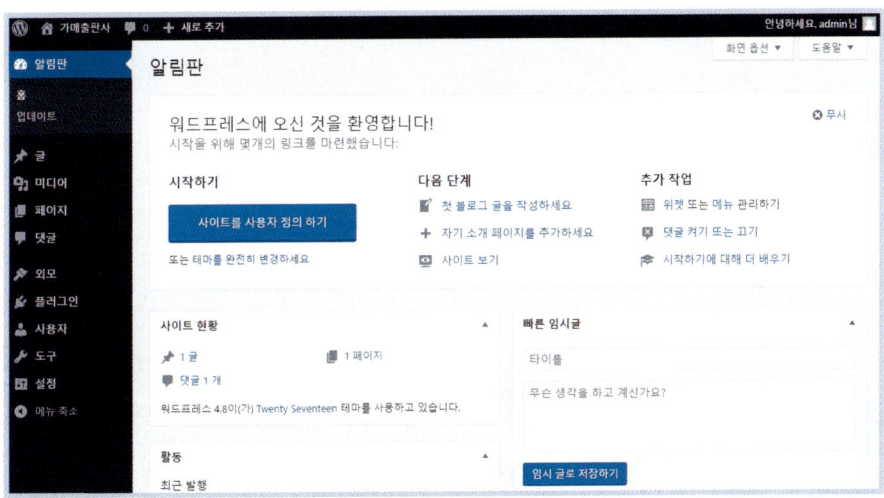

[워드프레스 관리자 페이지의 메인 화면]

> **note**
>
> 자신의 컴퓨터에 웹서버를 만들고 웹서버에 워드프레스를 설치한 후에 실제로 홈페이지와 워드프레스 관리자 페이지에 접속해 보았습니다. 워드프레스를 공부하는 과정에서 기초적인 부분이 완료되었으며 실제로 워드프레스를 통해 홈페이지를 만들어 가는 과정을 다음 파트부터 진행하게 됩니다.
>
> 여러분이 만들고 싶은 홈페이지는 어떤 것인지에 대한 부분을 다시 점검하고 다음 파트부터 실제로 여러분의 홈페이지를 만들어 가시기 바랍니다. 관리자 페이지를 다루는 방법은 같기 때문에 다음 장에서 호스팅을 설정하고 워드프레스를 호스팅에 설치하고 관리자 페이지를 공부해 가겠습니다.

Part 3
웹호스팅 서비스 신청하기

앞에서는 내 컴퓨터를 웹서버로 만들어 워드프레스를 설치하고 홈페이지를 운영하는 방법에 대해 알아보았습니다. 지금부터는 인터넷 호스팅 서비스를 신청하고 호스팅 서버에 워드프레스를 설치하여 홈페이지를 만들고 운영해 가는 과정을 진행합니다.

01 아이네임즈 회원 가입하기

드디어 시작입니다. 인터넷에 나만의 공간과 나만의 주소를 만들어서 내가 만든 자료를 띄워 많은 사람에게 보여주기 위한 첫 시작입니다. 멋지게 시작하고 마무리 또한 여러분이 꿈꾸는 멋진 사이트를 만들었으면 합니다.

호스팅에 여러분의 공간을 설정하려면 우선 호스팅 서비스를 제공하는 곳에 가입을 진행해야 합니다. 가입할 때의 아이디가 사이트 주소가 되기 때문에 하려고 하는 유형의 사이트에 맞게 아이디를 만들기를 권장합니다. 책에서 제공해 주는 3개월 무료 쿠폰을 사용하기 위해 아이네임즈에 여러분의 호스팅을 설정할 예정입니다. 아이네임즈에 회원 가입을 하기 위해 웹 브라우저를 이용하여 아이네임즈 홈페이지(http://inames.co.kr)에 접속한 후에 [회원가입] 메뉴를 클릭합니다.

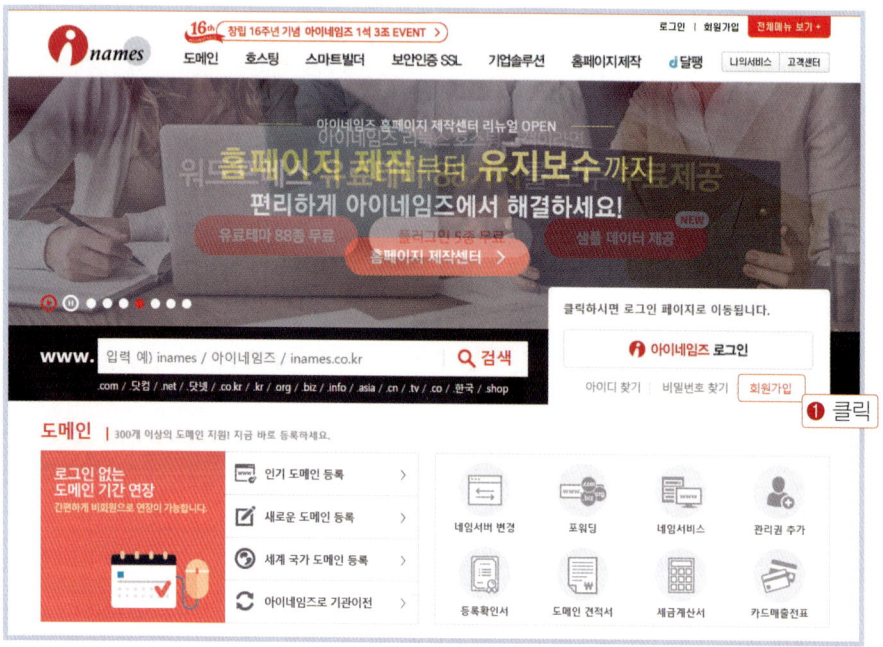

2 회원가입 창에서 아이디와 비밀번호 및 기본 정보를 입력하고 [인증하기] 버튼을 클릭하여 가입 인증을 진행합니다. 가입 인증을 진행하려면 본인 이름으로 가입된 휴대전화번호 또는 기본 정보에서 입력한 이메일 주소로 인증을 진행해야 합니다. 인증 방법 선택에서 이메일 또는 휴대전화번호를 선택하고 [인증하기] 버튼을 클릭합니다. 선택한 방법으로 인증 번호가 수신되면 해당 인증번호를 인증번호 입력란에 입력하고 [확인] 버튼을 클릭하여 가입 인증을 마칩니다.

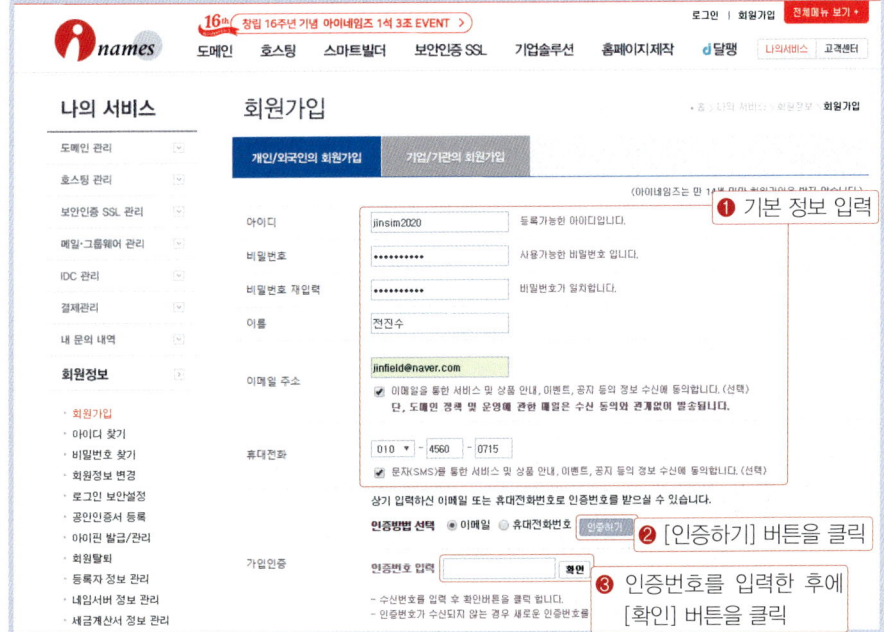

3 회원 이용약관 확인 항목과 개인정보 수집 및 이용에 관한 안내 항목에 체크한 후에 [회원가입하기] 버튼을 클릭합니다.

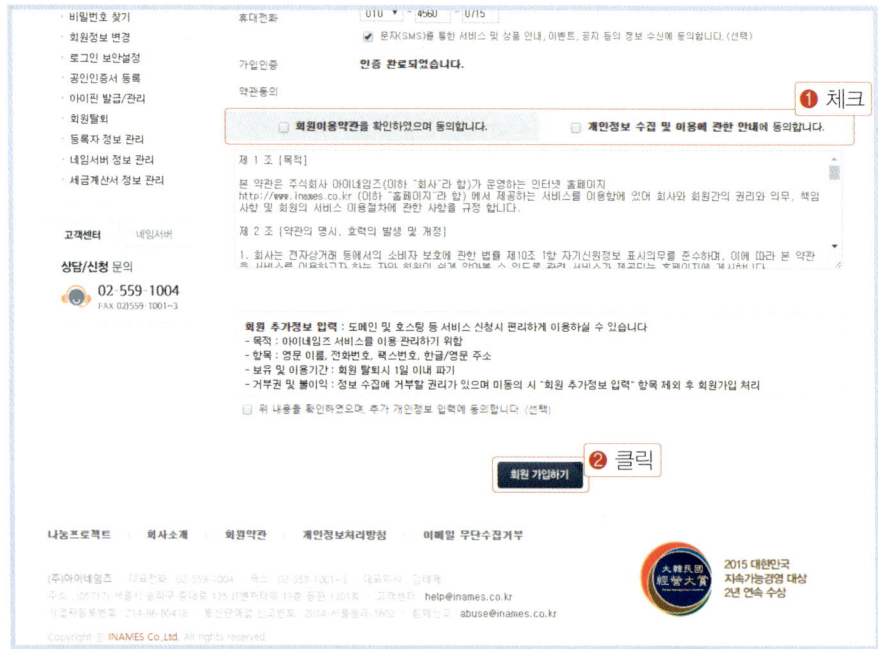

4 회원가입이 완료되었다는 안내 페이지가 나오는 것을 볼 수 있습니다.

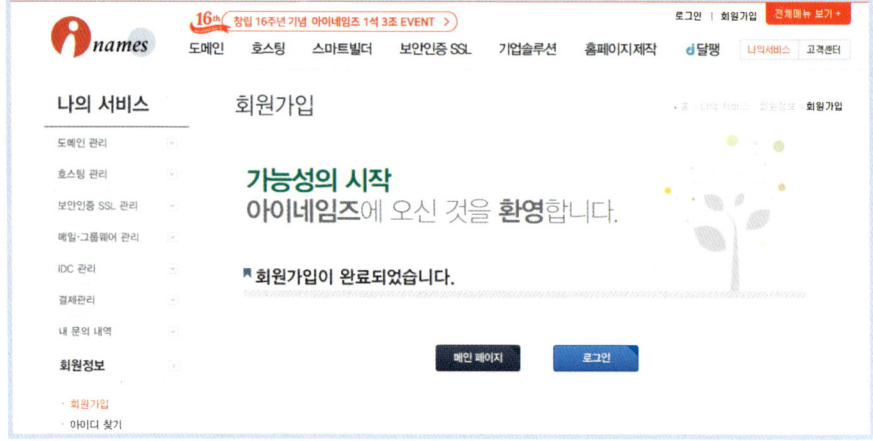

> **note**
>
> 홈페이지를 운영하기 위해서는 호스팅(hosting)과 도메인(domain)이 필요합니다. 호스팅은 홈페이지의 내용을 저장하는 저장 공간입니다. 사용자가 개인용 컴퓨터에서 만든 내용을 인터넷을 통해 다른 사람에게 보여주려면 호스팅에 올려서 보여주게 됩니다. 개인이 서버를 운영하기 힘들기 때문에 호스팅 서비스를 제공해주는 업체의 공간 일부를 임대하여 사용하게 됩니다. 그리고 호스팅 공간에 있는 내용을 사용자들에게 보여주기 위해 인터넷 주소인 도메인을 만들게 됩니다. 인터넷상의 컴퓨터 주소는 숫자로 되어 있는데 숫자로 되어 있는 주소를 사람이 쉽게 볼 수 있도록 문자 또는 단어를 이용하여 만든 주소가 도메인 주소입니다. 우리는 아이네임즈에서 제공해 주는 무료 호스팅과 무료 도메인을 이용하여 홈페이지를 만들게 됩니다.

02 아이네임즈 호스팅 등록하기

아이네임즈에 가입이 완료되면 책에 있는 무료 쿠폰을 등록하여 호스팅을 3개월 동안 사용할 수 있습니다. 이번 내용을 통해 책에 있는 쿠폰을 등록하고 호스팅을 사용할 수 있는 준비를 마치려고 합니다.

❶ 아이네임즈 홈페이지(http://inames.co.kr)에 접속한 후에 [아이네임즈 로그인] 버튼을 클릭하여 로그인 화면으로 이동합니다. 로그인 화면에서 아이디와 비밀번호를 입력하고 [로그인] 버튼을 클릭합니다

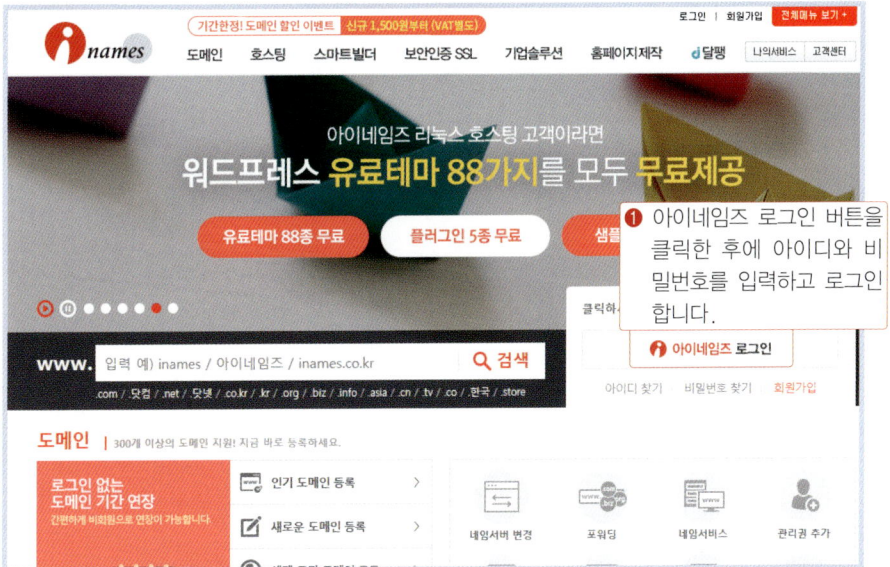

❶ 아이네임즈 로그인 버튼을 클릭한 후에 아이디와 비밀번호를 입력하고 로그인합니다.

2 호스팅을 신청하기 위해 [나의 서비스] 메뉴에 마우스 포인터를 올리면 표시되는 하위 메뉴에서 [결제관리] 메뉴를 클릭합니다.

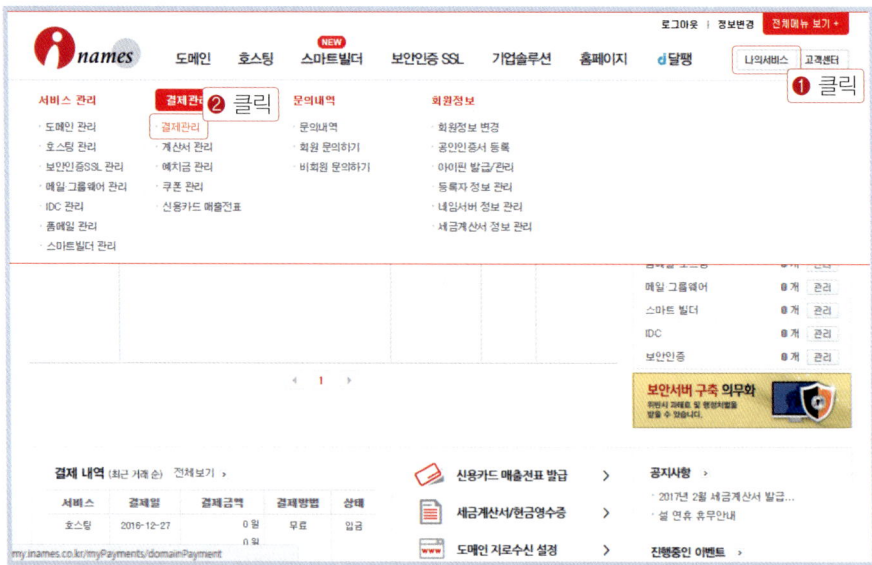

3 화면의 왼쪽에 표시되는 메뉴에서 [나의 서비스]-[결제관리]-[쿠폰 내역] 메뉴를 클릭한 후에 이동되는 쿠폰 내역 페이지에서 [쿠폰 등록] 버튼을 클릭합니다.

4 쿠폰 번호를 입력할 수 있는 팝업창이 나타나면 책에 있는 쿠폰 번호를 쿠폰 입력창에 입력하고 [쿠폰 등록] 버튼을 클릭합니다.

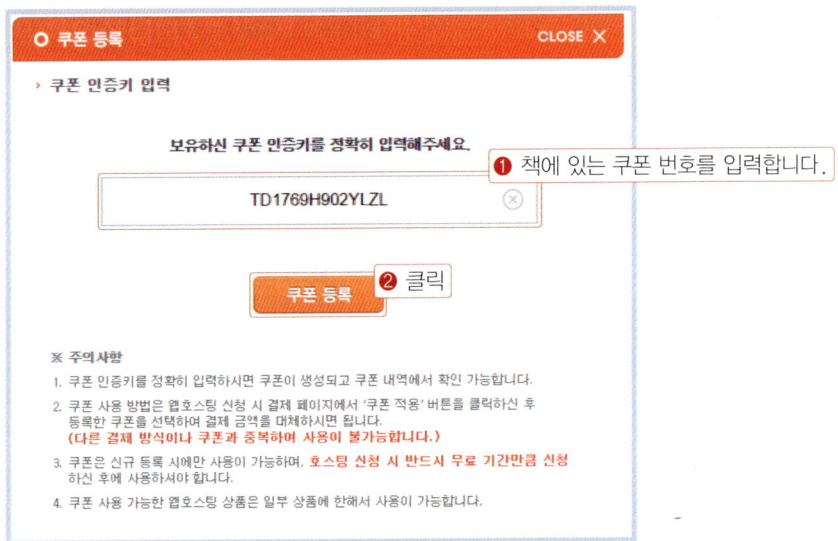

5 잠시 후에 새로운 창에서 쿠폰 등록이 완료되었다는 메시지가 표시됩니다. 메시지 창에서 [확인] 버튼을 클릭하여 쿠폰 등록을 완료합니다.

6 쿠폰 내역에 도서용 무료 쿠폰이 등록된 것을 볼 수 있습니다.

도서용 무료 쿠폰이 등록된 모습

03 아이네임즈 호스팅 신청하기

지금까지는 책에서 제공하는 무료 호스팅 쿠폰을 등록하는 과정이었습니다. 등록한 쿠폰으로 호스팅을 신청하고 결제한 후에 실제로 여러분의 호스팅을 설정하게 됩니다.

Part 3 웹호스팅 서비스 신청하기 ◆ 57

1 아이네임즈 호스팅을 신청하기 위해 아이네임즈의 메인 페이지에서 [호스팅]-[웹호스팅]-[서비스 신청] 메뉴를 클릭합니다.

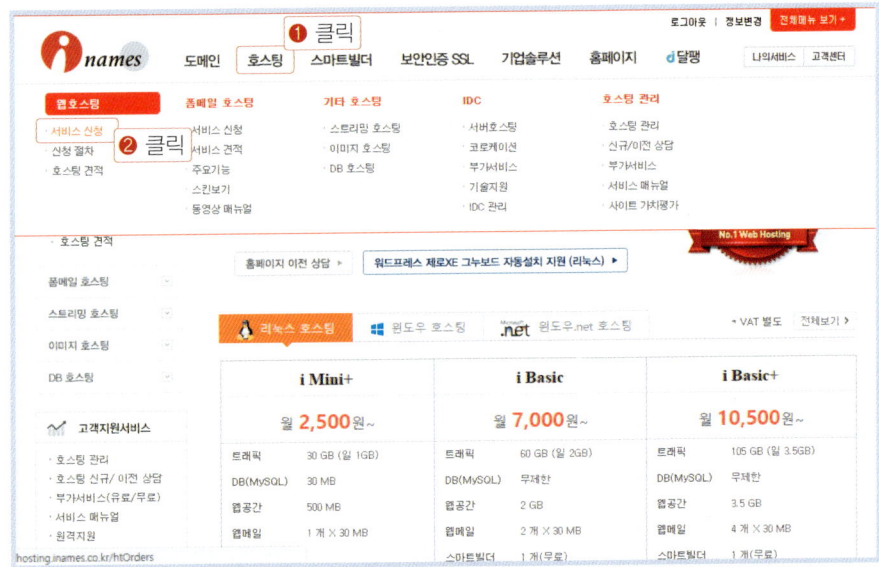

2 서비스 신청 페이지에서 [리눅스 호스팅] 항목에 있는 [iBasic - 3개월]을 선택한 후에 [신청하기] 버튼을 클릭합니다.

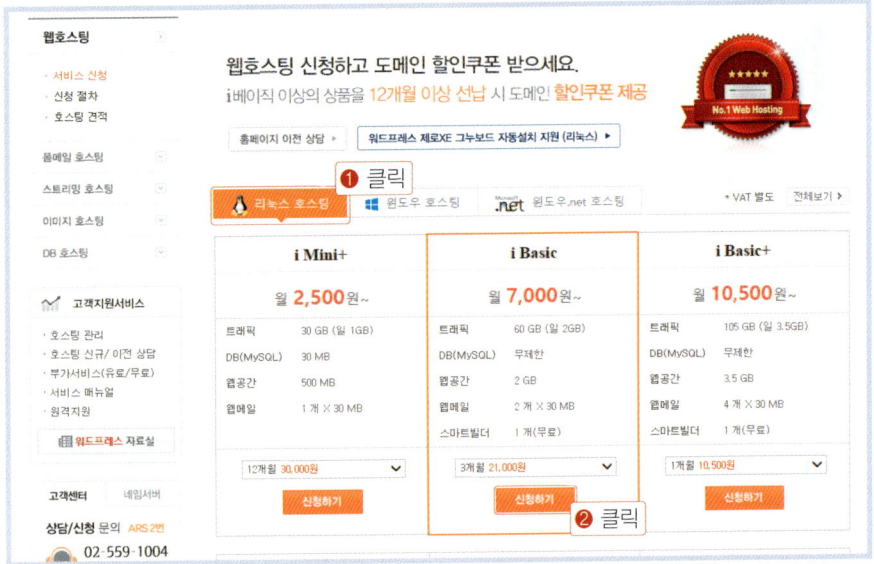

note

책에서 제공된 쿠폰을 사용하려면 반드시 [리눅스 호스팅]-[iBasic - 3개월] 호스팅 서비스를 선택해야 합니다.

3 서비스 선택 페이지의 항목은 기본값을 유지한 상태에서 도메인 정보 항목에서 무료 도메인을 선택합니다. 구매한 도메인이 있는 경우에는 도메인명을 입력하면 됩니다. 무료 도메인은 아이네임즈에서 무료로 제공해주는 인터넷 주소를 사용하겠다는 뜻이며, http://신청ID.inames.kr 형식으로 설정됩니다.

note

기존에 구매한 도메인이 있는 경우 도메인명 항목에 개인이 소유한 도메인을 입력하면 됩니다. 도메인이 없는 경우는 아이네임즈에서 제공해 주는 무료 도메인으로 홈페이지를 만들고 차후에 도메인을 구입하면 무료 도메인 대신 구입한 도메인을 연결하여 사용할 수 있습니다.

4 웹호스팅 정보에서 FTP 아이디 항목에 원하는 아이디를 입력하고 [중복확인] 버튼을 클릭하여 입력한 아이디가 사용 가능한지를 확인합니다. 아이디를 선택했으면 암호를 입력하고 페이지 하단으로 이동합니다.

> note
>
> 여기에서 입력하는 FTP 아이디가 여러분의 홈페이지 주소(http://ftp아이디.inames.kr)가 됩니다.

5 호스팅 신청 화면의 하단에 있는 '호스팅 이용약관에 동의합니다.'에 체크하고 [다음단계] 버튼을 클릭합니다.

6 '신청정보 확인 및 결제' 페이지로 이동합니다. 신청내역과 비용을 확인하고 문제가 없는 경우 신청내역 페이지 하단으로 이동합니다.

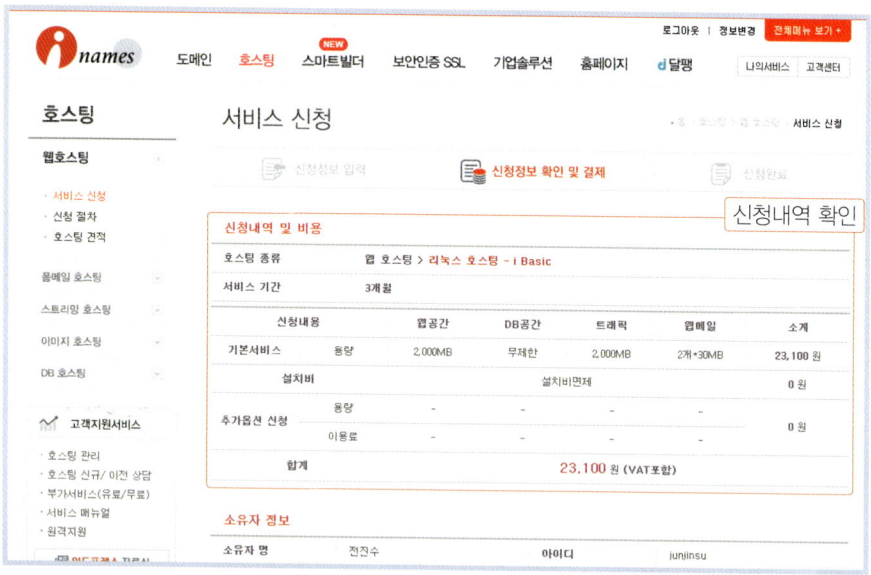

7 신청한 웹호스팅 정보가 정확한지 확인한 후 정보가 맞으면 결제 단계를 진행합니다. 앞서 등록한 쿠폰으로 결제를 하기 위해 [쿠폰적용] 버튼을 클릭합니다.

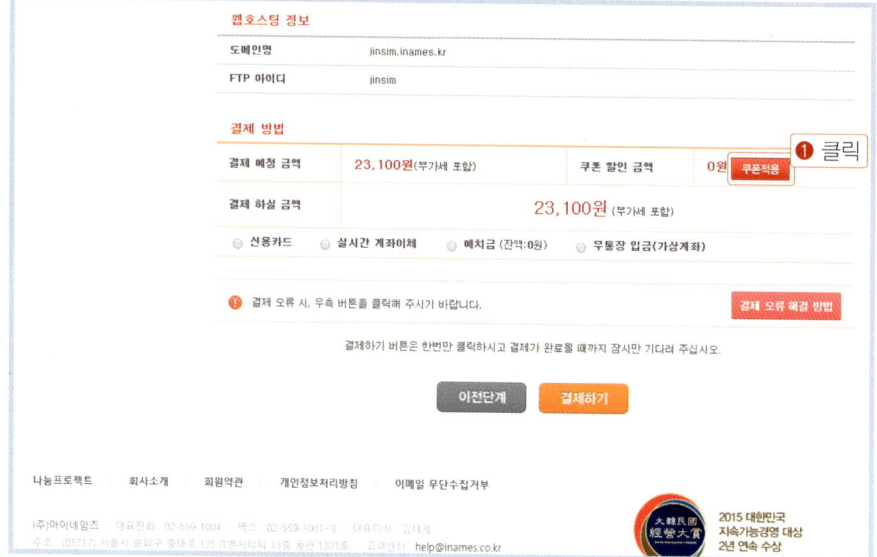

Part 3 웹호스팅 서비스 신청하기 ◆ 61

8 쿠폰 선택 및 적용 팝업창에서 '도서용 무료 쿠폰'을 선택한 후에 [쿠폰 적용] 버튼을 클릭합니다.

9 쿠폰 할인 금액이 적용된 것을 볼 수 있습니다. [결제하기] 버튼을 클릭하면 호스팅 신청 단계가 완료됩니다.

10 신청 완료 페이지에서 서비스 신청 내역을 확인합니다.

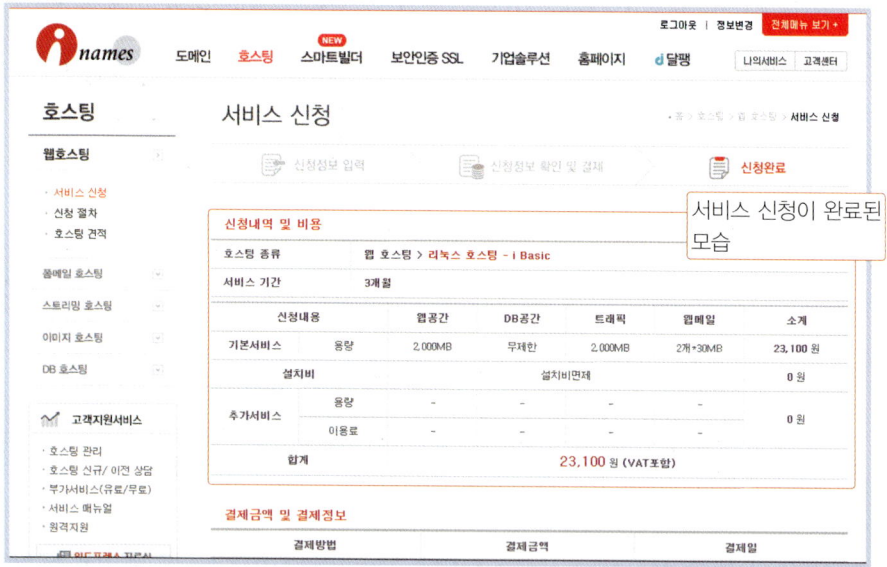

11 페이지 상단에 있는 [나의 서비스] 버튼을 클릭하고, 왼쪽에 표시되는 메뉴에서 [호스팅 관리]-[호스팅 관리/내역] 메뉴를 클릭한 후에 [호스팅 신청 내역]을 클릭하면 도서용 무료 쿠폰으로 등록한 호스팅 신청이 완료된 것을 볼 수 있습니다.

> **note**
>
> 지금까지는 인터넷에 여러분의 공간과 주소를 만드는 시간이었습니다. 어떠셨어요? 아주 어려웠나요? 처음 인터넷을 다룬다면 생소하고 단계마다 시간이 조금 걸렸을지도 모릅니다. 만약 평소에 이메일 보내기 또는 인터넷을 통해 쇼핑을 해보았거나 새로운 사이트에 가입하여 본인의 ID를 만들어 보았다면 그리 어렵지 않게 진행했을 것으로 생각합니다.
>
> 여러분의 공간이 만들어진 것을 축하하며 앞으로 여러분의 사이트도 멋지게 만들어질 것으로 예상합니다. 책의 마지막 장까지 최선을 다해 함께 전진합니다.

Part 4
무료 테마로 워드프레스 기본기 다지기

이제 본격적으로 워드프레스의 세계로 빠져 들어보겠습니다. 앞에서 만들어 놓은 호스팅 공간에 워드프레스를 설치하고, 무료 테마로 홈페이지를 만들며 워드프레스에 대한 기본 개념을 이해할 수 있는 시간을 갖겠습니다. 처음 화면을 접하면 복잡하게 생각이 들 수 있습니다. 그렇지만 필요한 메뉴 위주로 조금씩 영역을 넓혀 간다면 앞으로 모든 메뉴에 대해 이해하고 필요할 때 원하는 기능을 잘 활용할 수 있을 것으로 생각합니다.

01 호스팅에 워드프레스 설치하기

아이네임즈 호스팅에서는 자동설치 기능을 제공하고 있기 때문에 앞에서 개인 컴퓨터에 설치하는 방법보다는 쉽게 워드프레스를 설치할 수 있습니다. 지금부터 진행하는 워드프레스를 호스팅에 설정하는 작업이 정상적으로 진행되어야 앞으로 진행되는 모든 내용을 따라 할 수 있습니다.

조금은 긴장되는 마음과 그리고 나의 사이트가 만들어지는 순간이기 때문에 설레는 마음을 함께 가지고 시작해 보겠습니다.

> 앞에서 가입한 아이네임즈에 로그인한 상태에서 워드프레스를 설치하기 위해 [호스팅] 메뉴를 클릭한 후에 페이지 아랫부분으로 이동하여 [고객지원 서비스] 항목에 있는 [워드프레스, 그누보드, 제로XE 자동설치] 버튼을 클릭합니다.

2 CMS(Contents Management System) 자동설치 서비스 페이지에서 [워드프레스(WordPress) 설치] 항목의 [설치하기] 버튼을 클릭합니다.

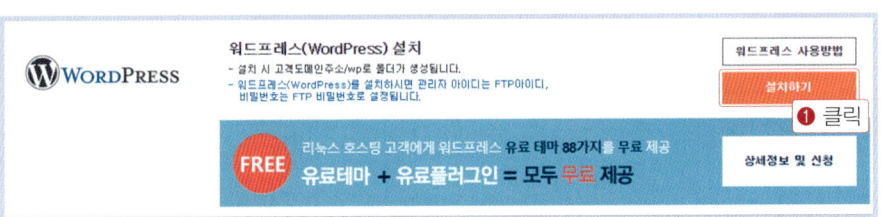

3 CMS 설치 항목에서 도메인명은 아이네임즈 가입할 때 만든 도메인을 선택하고 설치할 CMS 종류 선택 항목에서는 워드프레스를 클릭합니다. 생성할 디렉토리 항목은 도메인을 기준으로 워드프레스 폴더를 생성하고 설치할 것인지, 도메인 루트에 설치할 것인지를 선택하는 항목입니다. 일반적으로는 "[http://도메인/]에 설치" 항목을 선택하여 도메인 루트에 설치하는 것을 권장합니다. 전체 항목 선택이 되었으면 [설치하기] 버튼을 클릭합니다.

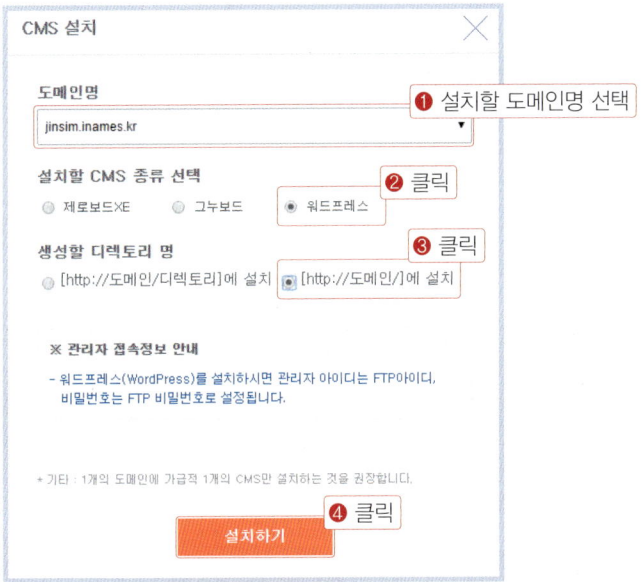

4 설치가 완료된 것을 볼 수 있습니다. [확인] 버튼을 클릭하여 설치를 완료합니다.

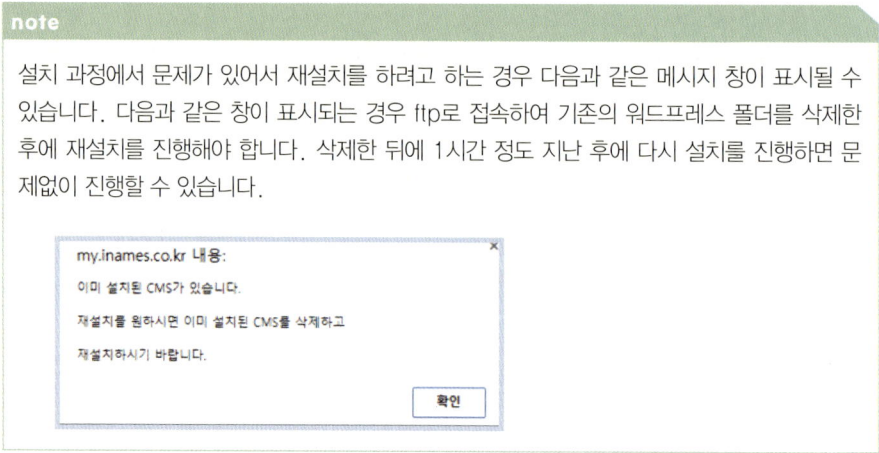

02 홈페이지 접속 및 관리자 페이지 접속하기

앞에서 진행한 워드프레스 설치하기 과정을 통해 여러분의 호스팅에 워드프레스가 설치되었습니다. 워드프레스가 설치되면 자동으로 기본 홈페이지가 설정되고, 우리는 기본 홈페이지에 접속한 후에 테마를 변경하거나 새로운 페이지, 카테고리 등을 추가하며 원하는 형태로 사이트를 완성해 가게 됩니다.

홈페이지 접속 방법은 인터넷 주소에 자신의 주소를 입력하면 됩니다. 주소는 아이네임즈에 등록한 아이디에 아이네임즈 주소를 붙이면 됩니다.

인터넷 주소 : http://ftp아이디.inames.kr

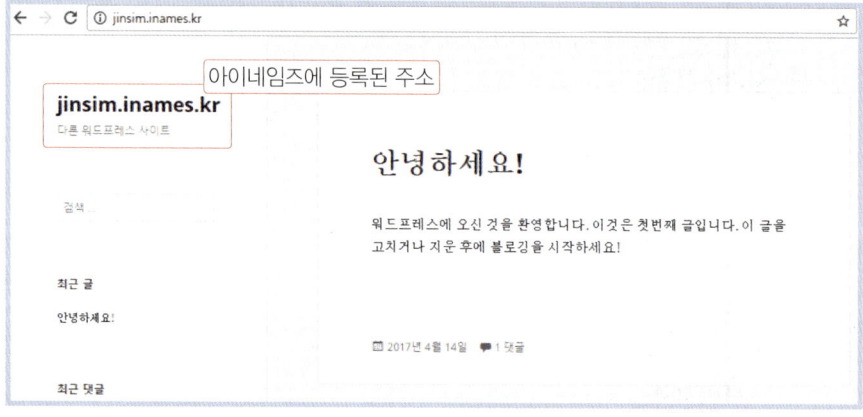

2 관리자 페이지 접속 방법은 인터넷 주소에 'http://ftp아이디.inames.kr/wp-login.php'을 입력하고 접속한 후에 사용자명과 비밀번호를 입력하고 [로그인]버튼을 클릭합니다.

> **note**
>
> 홈페이지 주소와 관리자 페이지 주소에 차이가 있습니다. 구분해서 사용하기 바랍니다.
>   관리자 페이지 주소 : http://ftp아이디.inames.kr/wp-login.php
>   홈페이지 주소   : http://ftp아이디.inames.kr

3 워드프레스 관리자 페이지가 나오는 것을 볼 수 있습니다. 앞으로 이 관리자 페이지를 통해 홈페이지를 만들어 가게 됩니다.

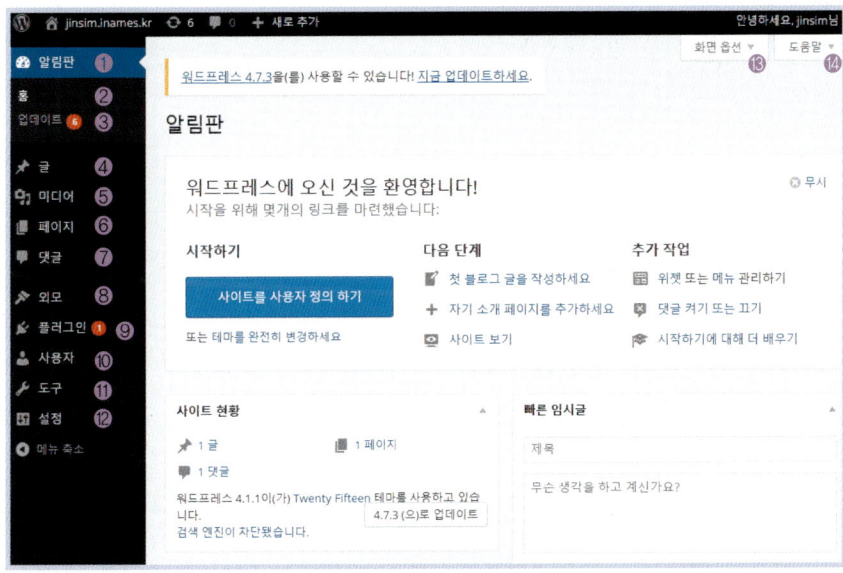

> **note**
> 워드프레스의 버전은 수시로 업데이트됩니다. 관리자 메인 페이지에 상단에 나오는 안내 메시지를 클릭하여 업데이트할 수 있습니다.
> 책을 쓰고 있는 과정에서도 수시로 업데이트 되고 있어서 많이 변경되는 부분은 체크하여 카페 (http://cafe.naver.com/jinfield)를 통해 알려 드리겠습니다.

❶ **알림판** : 알림판은 워드프레스를 접속하면 제일 먼저 보이는 화면입니다. 홈 화면에 해당하는 내용을 보여주고 있습니다.

❷ **메인 화면** : 워드프레스 메인 화면에는 사이트 현황, 활동, 워드프레스 뉴스 등 최신 정보를 담고 있습니다.

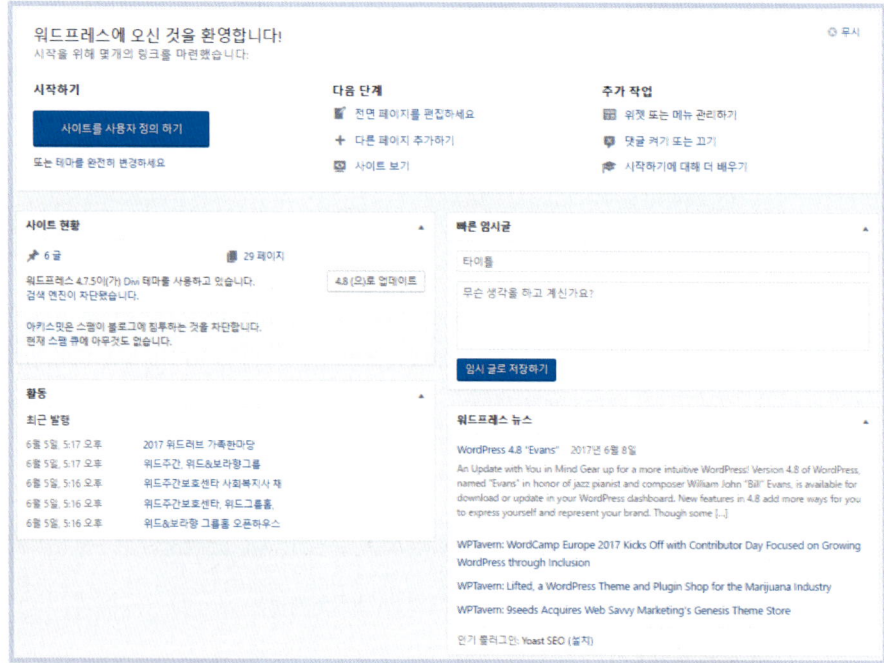

[관리자 페이지 메인 화면 최신 활동 정보를 보여주는 모습]

❸ **업데이트** : 워드프레스 프로그램, 플러그인, 테마, 번역에 대한 업데이트 정보를 담고 있으며, 실시간으로 필요한 업데이트를 진행할 수 있습니다. 다음 그림에서와 같이 [지금 업데이트] 버튼이 활성화되어 있을 때 [지금 업데이트] 버튼을 클릭하면 업데이트가 진행됩니다.

[업데이트 항목이 나열된 모습]

> **note**
>
> 워드 프레스의 버전이 조금씩 수시로 업데이트 되고 있습니다. 많이 변경되는 부분은 체크하여 카페(http://cafe.naver.com/jinfield)를 통해 알려 드리겠습니다.

❹ 글 : 워드프레스에서 글(Posts)은 블로그처럼 작성하는 것과 같이 내용이 순차적으로 쌓이는 개념입니다. 흩어져 있는 글을 모으는 작업은 카테고리 설정을 통해서 할 수 있습니다.

[글이 등록된 모습]

❺ 미디어 : 미디어(Media)는 홈페이지를 제작할 때 필요한 이미지, 동영상 파일을 미리 등록해 놓고 필요할 때마다 꺼내어 사용할 수 있는 라이브러리입니다.

[미디어 라이브러리에 이미지가 등록된 모습]

❻ 페이지 : 페이지는 하나의 페이지를 완성하는 기능으로, 회사 홈페이지의 CEO 인사말처럼 홈페이지에서 하나의 페이지로 완료될 때 사용됩니다.

[페이지 리스트를 보여주는 모습]

❼ 댓글 : 댓글은 워드프레스의 글과 페이지에 사용자들이 등록한 짧은 글을 관리할 수 있는 관리 페이지입니다.

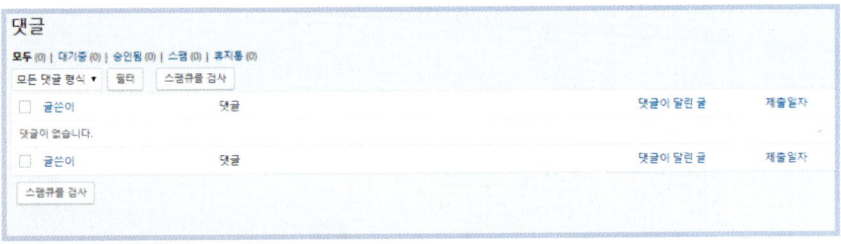

[댓글을 관리하는 페이지]

❽ 외모 : 외모 페이지는 워드프레스의 가장 핵심적인 기능이 들어있는 메뉴로 테마, 위젯, 메뉴, 배경 등을 편집할 수 있는 관리 페이지입니다.

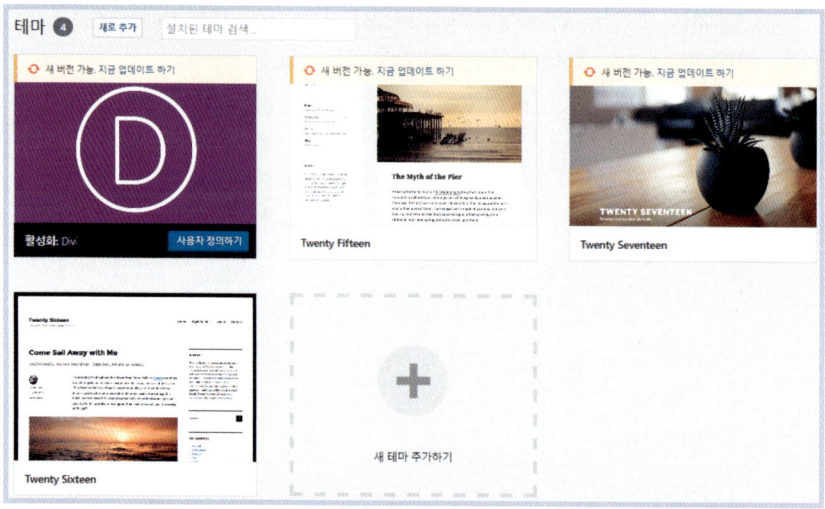

[외모 항목에서 테마를 관리하는 페이지]

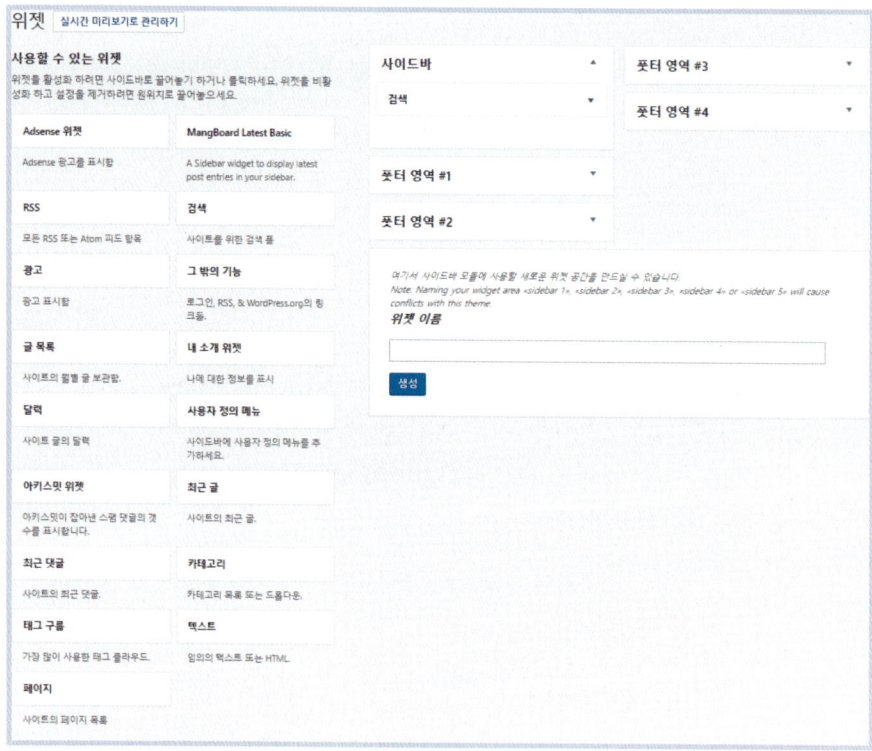

[외모 항목에서 위젯을 추가하고 관리하는 페이지]

❾ 플러그인 : 플러그인은 워드프레스 테마에 필요한 추가 기능을 설치하여 사용할 수 있도록 하는 기능입니다. 처음 워드프레스를 사용하는 사용자의 경우 테마 편집이 필요한 경우 직접 소스를 편집하는 것보다는 관련 플러그인이 있는지 검색한 후에 관련 플러그인을 통해 테마를 편집해 가는 것을 권장합니다.

[플러그인을 관리하는 페이지]

❿ 사용자 : 사용자 페이지를 통해 현재 내 사이트에 등록된 회원을 볼 수 있습니다. 회원의 역할 및 몇 개의 글을 쓰고 있는지 활동 내역을 볼 수 있고, 사용자 추가하기 메뉴를 통해 새로운 관리자 및 구독자 등을 등급별로 해서 추가/삭제할 수 있습니다.

[등록된 사용자 리스트]

[새로운 사용자를 추가하는 폼 화면]

- ⓫ **도구** : 도구 메뉴를 통해 워드프레스의 자료를 XML 파일로 저장하거나, 외부의 다른 시스템에 글이나 댓글이 있는 경우 가져오기를 할 수 있습니다.

[외부의 다른 시스템으로부터 가져오기]

[현재 사이트의 내용을 내보내기]

⑫ 설정 : 설정 페이지를 통해 사이트의 제목, 사이트 주소, 메일 주소 등 사이트를 운영하는 데 필요한 기본 정보를 설정할 수 있습니다.

[일반 설정을 통해 사이트의 기본 내용을 적을 수 있는 페이지]

⑬ 화면 옵션 : 화면 옵션을 통해 현재 홈 화면에서 보려고 하는 항목을 선택할 수 있습니다. 체크를 하면 홈 화면에 내용이 보이고 체크를 해제하면 홈 화면에서 사라집니다.

⑭ 도움말 : 도움말 항목은 워드프레스를 사용하는데 필요한 도움말 및 지원하는 포럼으로 연결하는 링크 주소를 포함하고 있습니다.

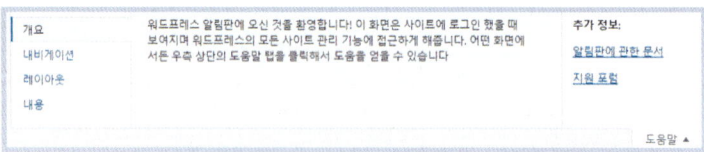

03 카테고리 구성하기

가장 먼저 설정해야 하는 것은 홈페이지 메뉴에 해당하는 카테고리를 구성하는 과정입니다. 카테고리를 어떻게 할 것인지 미리 작성해 보고 작성한 내용에 맞춰 홈페이지를 구성해 가는 것을 권장합니다.

예를 들어서 홈페이지에 인사말 페이지를 만들려고 할 때 인사말의 경우는 하나의 페이지만 있으면 되기 때문에 '글' 유형으로 작성하기보다는 '페이지' 유형으로 작성하는 것이 좋습니다. 그럼 홈페이지에 보이는 메뉴(카테고리) 이름은 '인사말'이 되고 홈페이지 내부에서 연결되는 링크 이름(슬러그)는 'about'이 되며 페이지의 유형은 '페이지'로 구성이 됩니다.

카테고리명 : 인사말 / 슬러그 : about / 유형 : 페이지

다음은 지금부터 만들어 갈 홈페이지의 카테고리 구성입니다. 메인 메뉴에 해당하는 카테고리는 5개로 구성되고, 각 카테고리에 하위 카테고리가 있는 경우와 없는 경우로 구성되어 있습니다.

구분	카테고리명	슬러그	유형
1	회사소개	company	링크연결 페이지
1-1	인사말	about	페이지
1-2	연혁	history	페이지
1-3	오시는길	location	지도 페이지
2	제품소개	product	갤러리 게시판
3	사업분야	business	링크연결 페이지
3-1	주요사업	business1	페이지

3-2	글로벌인프라	global	페이지
4	온라인상담	counseling	폼제작 페이지
5	커뮤니티	cummunity	링크연결 페이지
5-1	공지사항	notice	일반 게시판
5-2	질문과답변	qa	Q&A 게시판
5-3	행사안내	event	캘린더 게시판

관리자 페이지에서 [글] 메뉴의 [카테고리]를 클릭합니다. 카테고리 이름과 슬러그를 입력한 후에 [새 카테고리 추가] 버튼을 클릭합니다.

부모에 해당하는 카테고리(메뉴)를 만들고 하위 카테고리(서브 메뉴)를 만듭니다. '회사소개' 카테고리에서 '회사소개'는 부모에 해당이 되고 '인사말', '연혁', '오시는 길'은 하위 카테고리(서브 메뉴)에 해당합니다.

우선 부모 카테고리(메뉴)에 해당하는 '회사소개' 카테고리(메뉴)를 만듭니다.

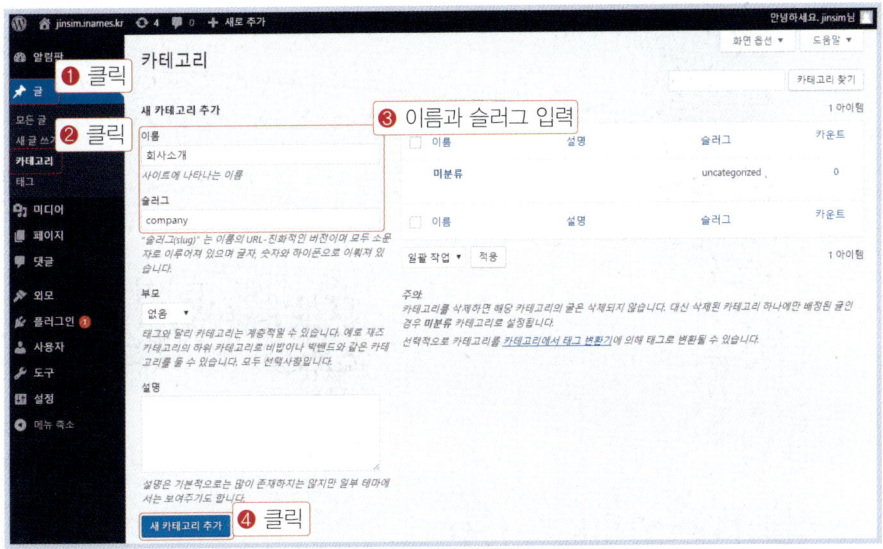

2 다음 단계로 '회사소개' 카테고리의 하위 카테고리(서브 메뉴)에 해당하는 '인사말' 카테고리를 만들어보겠습니다. 이름과 슬러그를 입력하고 부모를 선택하는 상위 카테고리 항목에서 '회사소개'를 클릭한 후에 [새 카테고리 추가] 버튼을 누릅니다.

　카테고리 이름: 인사말
　슬러그 : about
　상위 카테고리 : 회사소개

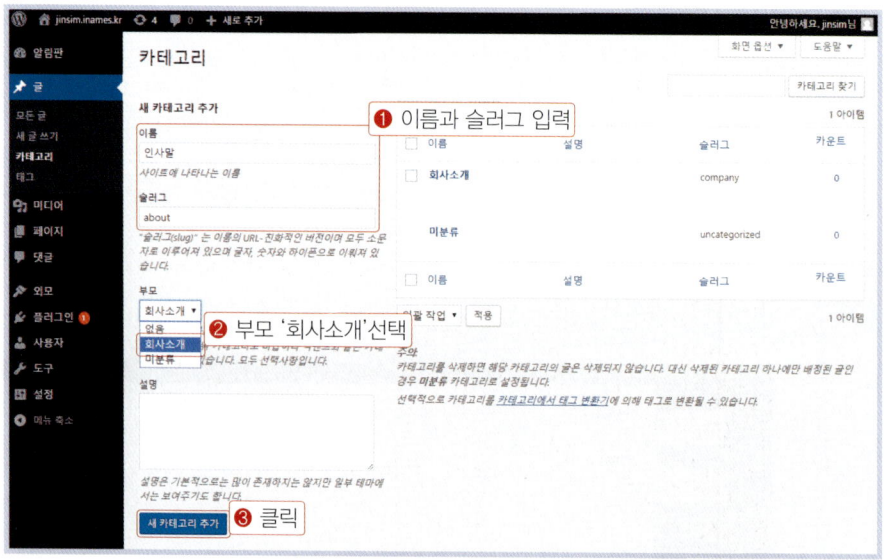

note

버전에 따라 '부모' 선택 항목이 '상위 카테고리'로 표시됩니다.

3 추가한 '인사말' 카테고리가 '회사소개'의 하위 카테고리로 들어가는 것을 볼 수 있습니다.

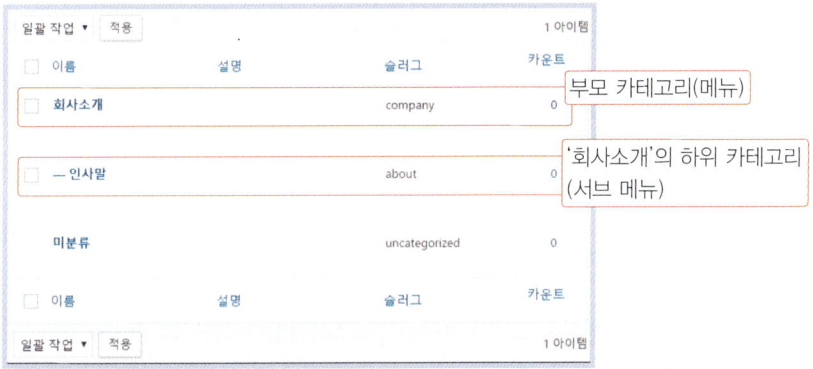

4 같은 방법으로 다른 카테고리도 구성합니다.

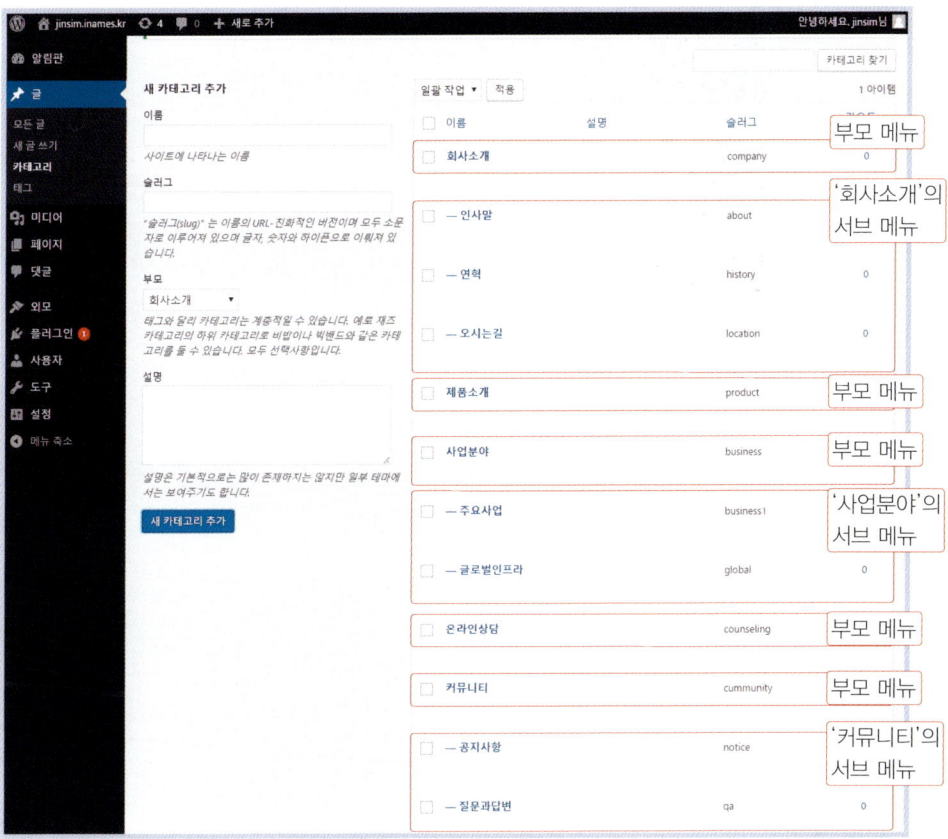

04 메뉴 구성

생성한 카테고리를 홈페이지에 적용하기 위해서는 메뉴를 만들고 메뉴에 해당 카테고리를 연결해야 합니다.

📌 워드프레스 관리 페이지에서 메뉴 [외모]-[메뉴]를 클릭합니다. 메뉴 이름을 입력하고 [메뉴 생성] 버튼을 클릭합니다.

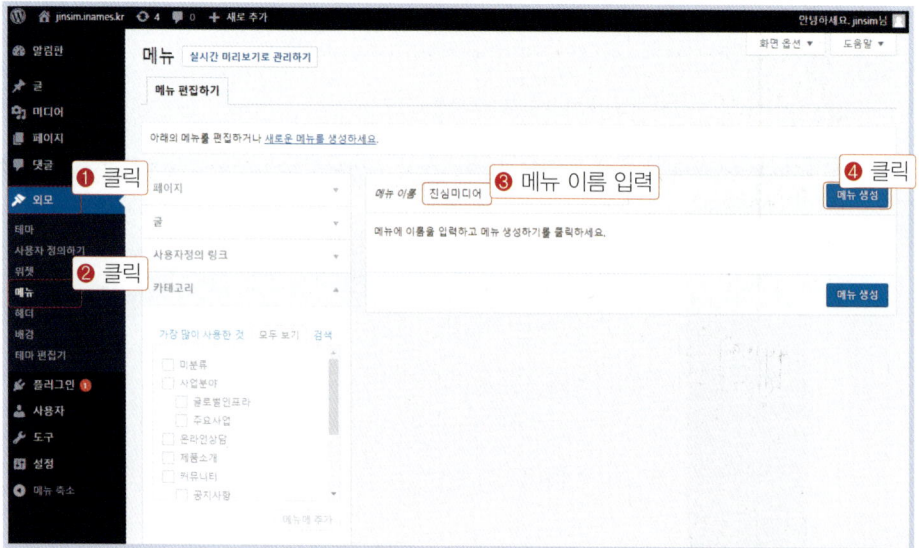

2 생성한 메뉴에 카테고리를 연결하기 위해 카테고리 항목에서 [모두 보기]를 클릭하고 [모두 선택]을 클릭한 후에 [메뉴에 추가] 버튼을 클릭합니다.

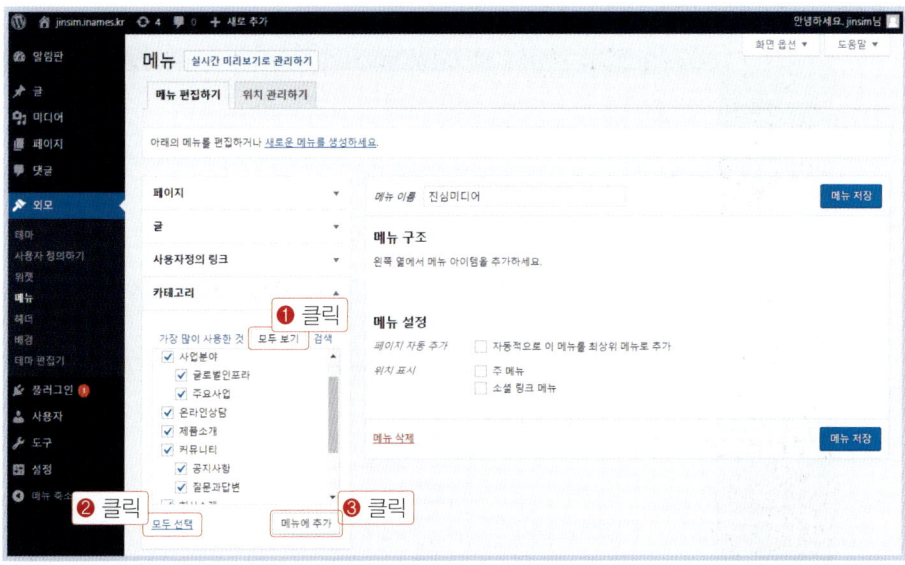

3 메뉴를 드래그하여 구조를 다시 설정합니다. 메뉴 구조 설정이 완료되었으면, 메뉴 구조 아래에 표시된 [메뉴 설정] 항목에서 "자동적으로 이 메뉴를 최상위 메뉴로 추가" 항목과 "주 메뉴" 항목에 체크한 뒤에 [메뉴 저장] 버튼을 클릭하여 설정된 메뉴 구조를 저장합니다.

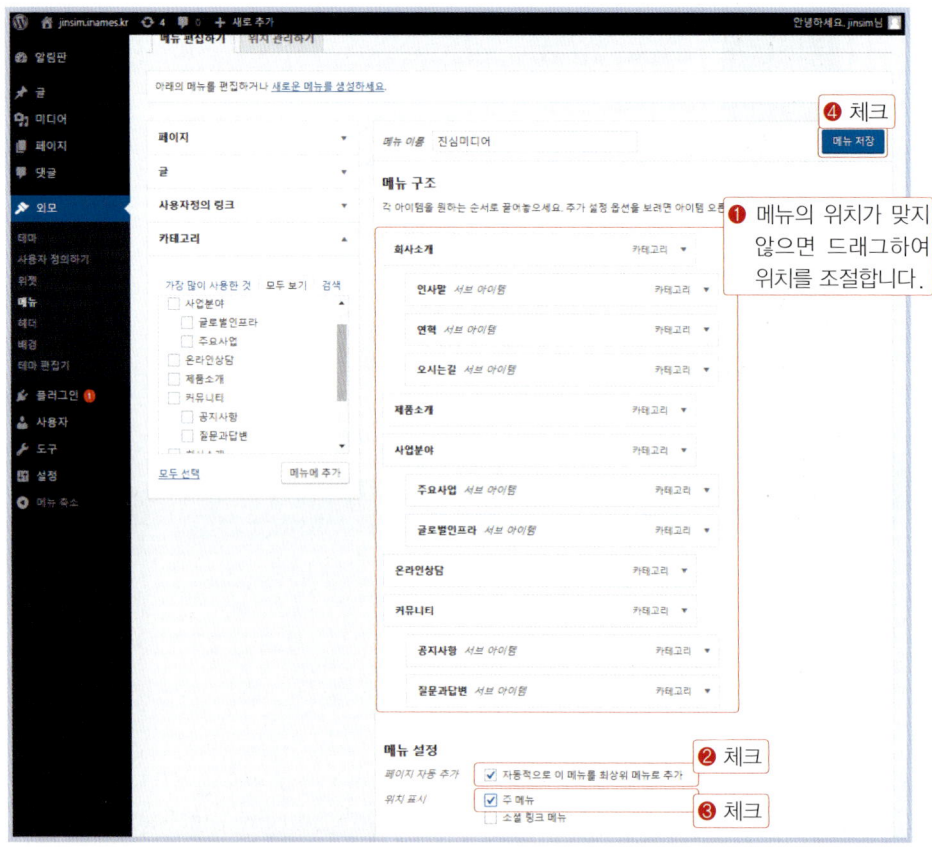

❶ 메뉴의 위치가 맞지 않으면 드래그하여 위치를 조절합니다.

> **note**
>
> 버전에 따라 메뉴 설정 항목의 용어가 다르게 표시되고 있습니다. '주 메뉴'의 경우 '기본 메뉴'로 표시됩니다.
>
>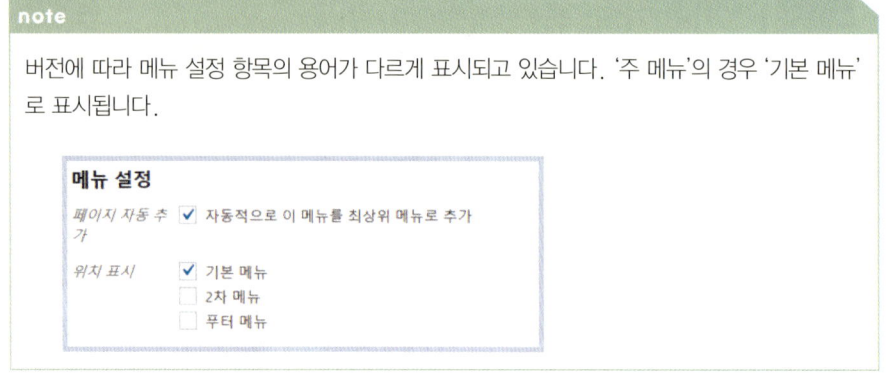

4 홈페이지에 접속하여 메뉴가 구성된 것을 확인합니다.

05 카테고리에 페이지 연결하기

메뉴와 카테고리는 만들었지만, 실제 카테고리에 페이지가 연결된 것은 아닙니다. 그렇기 때문에 카테고리를 클릭해도 페이지를 찾을 수 없다는 메시지가 나오게 됩니다. 이번에는 앞에서 만들어 놓은 카테고리에 페이지를 연결하는 작업을 진행하겠습니다.

카테고리를 클릭했을 때 "찾을 수 없습니다"라는 메시지가 표시되는 이유는 카테고리는 있는데 카테고리와 연결된 페이지가 없기 때문에 표시되는 메시지입니다. 지금까지 만들어진 홈페이지에 접속하여 만들어 놓은 카테고리를 클릭해 보세요. 다음 그림에서처럼 "찾을 수 없습니다"는 메시지를 보게 될 것입니다.

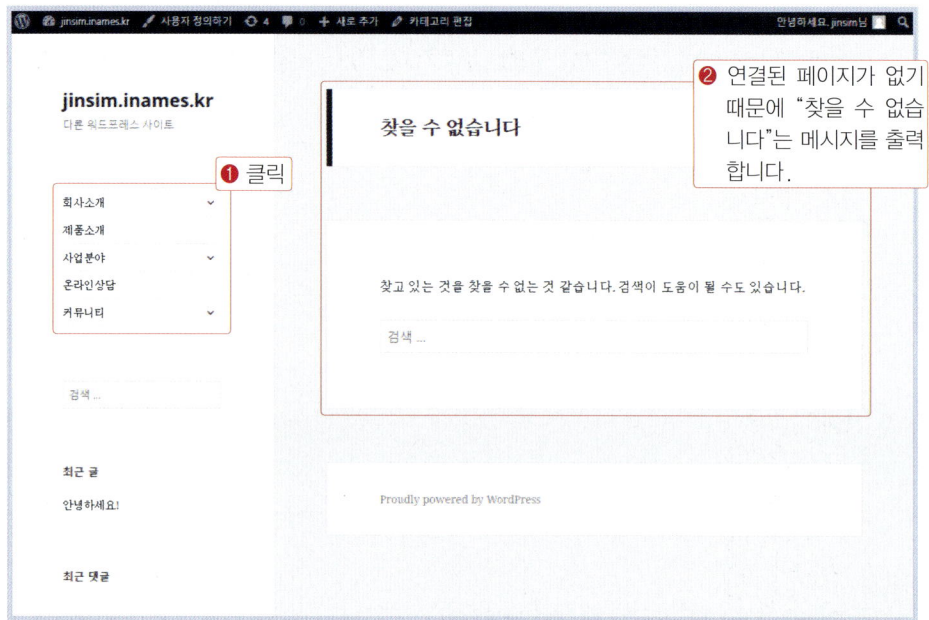

2 관리자 페이지에서 [글]-[새 글 쓰기] 메뉴를 클릭한 후에 글의 제목과 내용을 입력합니다. 회사소개 메뉴에 연결하기 위해 카테고리 항목에서 '회사소개'에 체크하고 [업데이트] 버튼을 클릭합니다. 그렇게 하면 미리 만들어 놓은 회사소개 카테고리에 지금 만들고 있는 '회사소개' 글이 연결되게 됩니다. 정상적으로 연결되었는지 확인하기 위해 홈페이지 주소를 클릭합니다.

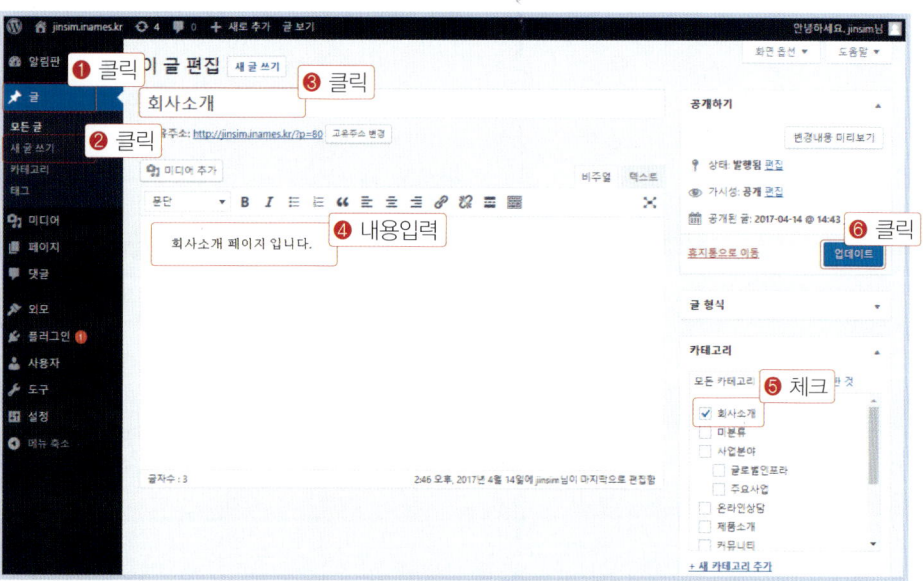

note

버전에 따라 [업데이트] 용어가 [공개하기]로 표시되어 있습니다.

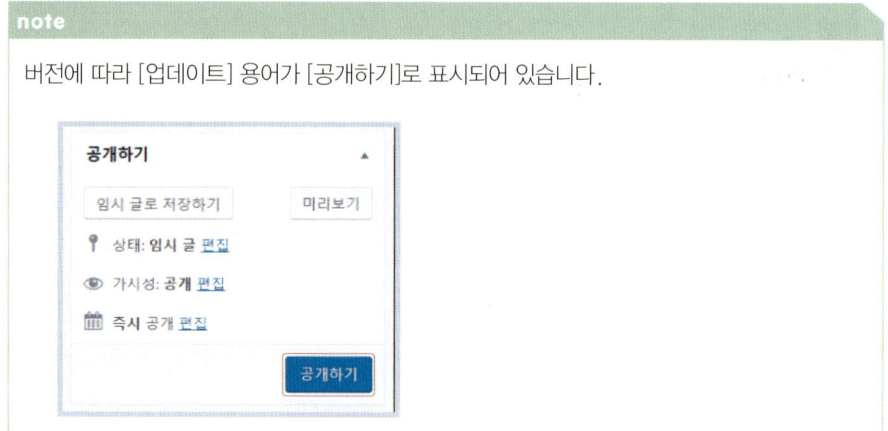

3 접속한 홈페이지에서 [회사소개] 메뉴를 클릭하여 앞에서 만든 페이지가 정상적으로 나오는지 확인합니다.

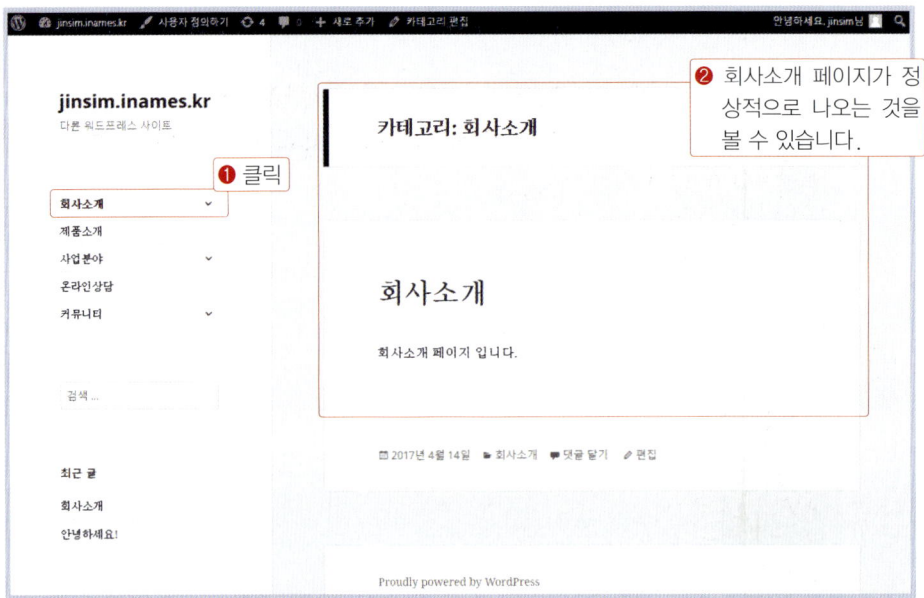

06 게시판 플러그인 설치

워드프레스에서 게시판을 사용하기 위해서는 플러그인을 설치해야 합니다. 우리나라에서 대표적으로 많이 사용되는 게시판 플러그인은 "Mang Board"입니다. 이 책에서도 "Mang Board"를 활용하여 다양한 게시판을 생성하고 홈페이지에 연결하는 작업을 진행해 보겠습니다.

1 워드프레스에 게시판 플러그인을 설치하기 위해 관리자 페이지에서 [플러그인]-[플러그인 추가하기] 메뉴를 클릭한 후에 키워드 항목에 "Mang Board"를 입력하고 Enter 키를 누르면 검색됩니다. 검색된 플러그인 "Mang Board WP" 항목의 [지금 설치하기] 버튼을 클릭합니다.

2 설치 진행을 위해 연결 정보 페이지에 뜨는 호스트 이름 및 FTP 사용자명과 비밀번호를 입력하고 [처리하기] 버튼을 클릭합니다.

note

Mang Board의 버전에 따라 Mang Board의 정보를 표시하는 페이지가 먼저 나온 후에 [지금 설치하기] 버튼을 클릭하면 FTP 정보를 입력하고 설치가 진행됩니다.

3 설치가 진행된 후에 [활성화] 버튼이 표시되는 것을 볼 수 있습니다.

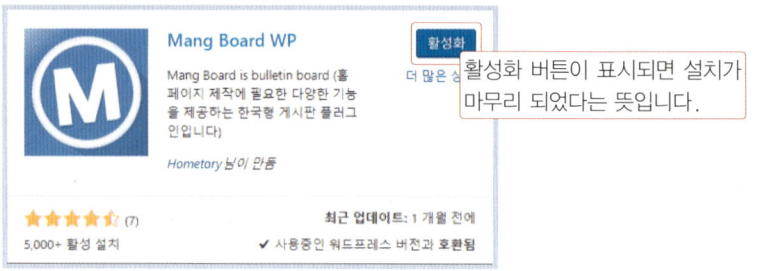

활성화 버튼이 표시되면 설치가 마무리 되었다는 뜻입니다.

4 플러그인 항목에 [설치된 플러그인] 항목으로 이동하면 "Mang Board WP"가 설치된 것을 볼 수 있습니다. 체크하고 [활성화] 링크를 클릭하여 사용할 수 있는 준비를 완료합니다.

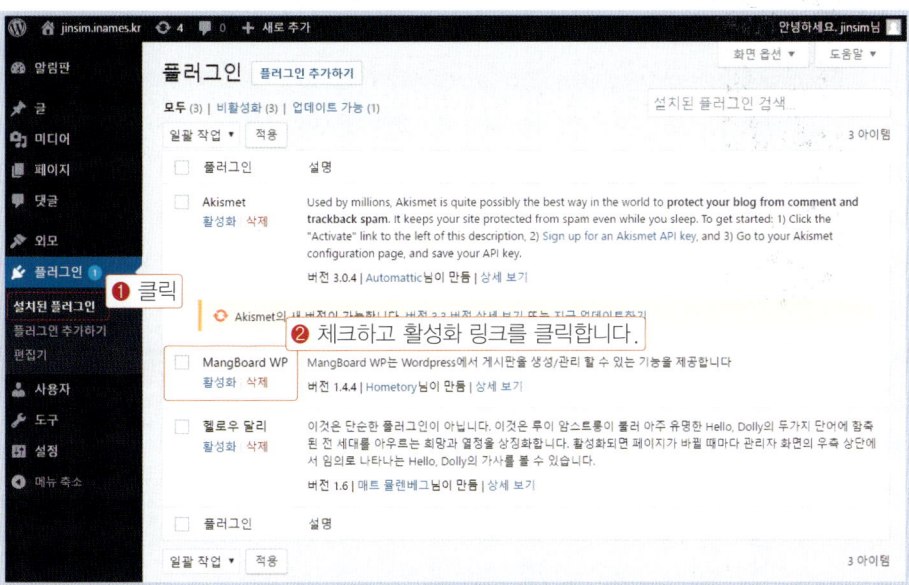

07 게시판 생성하기

앞에서 설치한 "Mang Board" 플러그인으로 다양한 유형의 게시판을 생성할 수 있습니다. 홈페이지에서 일반적으로 사용하는 자료실 게시판, 갤러리 게시판, 캘린더 게시판을 기분으로 생성해 보고 홈페이지에 연결하는 과정을 진행해 보겠습니다.

1 워드프레스 관리자 페이지에서 새롭게 생성된 [Mang Board] 메뉴의 하위 메뉴인 [게시판 관리]를 클릭한 후에 [게시판 추가] 버튼을 클릭합니다.

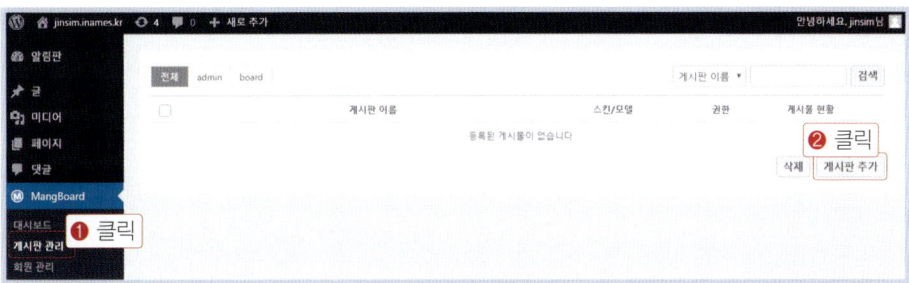

2 게시판 설정 항목에서 '게시판 이름'과 '게시판 설명'을 입력합니다.

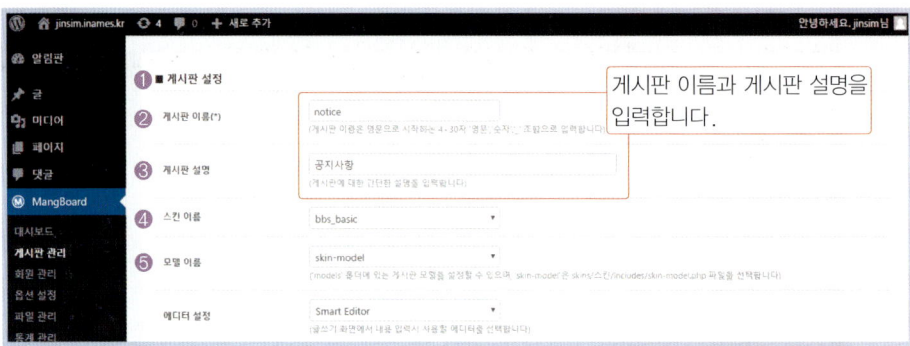

게시판 이름과 게시판 설명을 입력합니다.

> **note**
> ① 게시판 이름 : 홈페이지에 필요한 게시판의 이름을 영문으로 입력합니다. 홈페이지 내에서 링크되는 이름입니다.
> ② 게시판 설명 : 어떤 용도로 사용하는 게시판인지 관리자가 알 수 있도록 게시판의 설명을 입력합니다.
> ③ 스킨 이름 : 게시판에 사용하는 스킨을 선택합니다.
> ④ 모델 이름 : 게시판을 form, webzine, faq 항목 중 어떤 모델로 사용할 것인지를 선택합니다.
> ⑤ 에디터 설정 : 글을 작성할 때 사용하는 편집창을 선택할 수 있습니다. TextArea, CK Editor, WP Editor, Smart Editor가 기본적으로 있으며, 에디터 관련 플러그인을 설치한 경우 해당 플러그인이 노출됩니다.

3 다른 항목은 설정된 기본값을 사용하기로 하고, 아래로 이동하여 [확인] 버튼을 클릭합니다.

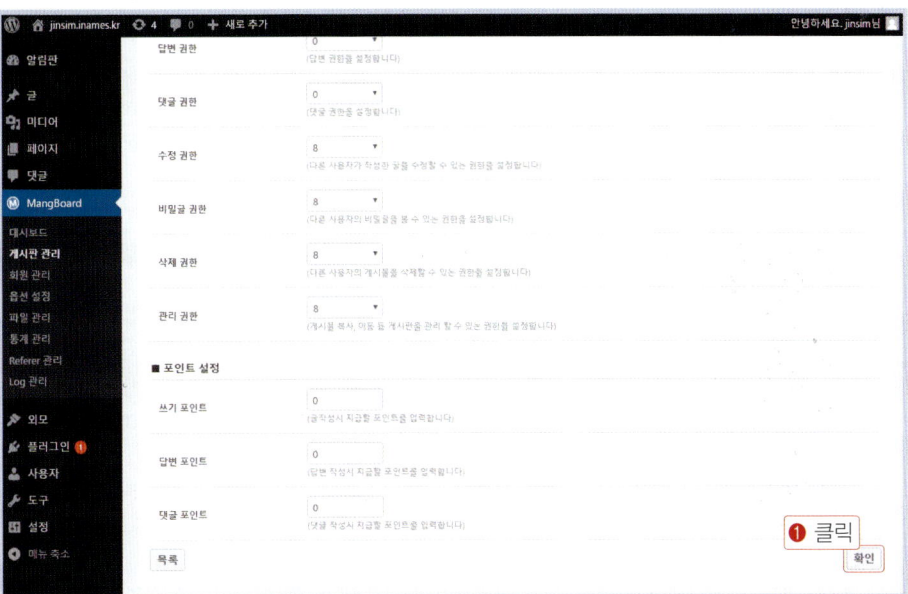

4 게시판이 생성된 것을 볼 수 있습니다.

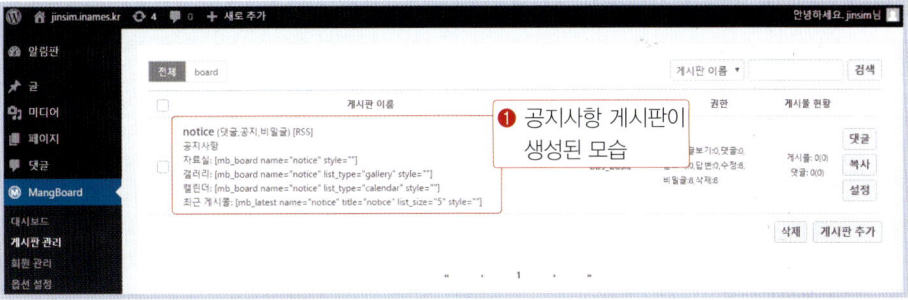

게시판 형식별로 소스가 생성된 것을 볼 수 있습니다.

자료실 : [mb_board name="notice" style=""]

갤러리 : [mb_board name="notice" list_type="gallery" style=""]

캘린더 : [mb_board name="notice" list_type="calendar" style=""]

최근 게시물 : [mb_latest name="notice" title="notice" list_size="5" style=""]

08 공지사항 일반 게시판 연결하기

생성된 게시판을 앞에서 만들어 놓은 카테고리에 연결하는 과정을 진행해 보겠습니다.

1 생성된 게시판 소스에서 자료실에 해당하는 코드 [mb_board name="notice" style=""]을 복사합니다.

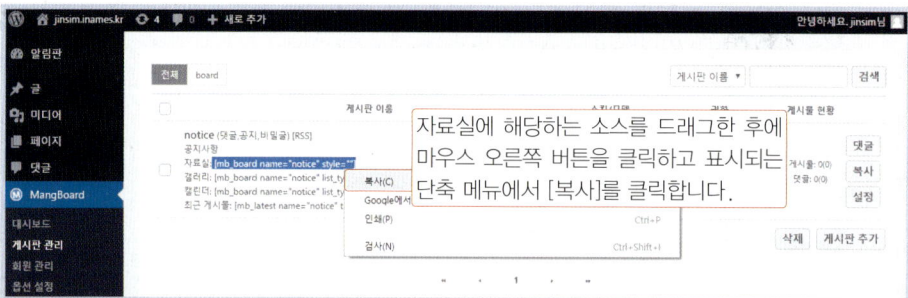

2 복사한 게시판 소스로 페이지를 생성하기 위해 [글] 메뉴의 [새 글 쓰기] 메뉴를 클릭한 후에 제목을 입력하고 내용 입력창에 복사해 놓았던 소스를 붙여넣기 합니다. 카테고리 항목에서 공지사항을 선택하고 [공개하기] 버튼을 클릭합니다.

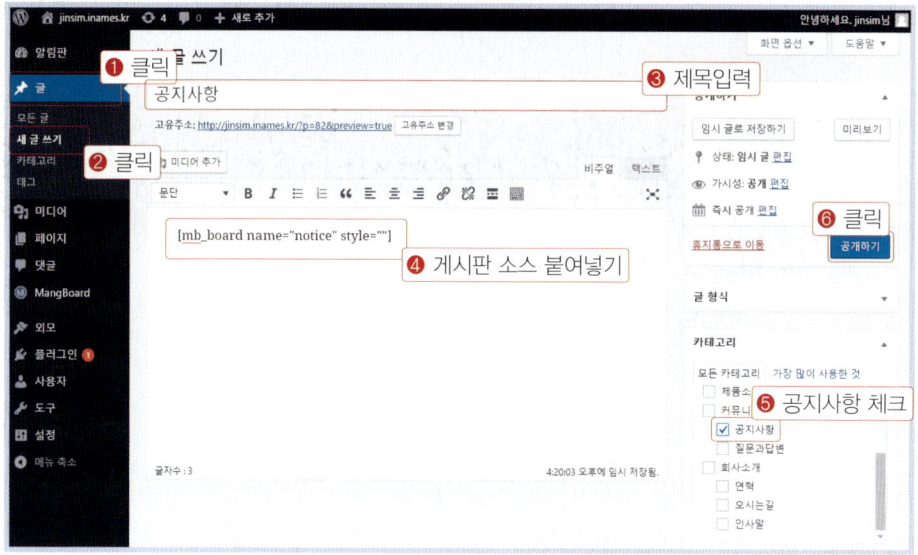

3 홈페이지에 접속하여 공지사항 메뉴에 게시판에 연결되었는지 확인합니다.

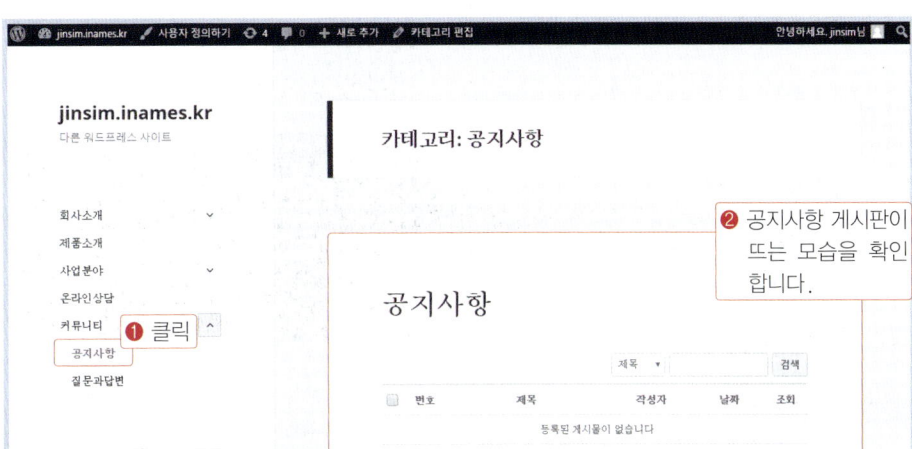

09 제품소개 갤러리 게시판 연결하기

제품을 소개하는 페이지를 만들기 위해 게시판을 생성하고 생성한 게시판 중에 갤러리 게시판에 해당하는 소스를 추출하여 페이지를 만들면 제품을 소개할 수 있는 게시판을 만들 수 있습니다.

1 앞에서 진행했던 방법과 같은 방법으로 워드프레스 관리자 화면에서 [글]-[새 글 쓰기] 메뉴를 선택하여 앞서 생성된 게시판 소스 중에 갤러리(gallery) 소스를 복사하여 넣고, [제품소개] 카테고리에 연결합니다. 마지막 단계로 [공기하기] 버튼을 클릭하여 새 글을 공개합니다.

갤러리 : [mb_board name="notice" list_type="gallery" style=""]

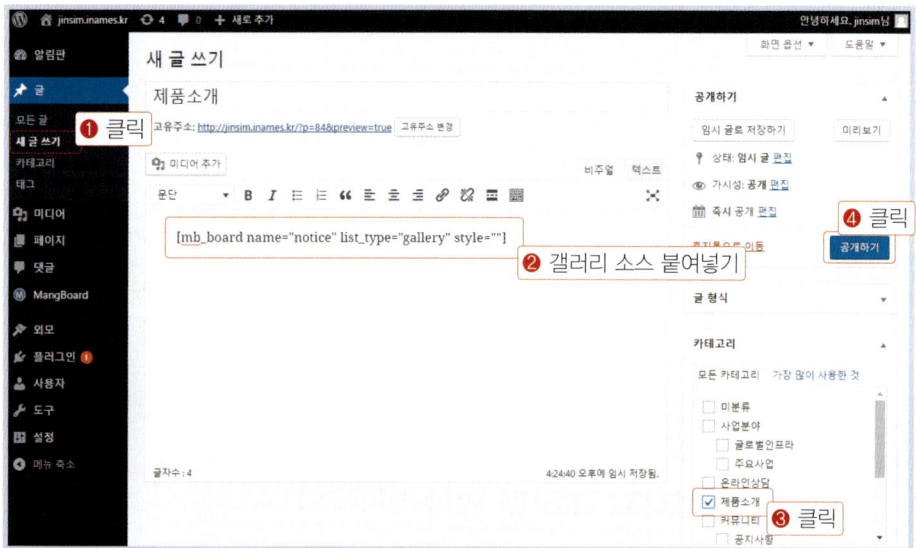

2 홈페이지에 접속하여 [제품소개] 메뉴를 클릭하여 표시되는 게시판에서 [글쓰기] 버튼을 클릭합니다.

3 갤러리 게시판에 제품을 등록해보기 위해 제목을 입력한 후에 [사진] 버튼을 클릭하여 제품 사진을 불러옵니다.

4 사진 첨부하기 팝업창에서 [파일 선택] 버튼을 클릭합니다.

5 등록하려는 이미지를 선택하고 [열기] 버튼을 클릭합니다.

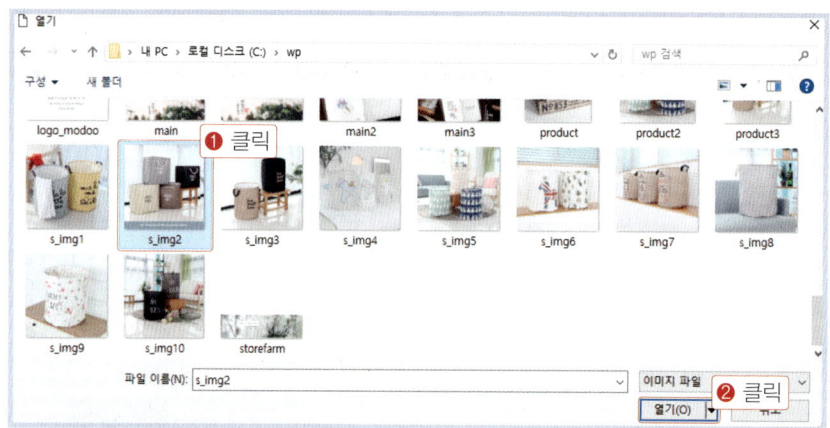

6 내용 창에 사진이 정상적으로 등록된 것을 확인하고, 제목을 입력한 뒤에 하단에 있는 [확인] 버튼을 클릭합니다.

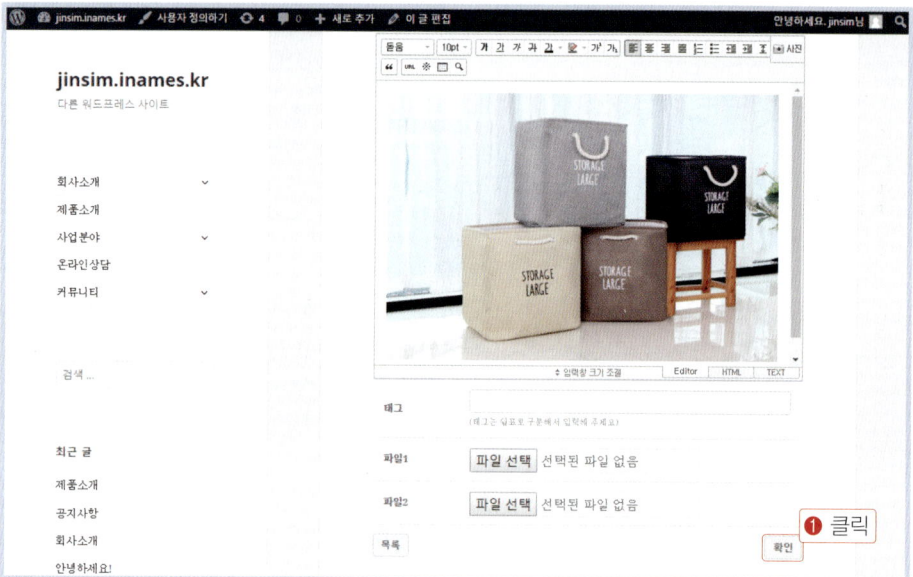

7 게시판에 제품의 이미지가 등록된 것을 볼 수 있습니다.

10 행사안내 캘린더 게시판 만들기

캘린더 게시판은 홈페이지에 많이 사용하는 게시판 중 하나입니다. 회사 행사 일정 등을 공지할 때 주로 사용되며 앞에서 만든 방법과 같은 방법으로 캘린더 게시판을 생성합니다.

새 글 쓰기 페이지에서 제목을 입력하고 앞서 생성한 게시판의 캘린더(calendar) 소스를 내용 창에 붙여넣기 한 후에 카테고리 항목에서 [행사안내]에 체크합니다. [공개하기] 버튼을 클릭하여 행사안내 페이지를 저장합니다.

캘린더 : [mb_board name="notice" list_type="calendar" style=""]

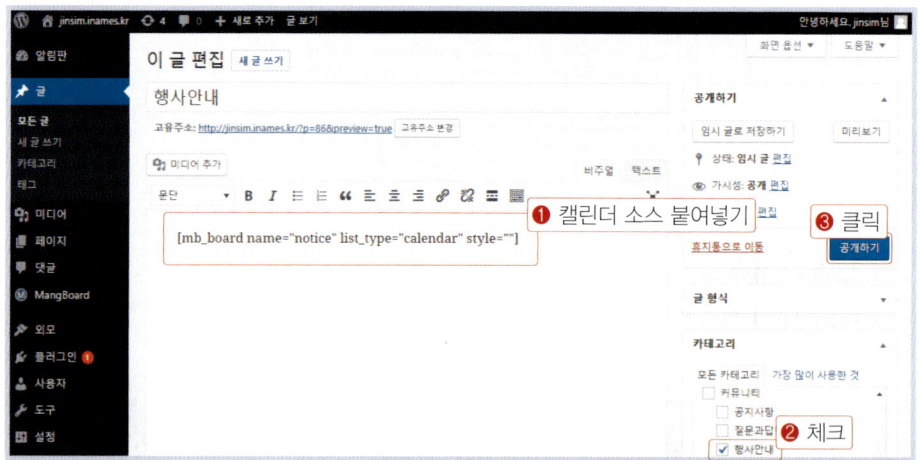

홈페이지에 접속한 후 [행사안내] 메뉴를 클릭하여 정상적으로 캘린더가 나타나는지 확인합니다.

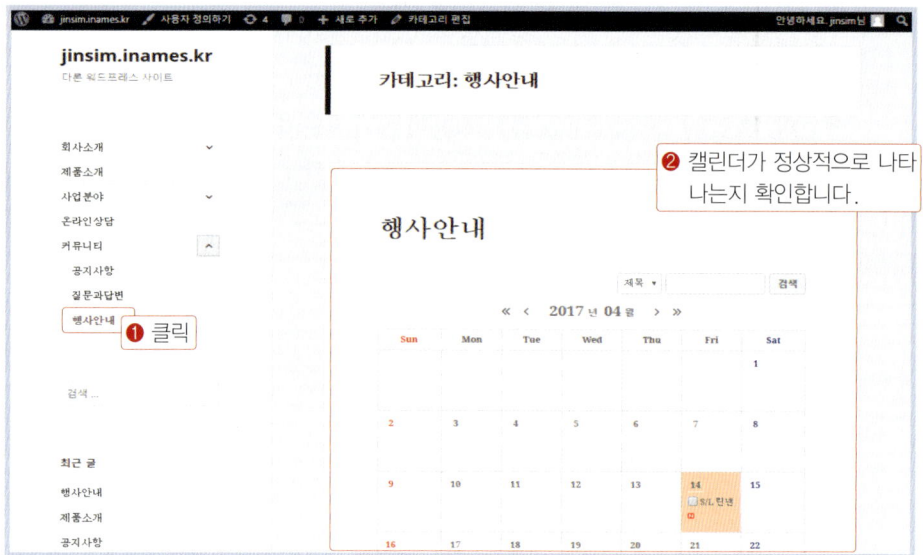

11 무료 테마와 플러그인 설치하기

지금까지는 홈페이지를 만드는 데 필요한 최소한의 기능을 활용하여 만들어 보았습니다. 워드프레스에서는 많은 무료 테마를 제공하고 있는데 그중의 하나의 테마를 추가하여 현재까지 만든 홈페이지에 적용해보는 과정을 진행해 보겠습니다.

[외모]-[테마]를 클릭합니다. 새로운 테마를 추가하기 위해 [새 테마 추가하기] 버튼을 클릭합니다.

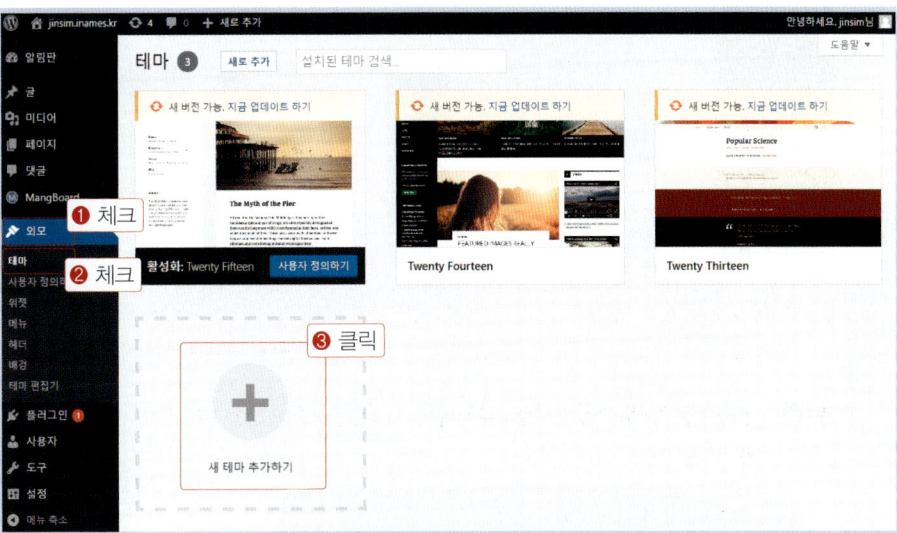

2 특성 메뉴를 클릭한 후에 표시되어 있는 테마 목록 중에 "Lawyeria Lite" 테마의 [미리보기] 버튼을 클릭합니다.

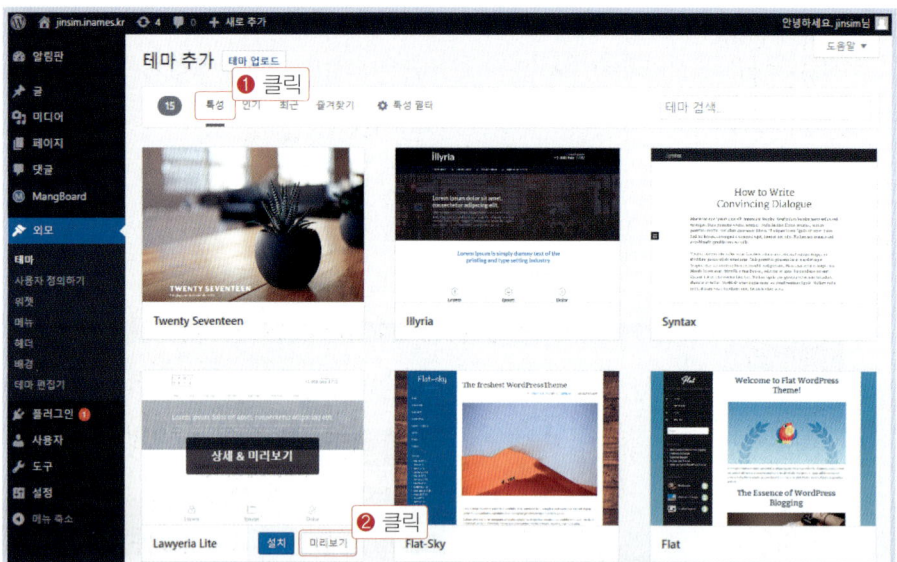

3 미리보기 화면을 통해 만들려고 하는 사이트에 적절한 레이아웃인지 분석합니다. 다른 테마도 같은 방법으로 미리보기를 실행하여 원하는 유형의 테마를 선택합니다.

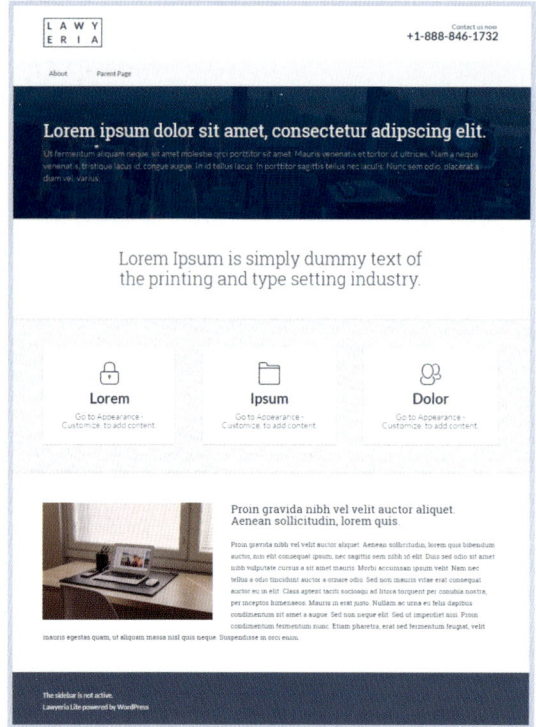

4 최종 테마가 선택되었다면 해당 테마의 [설치] 버튼을 클릭하여 테마를 설치합니다.

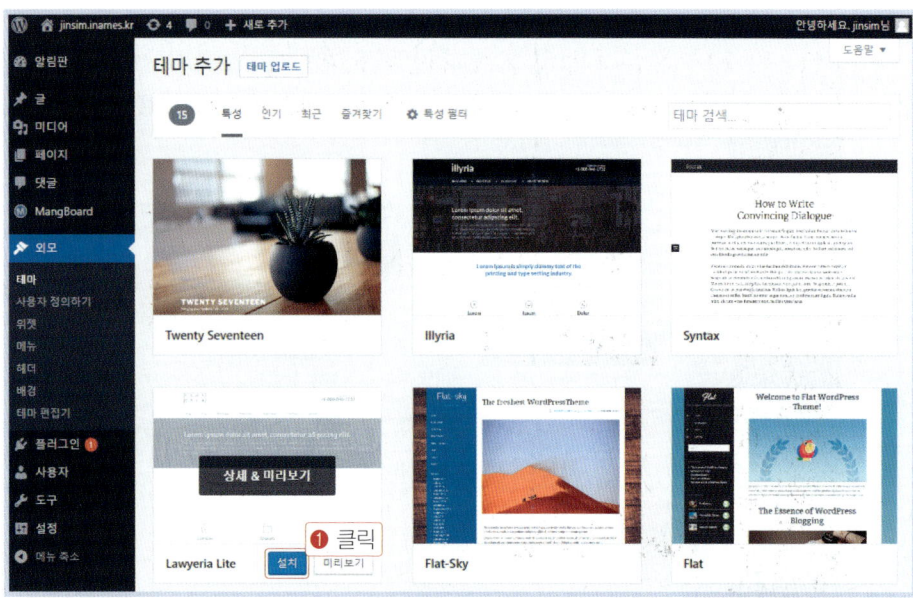

5 연결 정보 화면에서 연결 정보를 입력한 후에 [처리하기] 버튼을 클릭합니다.

6 워드프레스 관리자 페이지의 [외모]-[테마] 메뉴로 이동하면 선택한 테마가 추가된 것을 볼 수 있습니다. "Lawyeria Lite" 테마에 마우스를 올리면 [활성화] 버튼이 보입니다. [활성화] 버튼을 클릭하면 해당 테마가 현재 만들고 있는 사이트에 적용됩니다.

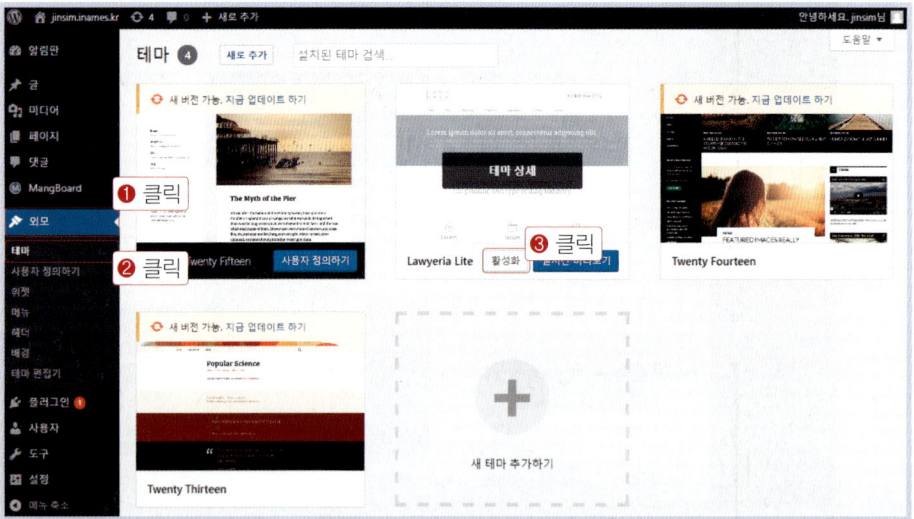

7 테마가 활성화되면 활성화된 테마와 관련 있는 추천 플러그인 항목이 표시됩니다. 관련 플러그인을 설치하기 위해 [플러그인 설치 시작하기] 링크를 클릭하여 플러그인의 설치를 진행합니다.

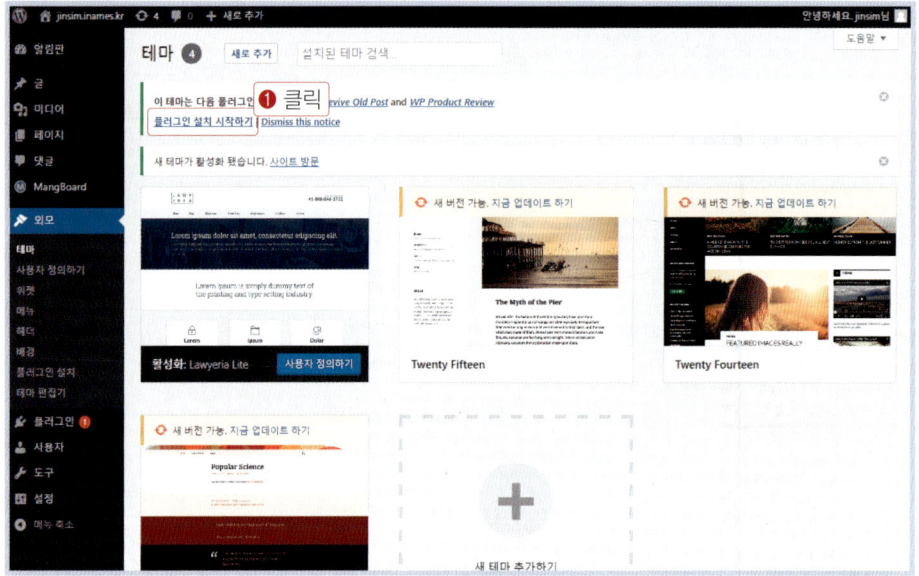

Part 4 무료 테마로 워드프레스 기본기 다지기 • 105

8 표시된 두 가지 플러그인을 선택하고 적용 항목 목록에서 [Install]을 클릭한 후에 [적용] 버튼을 클릭합니다.

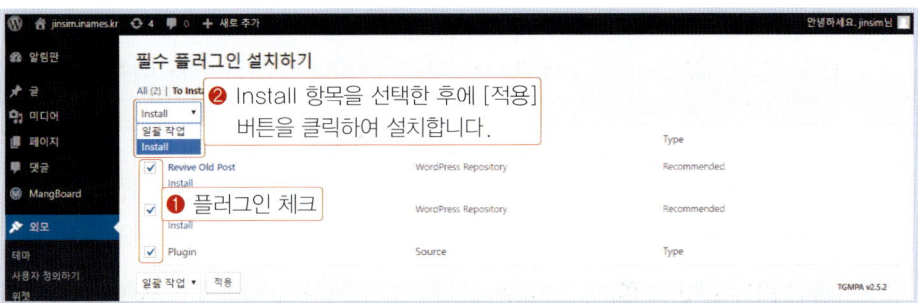

9 FTP 정보를 확인한 후에 [처리하기] 버튼을 클릭합니다.

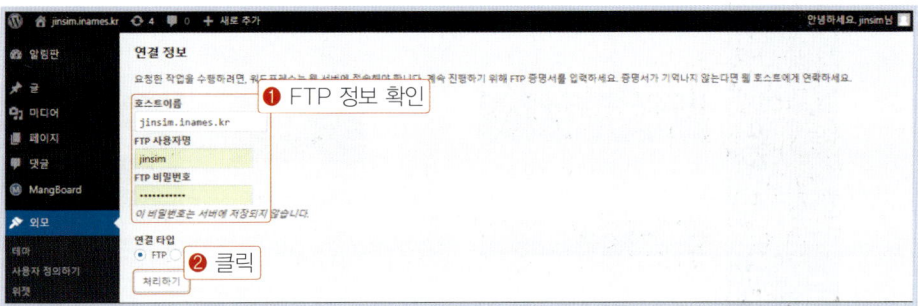

10 관리자 화면의 메뉴 [플러그인]을 선택해 보면, 플러그인이 등록된 것을 볼 수 있습니다. [활성화] 링크를 클릭하여 플러그인을 활성화합니다.

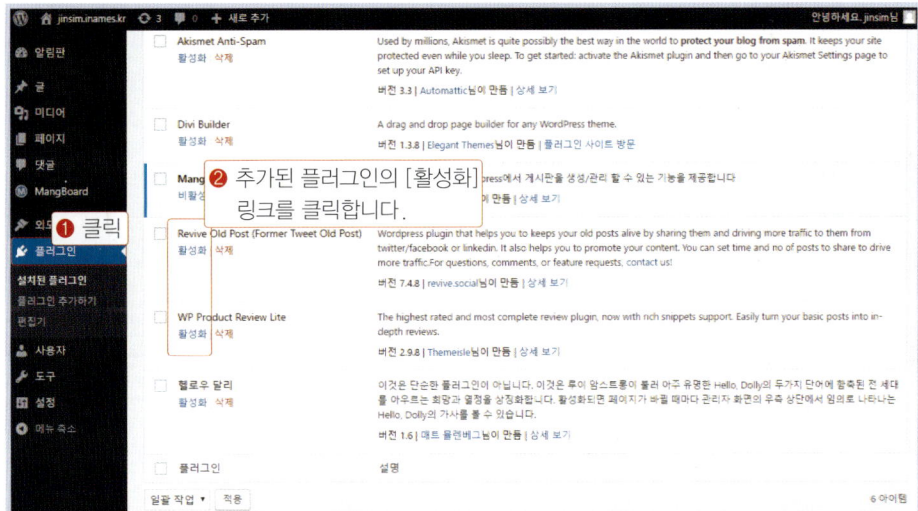

12 헤더 영역 변경하기

헤더 영역은 홈페이지의 로고 및 문의 전화, 메일 정보 등이 올 수 있습니다. 헤더 영역에 있는 로고 및 기본 정보를 수정해 보겠습니다.

테마를 수정하기 위해 관리자 화면의 메뉴 [외모]-[테마]를 선택합니다. 표시된 테마 목록에서 "Lawyeria Lite" 테마의 [사용자 정의하기] 버튼을 클릭합니다.

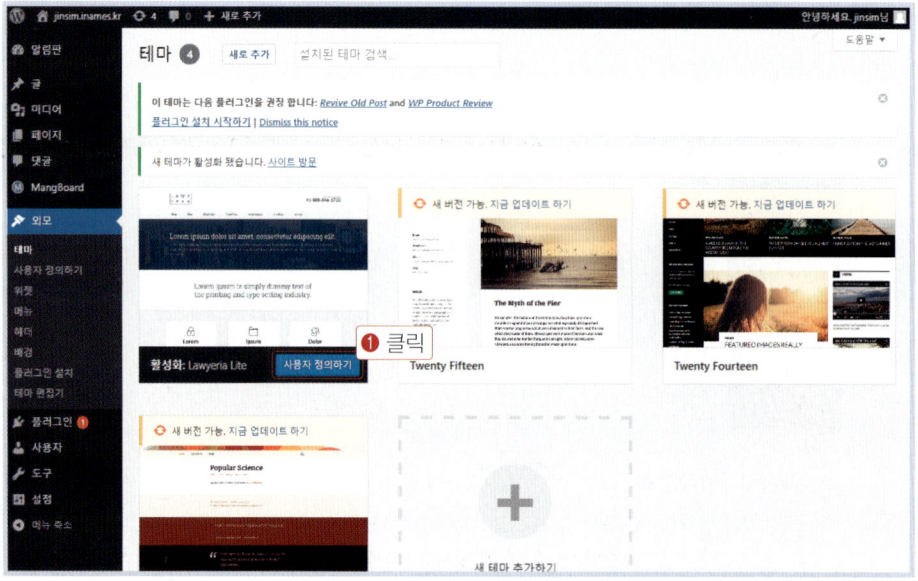

2 "Lawyeria Lite" 테마를 수정할 수 있는 관리 페이지에서 헤더 영역을 수정하기 위해 왼쪽에 나열된 메뉴에서 [헤더] 메뉴를 클릭합니다.

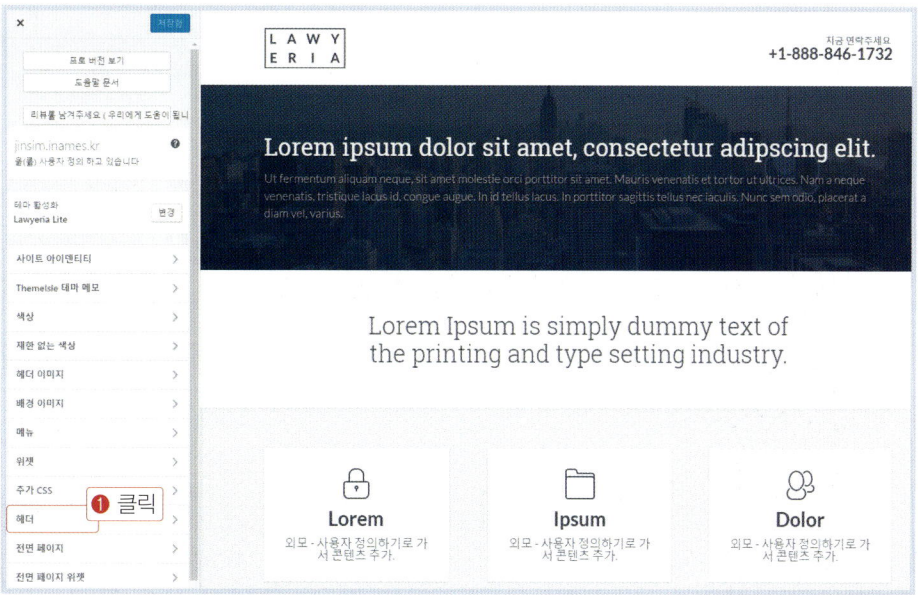

3 헤더 영역에 해당하는 로고 이미지와 기본 정보를 변경할 수 있는 화면이 표시됩니다. 로고 이미지를 변경하기 위해 [이미지 변경하기] 버튼을 클릭합니다.

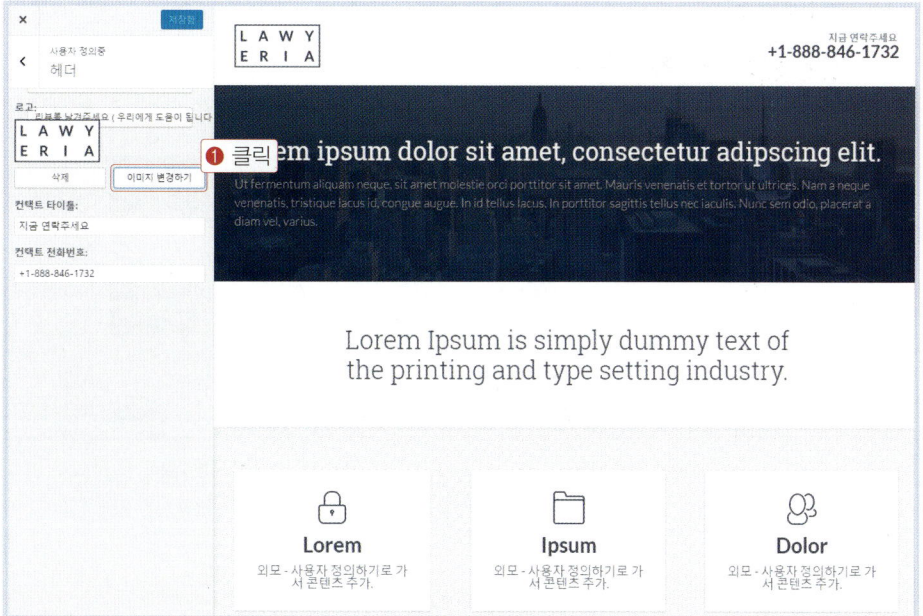

4 이미지를 불러올 수 있는 대화상자에서 [파일을 선택하세요] 버튼을 클릭합니다.

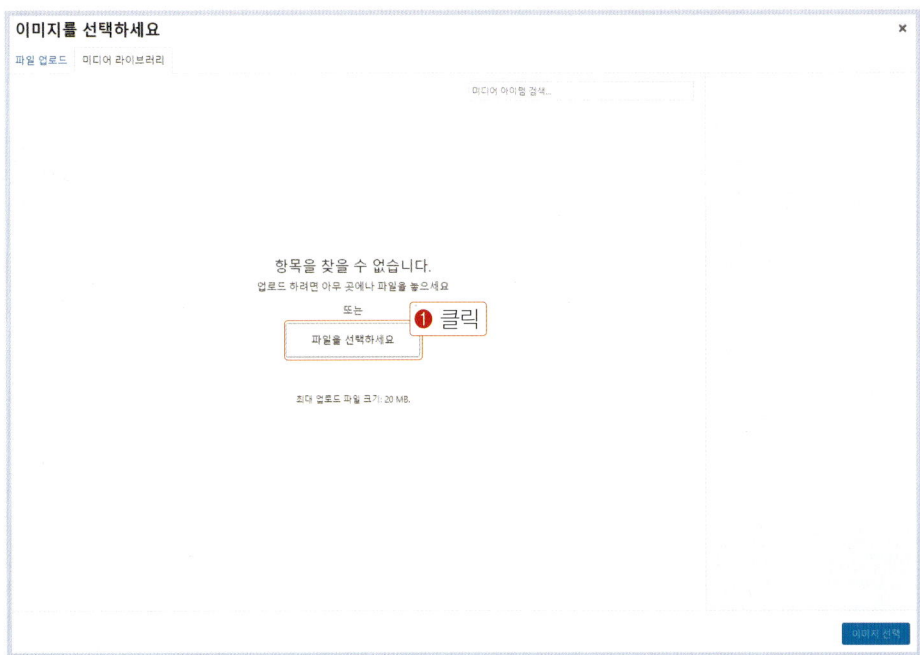

5 로고가 있는 폴더로 이동한 후에 'logo.png' 파일을 선택하고 [열기] 버튼을 클릭합니다. 로고 이미지는 자신이 원하는 어떠한 이미지도 사용할 수 있다.

6 이미지 선택 창에서 등록된 로고 이미지를 선택하고, 오른쪽 하단의 [이미지 선택] 버튼을 클릭합니다.

note

로고 이미지의 경우는 가로 3000px 이내, 세로 50px 이내로 하는 것이 워드프레스 기본 레이아웃에 잘 적용됩니다. 이미지의 크기가 크면 이미지 아래에 표시되는 메뉴를 덮을 수 있습니다.

7 로고 이미지가 등록된 것을 확인하고 왼쪽 상단에 있는 [저장 & 발행] 버튼을 클릭한 후에 연락처를 수정합니다.

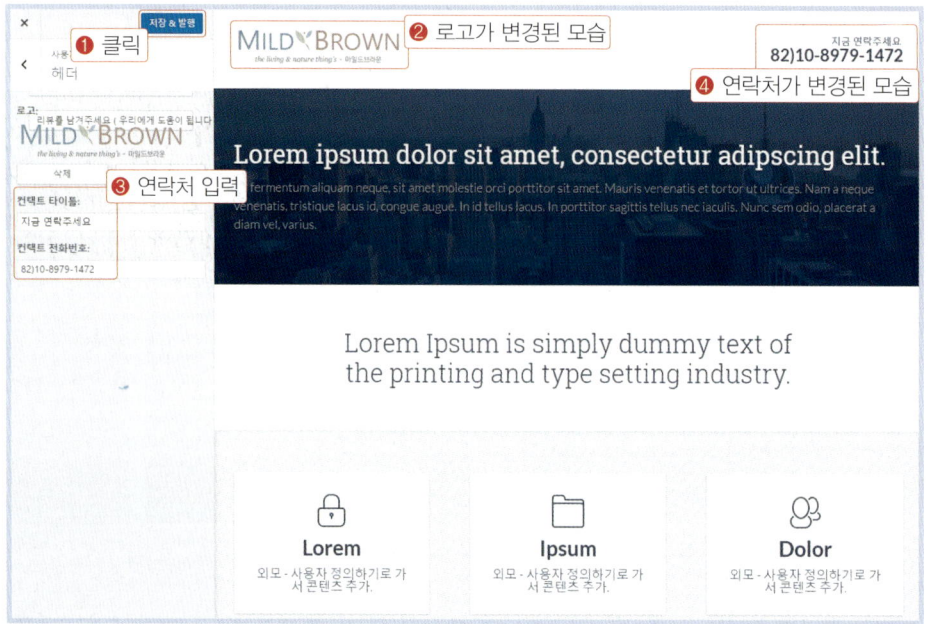

13 메뉴 영역 변경하기

테마를 변경한 후에 메뉴가 나타나지 않는 것을 볼 수 있습니다. 메뉴 영역에 해당하는 곳으로 이동하여 메뉴 활성화를 시켜주어야 합니다.

1 테마 관리자 메뉴로 이동하기 위해 "헤더" 왼쪽의 < 버튼을 클릭하고, 메뉴 영역을 활성화하기 위해 테마 관리자 메뉴에서 [메뉴]를 클릭합니다.

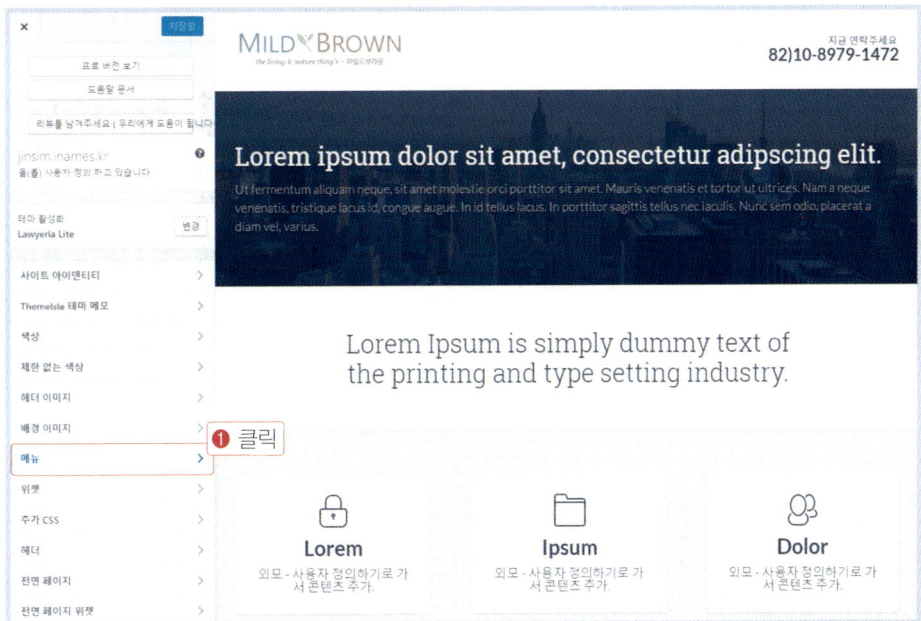

2 앞에서 등록한 메뉴의 이름을 선택합니다. 예에서는 등록된 메뉴 이름으로 "진심미디어"를 클릭합니다.

3 홈페이지에 표시할 메뉴 항목 아랫부분의 메뉴 위치를 표시하는 위치 표시 항목에서 '이 메뉴는 헤더에 나타납니다.'에 체크합니다. 위치 표시 항목에 체크한 후에 미리보기 창을 보면 헤더에 메뉴가 표시되는 것을 볼 수 있습니다. 페이지를 저장하기 위해 왼쪽 상단에 있는 [저장 & 발행] 버튼을 클릭합니다.

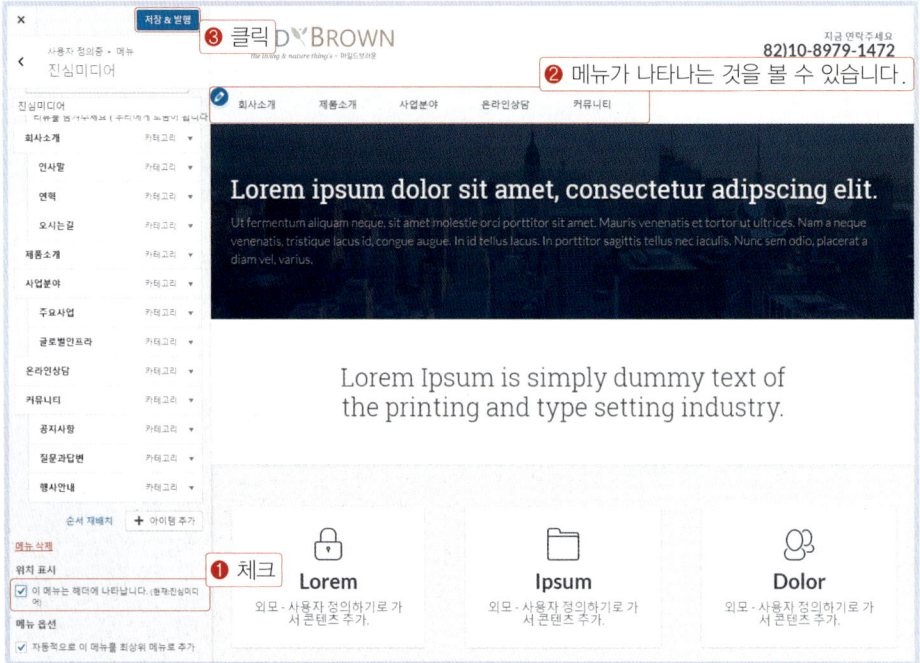

14 메인 이미지 및 타이틀 수정

홈페이지 메인 상단에 있는 이미지를 변경할 수 있는 부분을 현재 테마에서는 헤더 타이틀과 헤더 콘텐츠 영역으로 구분하고 있습니다. 헤더 타이틀과 헤더 콘텐츠만 변경하더라도 홈페이지 분위기가 전체적으로 달라지는 것을 볼 수 있습니다.

1 'Lawyeria Lite' 테마의 관리 페이지에서 [전면 페이지] 메뉴를 클릭합니다.

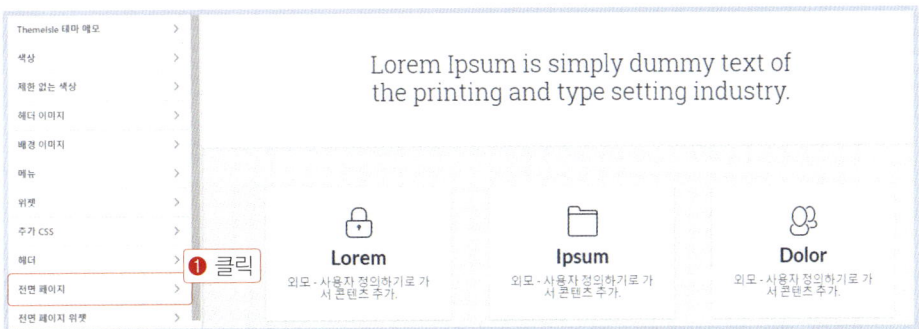

2 서브 헤더 타이틀과 서브 헤더 콘텐츠 그리고 인용 항목의 내용을 입력하고, 서브 헤더 배경 항목에서 [이미지 변경하기] 버튼을 클릭합니다.

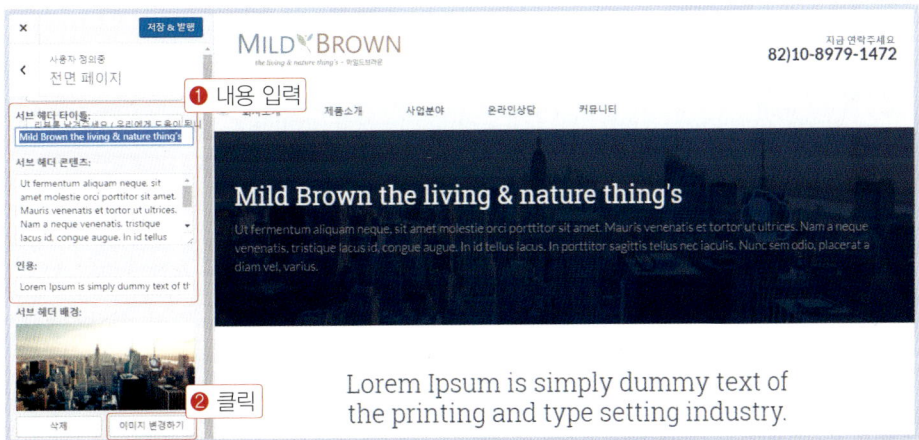

3 파일 업로드를 위한 이미지 선택 대화상자에서 [파일 업로드] 탭을 선택하고, 이어서 [파일을 선택하세요] 버튼을 클릭합니다.

4 열기 대화상자에서 배경 이미지로 사용할 'main.png' 이미지를 선택하고 [열기] 버튼을 클릭합니다.

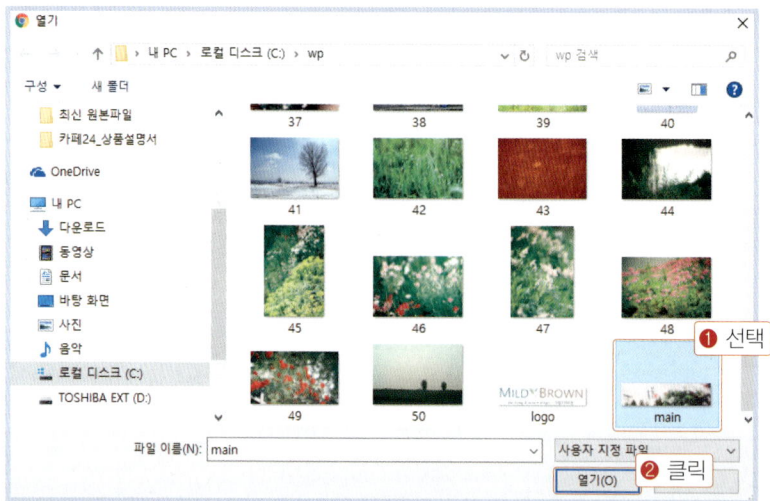

5 배경 이미지로 사용할 이미지에 체크하고 [이미지 선택] 버튼을 클릭합니다.

6 배경 이미지와 내용이 변경된 것을 볼 수 있습니다. 왼쪽 상단에 있는 [저장 & 발행] 버튼을 클릭하여 저장합니다.

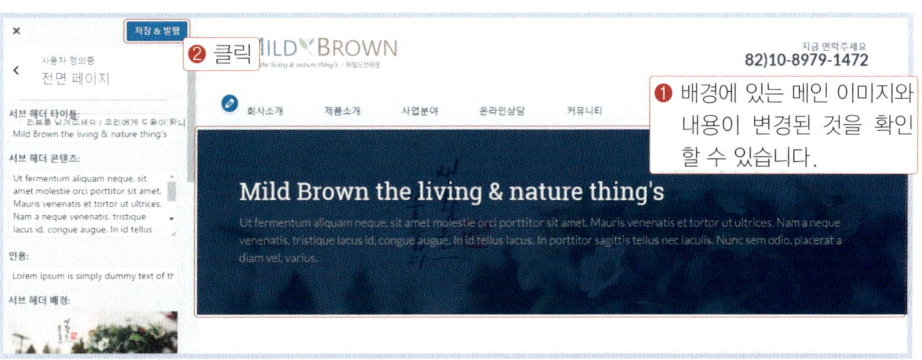

15 메인 콘텐츠 영역 변경하기

메인 콘텐츠 영역에는 홈페이지를 대표하는 내용을 아이콘 또는 이미지로 만들어 홈페이지를 방문하는 사람들이 쉽게 중요 내용을 찾아갈 수 있도록 하는 역할을 하며, 주로 이미지와 텍스트로 꾸며지게 됩니다.

1 메인 콘텐츠 영역을 수정하기 위해 'Lawyeria Lite' 테마의 관리 페이지에서 [전면 페이지] 메뉴를 클릭합니다.

2 메인 콘텐츠 아이콘을 변경하기 위해 [박스 (첫번째) - 타이틀] 항목에는 "News"를 입력하고 [박스 (첫번째)_ - 콘텐츠) 항목에는 설명으로 "마일드 브라운 최신뉴스"를 입력하고 [박스 (첫번째) - 아이콘] 항목에서 [이미지 변경하기] 버튼을 클릭합니다.

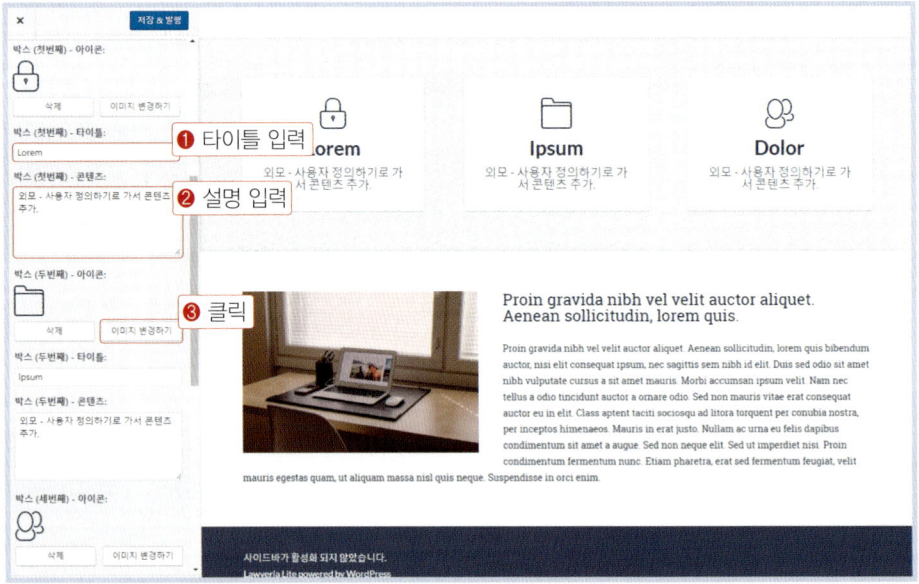

3 첫 번째 박스에 위치할 아이콘 이미지를 불러옵니다. 이미지 선택하기 화면에서 파일 업로드 기능과 미디어 라이브러리 기능이 있습니다. 앞에서는 파일 업로드 기능을 이용하여 파일을 등록해 보았는데, 이번에는 미디어 라이브러리를 통해 등록해 보겠습니다. 미디어 라이브러리는 파일 업로드를 통해 미리 등록해 놓은 이미지들을 불러 올 때 사용합니다. 홈페이지를 기획하여 진행할 때 필요한 이미지를 미리 미디어 라이브러리에 등록하고 사용하면 편리합니다. 등록하려고 하는 아이콘 이미지를 선택하고 [이미지 선택] 버튼을 클릭합니다.

> **note**
> 아이콘의 크기는 가로 46px, 세로 46px이 적당합니다. 크기의 문제가 있는 경우 화면이 깨질 수 있습니다.

4 첫 번째 박스의 아이콘과 제목 그리고 글이 변경된 것을 볼 수 있습니다.

5 두 번째와 세 번째 아이콘도 첫 번째 아이콘과 같은 방법으로 다음 그림과 같이 변경합니다.

6 메인 콘텐츠의 이미지와 타이틀 그리고 콘텐츠 항목도 앞에서의 아이콘을 변경하는 방법과 같은 방법으로 변경합니다.

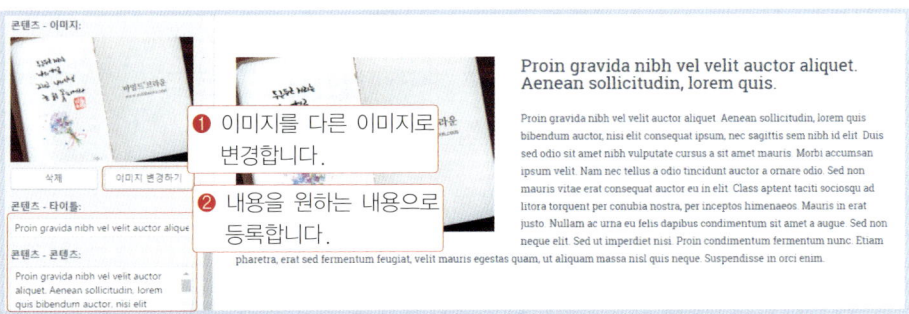

16 푸터 사이드바 활성화

푸터 사이드바 영역을 활성화하여 회사에 대한 정보 등 추가로 필요한 내용을 입력할 수 있습니다. 주로 회사 주소, 고객센터 전화번호 등 회사에 관한 기본적인 내용을 입력합니다.

1 'Lawyeria Lite' 테마의 관리 페이지에서 [위젯] 메뉴를 클릭합니다.

2 위젯 항목 중에 [푸터 사이드바] 메뉴를 클릭합니다.

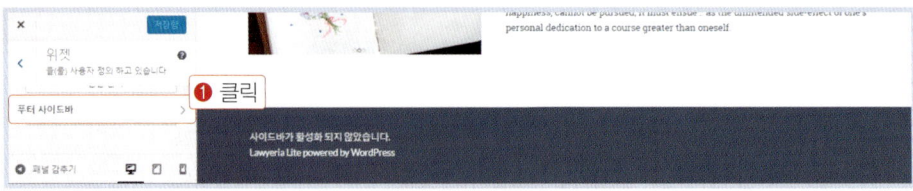

3 [위젯 추가] 버튼을 클릭하면 위젯 종류가 표시됩니다. 표시된 위젯 종류 중에서 [텍스트] 위젯 메뉴를 클릭합니다.

> **note**
>
> 텍스트(Text) 위젯은 사용자가 입력한 내용을 출력하는 기능입니다. HTML 태그 입력이 가능하여 다양한 소스로 원하는 형태의 편집이 가능합니다.

4 타이틀과 컨텐트 항목에 홈페이지의 하단에 들어갈 회사 정보를 입력합니다. 예에서는 타이틀 항목에 회사의 도메인 주소를 입력하고 컨텐트 항목에는 회사의 주소와 책임자정보 그리고 이메일 주소를 입력하였습니다. 정보를 모두 입력한 후에 왼쪽 상단에 있는 [저장 & 발행] 버튼을 클릭합니다.

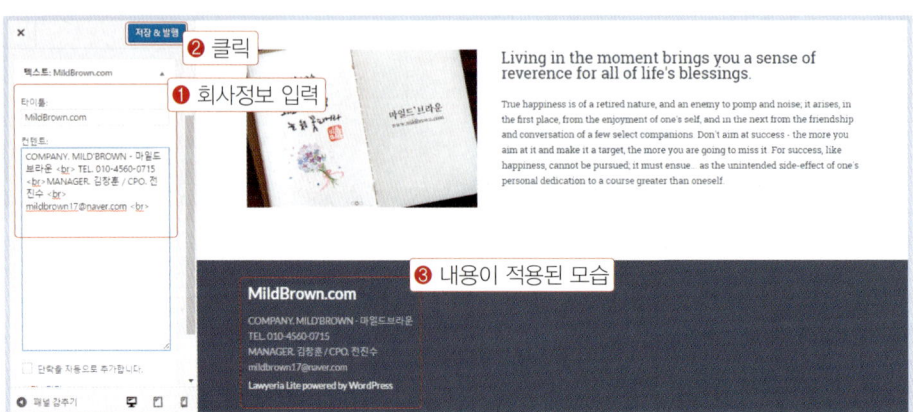

5 메인 페이지가 완성되었습니다.

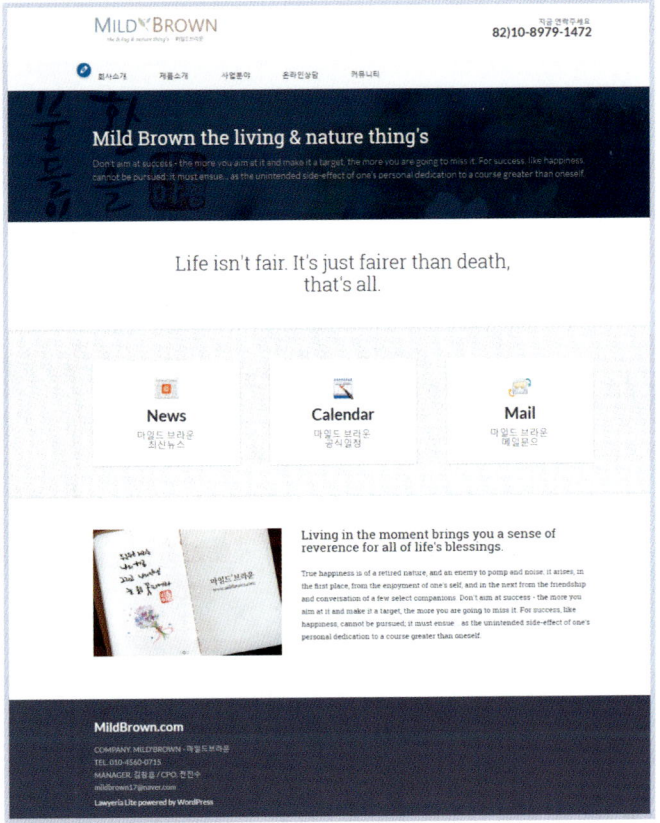

17 서브 페이지 위젯 설치하기

서브 페이지에 사용자가 원하는 위젯을 설치하여 구성할 수 있습니다. 일반적으로 검색, 최근 글, 달력 등을 설치하여 사용합니다.

1. "Lawyeria Lite" 테마의 관리 페이지에서 [위젯] 메뉴를 클릭합니다.

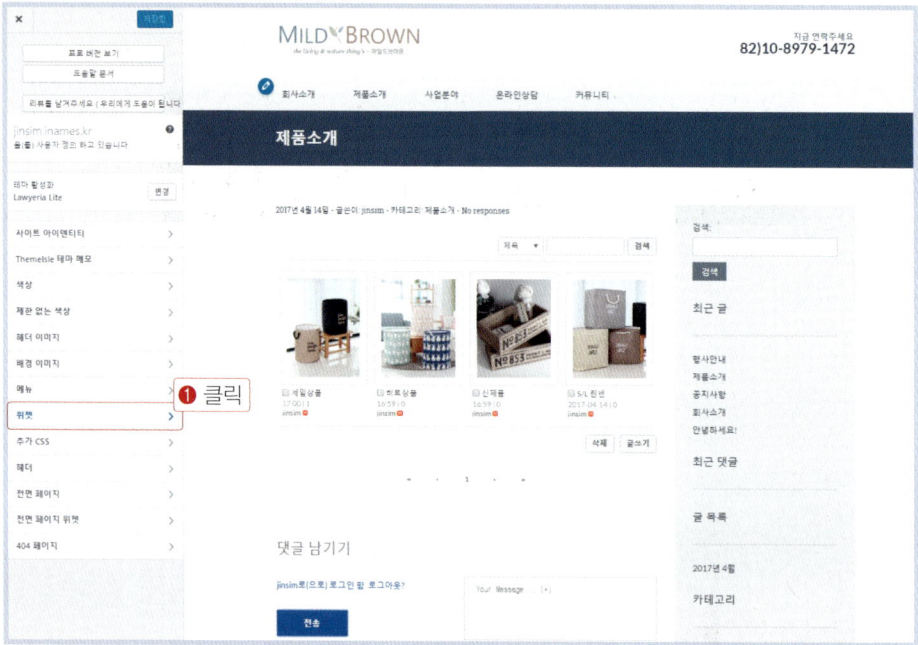

2. 위젯을 선택하는 항목에서 [일반 사이드바] 메뉴를 클릭합니다.

3 사이드바를 편집할 수 있는 화면이 나옵니다.

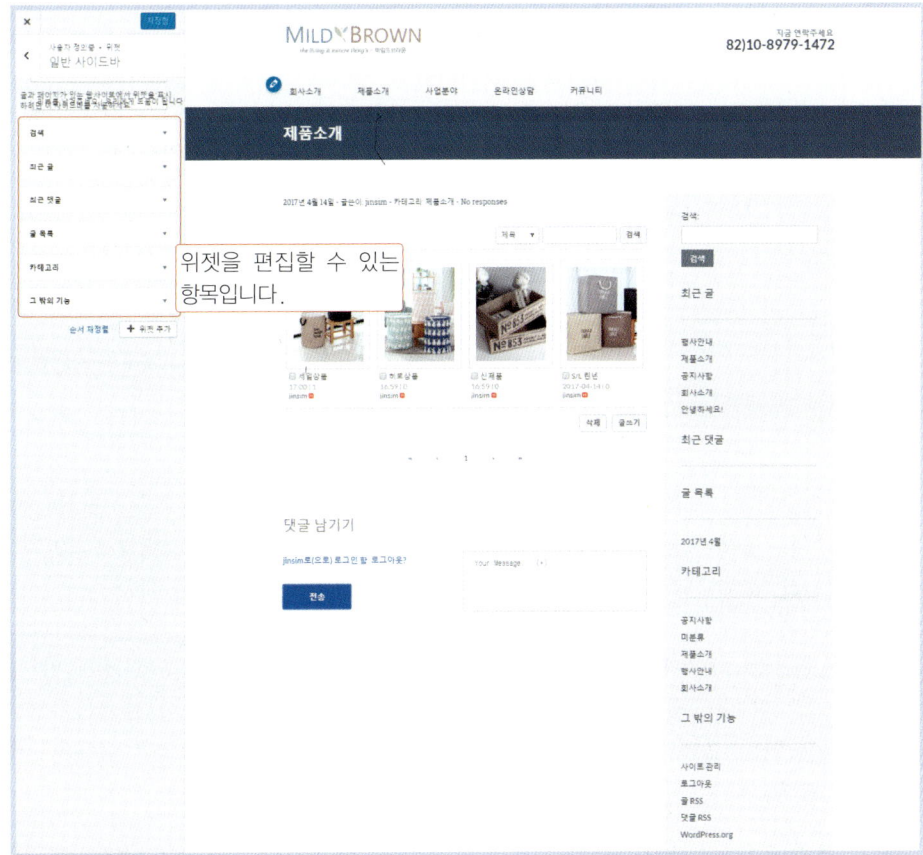

4 위젯 항목 중에 [최근 글]의 드롭다운 버튼을 클릭하여 보여줄 줄의 수를 조절해 봅니다.

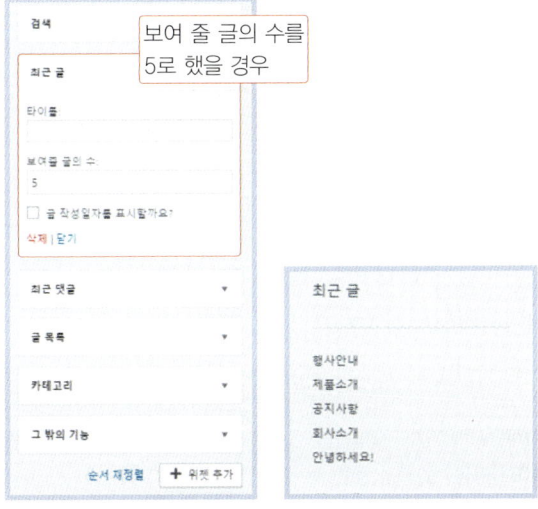

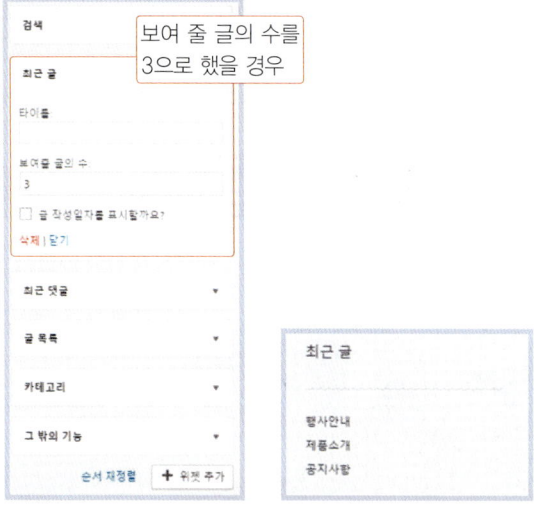

> **note**
>
> 최근 글 (Recent Posts)은 최근에 사용자가 등록한 글을 옵션에서 정한 목록 수만큼 보여주는 기능입니다.

5 최근 댓글 항목의 드롭다운 버튼을 클릭하여 최근 댓글을 보이지 않도록 [삭제] 링크를 클릭합니다. 최근 댓글이 바로 삭제됩니다.

> **note**
>
> 최근 댓글(Recent Comments)은 워드프레스를 사용하는 사용자가 페이지나, 글에 댓글을 달 수 있습니다. 이용자들이 등록한 댓글을 정한 목록 수만큼 표시해 주는 위젯입니다.

6 편집을 완료한 후에 앞에서 살펴본 내용과 같이 페이지의 왼쪽 상단에 있는 [저장 & 발행] 버튼을 클릭하여 작업 내용을 저장합니다. 서브 페이지에 위젯이 편집된 것을 볼 수 있습니다.

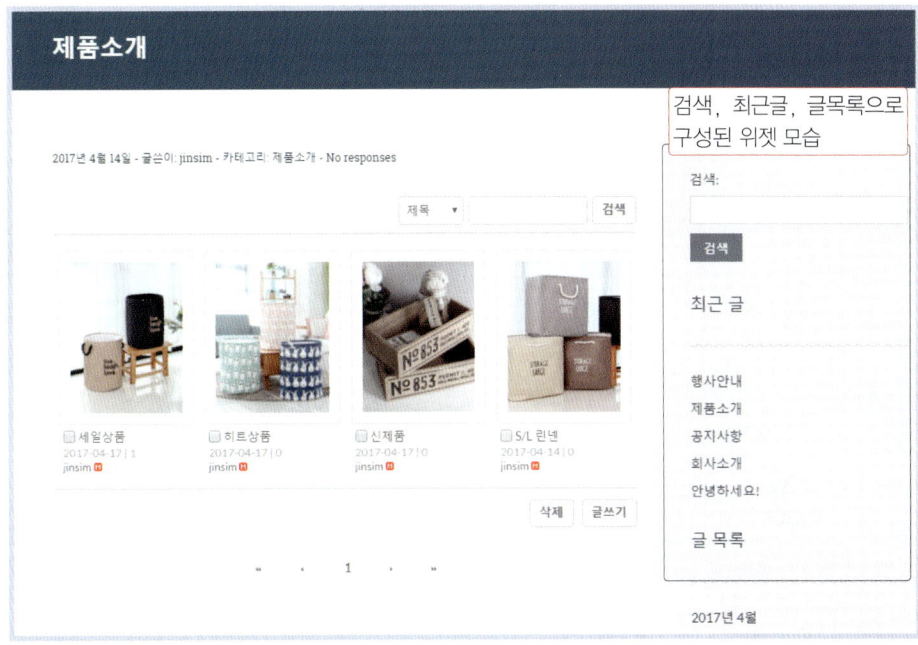

Part 5
홈페이지에 필요한 플러그인 추가하기

홈페이지를 만들기 위해서는 테마만 필요한 것이 아니라 홈페이지의 기능을 업그레이드 해 줄 수 있는 플러그인을 필요에 따라 설치하여 사용할 수 있습니다.

대표적으로 많이 사용되는 플러그인으로 Contact Form 7, Duplicate Post, Hangul font nanumgothic - google, SNS 플러그인, Print, PDF & Email by PrintFriendly, Jetpack by WordPress.com 플러그인 등을 설치해 보겠습니다.

플러그인의 실제 사용법은 홈페이지를 만들어가는 과정에서 설명할 것입니다. 현재는 설치와 설치된 플러그인의 활성화까지 진행되어 있으면 됩니다.

01 메일 문의를 만드는 Contact Form 7 플러그인

Contact Form 7 플러그인은 홈페이지를 만들 때 고객 문의 메일을 접수하기 위해서 만들어야 하는 폼을 제공해주는 플러그인입니다. 대부분 고객 문의 페이지를 만드는 용도로 많이 사용합니다.

1 Contact Form 7 플러그인을 추가하기 위해 워드프레스 관리자 페이지에서 [플러그인]-[플러그인 추가하기] 메뉴를 클릭한 후에 플러그인 검색 창에 "Contact Form 7"을 입력하여 검색합니다. 검색 결과에 나온 "Contact Form 7"의 [지금 설치하기] 버튼을 클릭합니다.

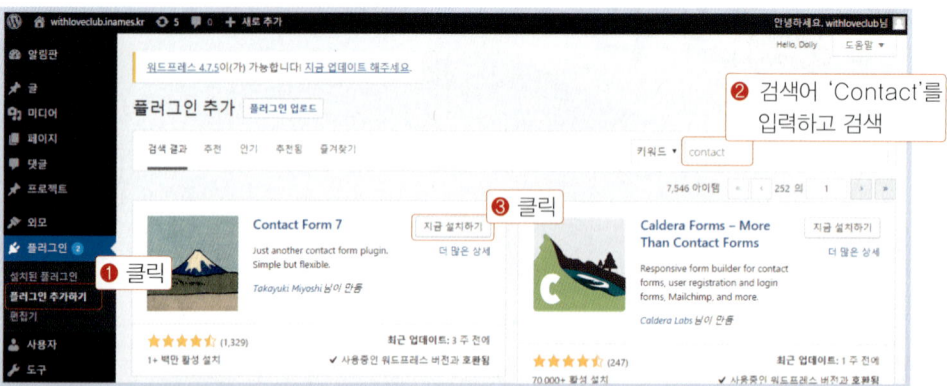

2 연결 정보 화면에서 호스트 이름과 FTP 사용자명 그리고 FTP 비밀번호를 입력하고 [처리하기] 버튼을 클릭합니다.

3 관리자 화면에서 [플러그인]-[설치된 플러그인] 메뉴를 클릭하면 설치된 플러그인의 목록이 표시됩니다. 직전에 설치한 "Contact Form 7"을 선택하고 [활성화] 링크를 클릭하여 플러그인을 활성화합니다.

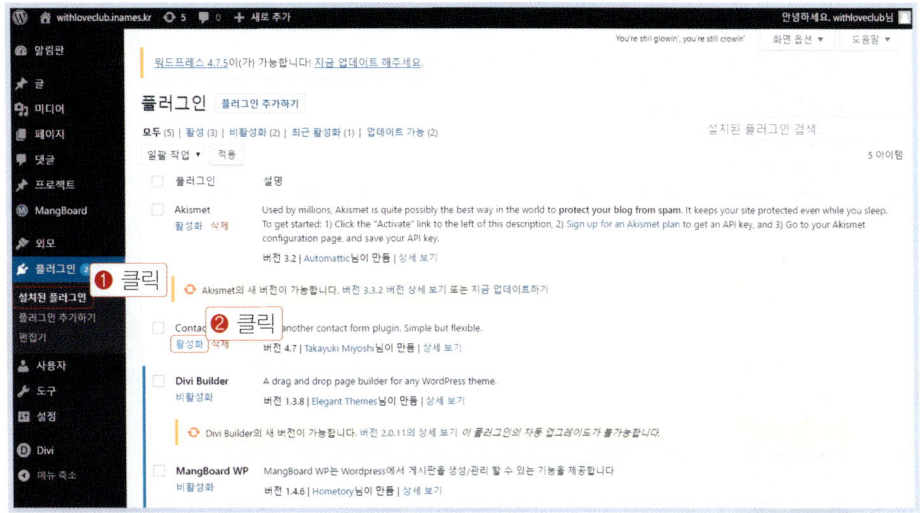

02 페이지를 복사하는 Duplicate Post 플러그인

Duplicate Post 플러그인은 같은 페이지를 여러 개 만들어야 하는 경우 유용하게 사용되는 플러그인입니다. 홈페이지를 만들 때 폼은 같고 내용만 틀리면 작성된 폼을 복사한 후에 내용 부분만 수정하면 같은 작업을 반복하지 않아도 되는 장점이 있습니다.

워드프레스 관리자 페이지의 메뉴에서 [플러그인]-[플러그인 추가하기]를 클릭한 후에 플러그인 검색어로 'Duplicate Post'를 입력하고 검색합니다. 검색 결과에 있는 Duplicate Post 항목의 [지금 설치하기] 버튼을 클릭합니다.

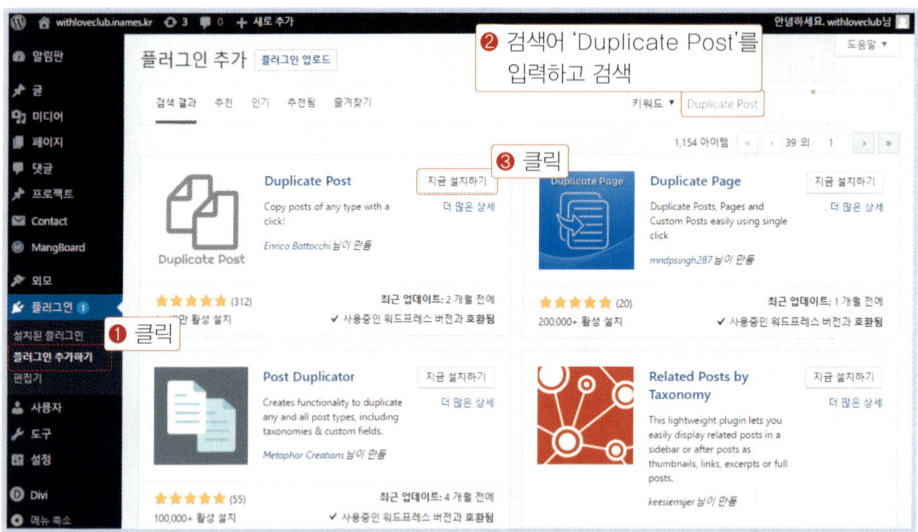

2 연결 정보를 입력하고 [처리하기] 버튼을 클릭합니다.

3 워드프레스 관리자 페이지의 메뉴에서 [플러그인]-[설치된 플러그인] 메뉴를 선택하여 설치된 플러그인 목록을 확인합니다. 설치된 플러그인 목록에서 Duplicate Post 플러그인 항목의 [활성화] 링크를 클릭하여 설치된 플러그인을 사용합니다.

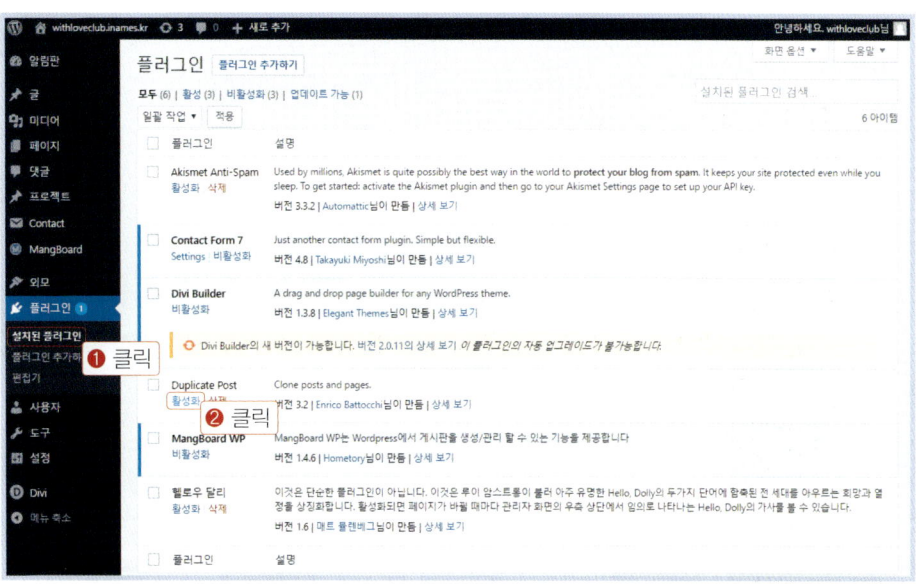

note

Duplicate Post 플러그인을 설치하면 페이지 곳곳에 복사에 관련된 항목이 노출됩니다. [Clone]과 [New Draft] 버튼이 나오는 것을 볼 수 있습니다. 사용방법은 다음 장에서 실습을 통해 진행되는 내용에서 설명할 것입니다.

03 한글을 추가하는 Hangul font nanumgothic - google 플러그인

Hangul font nanumgothic - google 플러그인은 한글 폰트 중에 네이버 폰트와 구글 폰트를 웹에서 많이 사용하고 있는데 워드프레스에 해당 플러그인을 설치하고 몇 번의 클릭으로 쉽게 폰트를 적용할 수 있습니다.

1. 플러그인 추가 페이지에서 검색어로 'Hangul font nanumgothic - google'을 입력하여 플러그인을 검색합니다. 검색 결과에서 'Hangul font nanumgothic - google' 항목의 [지금 설치하기] 버튼을 클릭합니다.

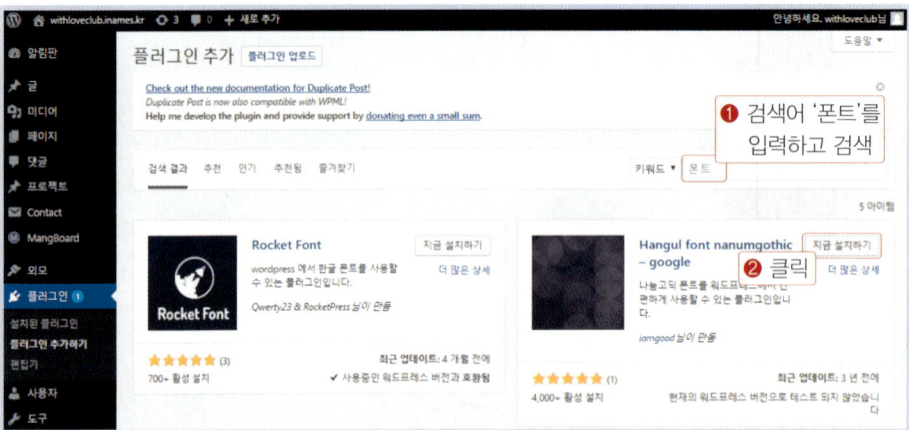

2. 연결 정보를 입력하고 [처리하기] 버튼을 클릭합니다.

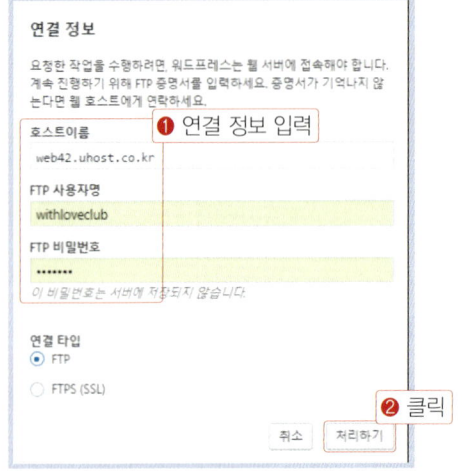

3 설치된 플러그인 화면으로 이동하여 설치된 플러그인 목록에서 '한글폰트 나눔고딕 – 구글' 항목의 [활성화] 링크를 클릭합니다.

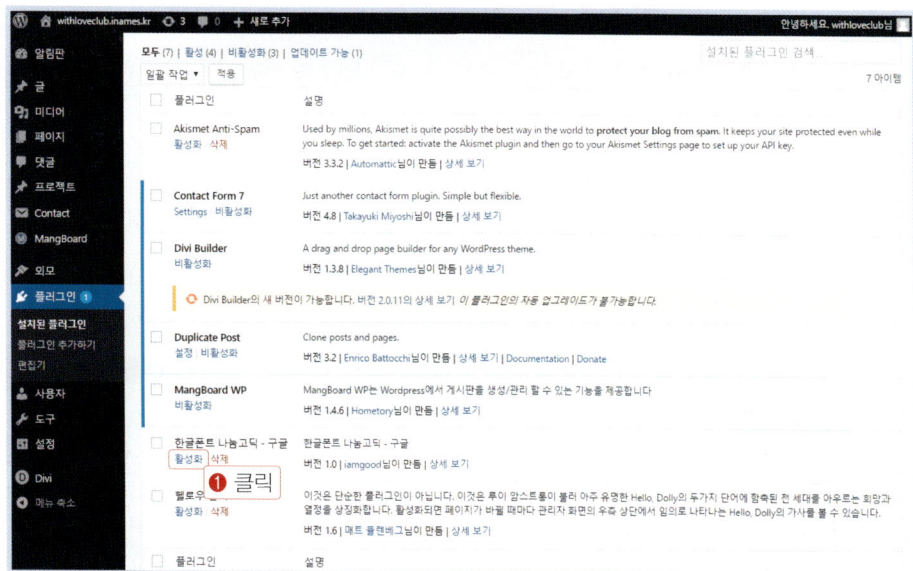

4 워드프레스 관리자 화면의 메뉴에 [한글폰트 – 구글] 메뉴가 활성화된 것을 볼 수 있습니다.

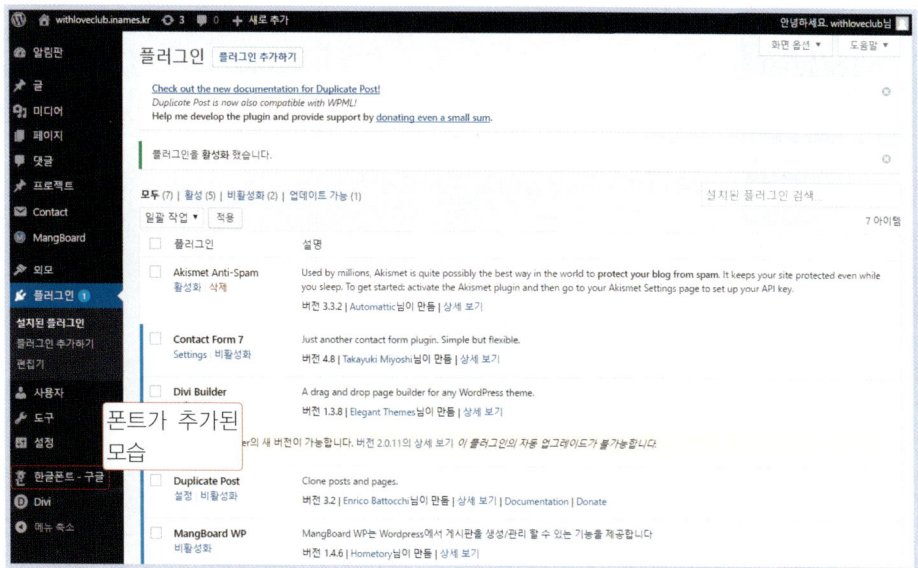

04 한국형 소셜 공유 기능의 Korea SNS 플러그인 설치

Korea SNS 플러그인은 한국형 소셜 플러그인으로 페이스북, 트위터, 구글, 카카오톡, 카카오스토리, 네이버 라인, 밴드, 네이버 블로그로 홈페이지 내용을 공유할 수 있는 기능을 제공합니다.

1. Korea SNS 플러그인을 설치하기 위해 플러그인 추가 페이지에서 플러그인 검색어로 'sns'를 입력하여 검색합니다. 검색 결과에 나온 'Korea SNS' 항목의 [지금 설치하기] 버튼을 클릭합니다.

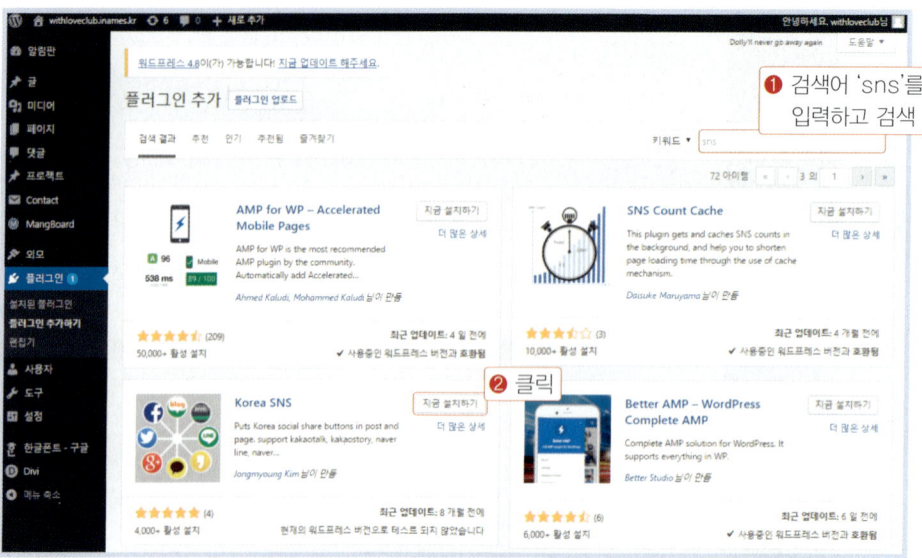

2. 연결 정보를 입력하고 [처리하기] 버튼을 클릭합니다.

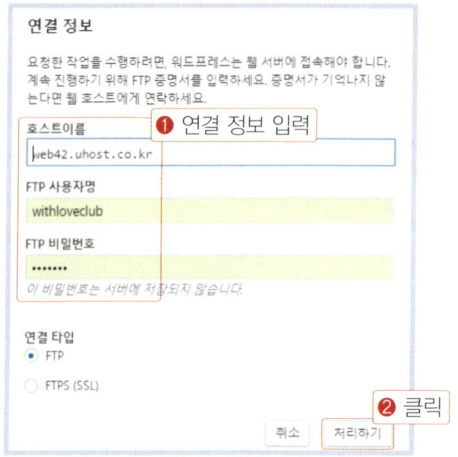

3 Korea SNS 플러그인을 설치한 후에 나타나는 [활성화] 버튼을 클릭하여 플러그인을 사용할 준비를 완료합니다.

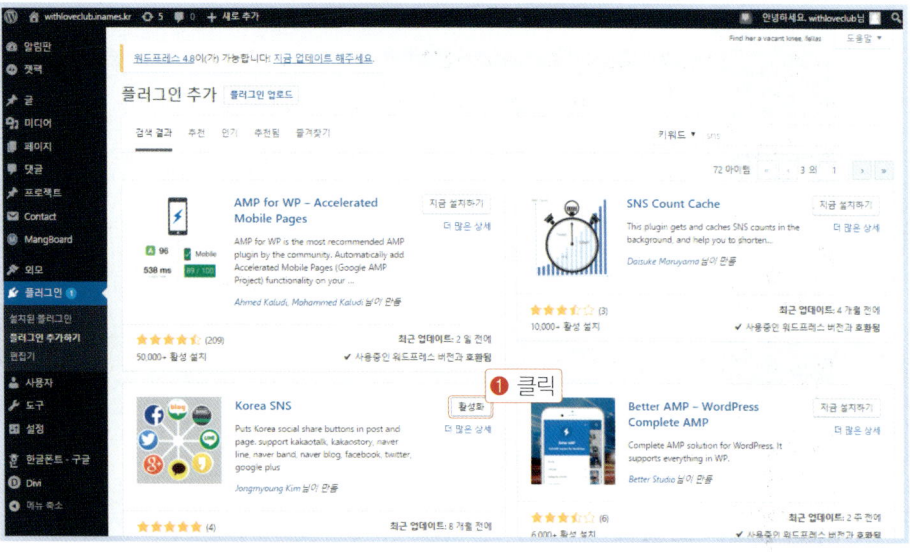

05 홈페이지의 콘텐츠 출력을 지원하는 플러그인

Print, PDF, Email by PrintFriendly 플러그인은 홈페이지에 프린트 아이콘이 나오게 한 후에 인쇄를 원하는 경우 설정한 포맷에 맞게 페이지를 인쇄하는 기능입니다. 필자의 경험에서 보면 기업체 홈페이지의 경우 이와 같은 플러그인의 기능을 원하는 경우가 많이 있습니다.

1 Print, PDF, Email by PrintFriendly 플러그인을 설치하기 위해 플러그인 추가 페이지에서 검색어로 'print'를 입력하고 검색합니다. 검색 결과에서 Print, PDF, Email by PrintFriendly 플러그인의 [지금 설치하기] 버튼을 클릭합니다.

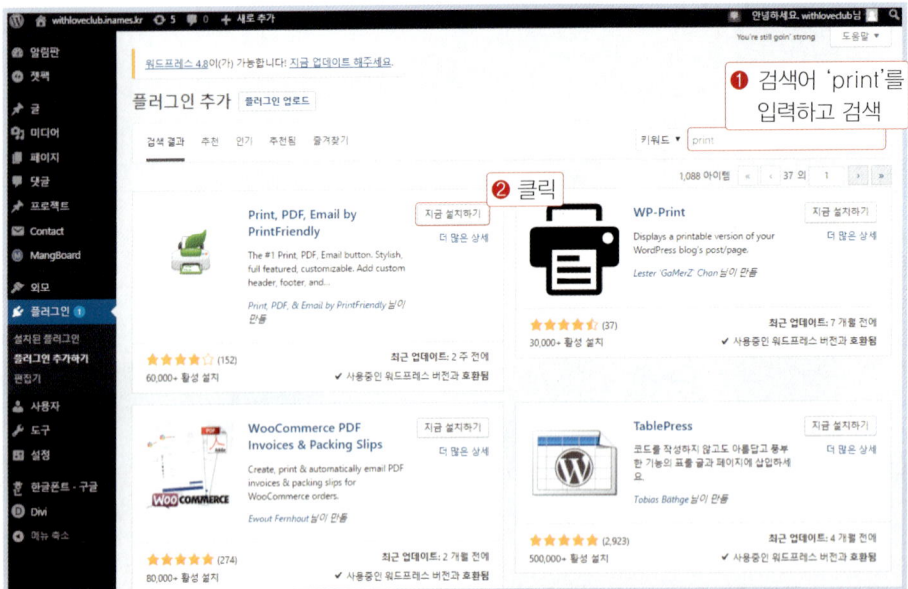

2 연결 정보를 입력하는 화면에서 호스트 이름, FTP 사용자명, FTP 비밀번호를 입력하고 [처리하기] 버튼을 클릭합니다.

3 설치된 플러그인으로 이동해 보면 Print, PDF & Email by PrintFriendly 플러그인 설치된 것을 볼 수 있습니다. 설치한 플러그인의 [활성화] 링크를 클릭하면 해당 플러그인을 사용할 수 있습니다.

06 사이트 통계 분석을 위한 Jetpack by WordPress.com 플러그인

사이트 통계 분석 및 검색 엔진 최적화 도구로 워드프레스를 사용하는 많은 사용자가 설치하여 이용하는 플러인입니다.

플러그인 추가 페이지에서 검색어로 'jetpack'를 입력하여 검색하고, 검색 결과에서 Jetpack by WordPress.com 플러그인의 [지금 설치하기] 버튼을 클릭합니다.

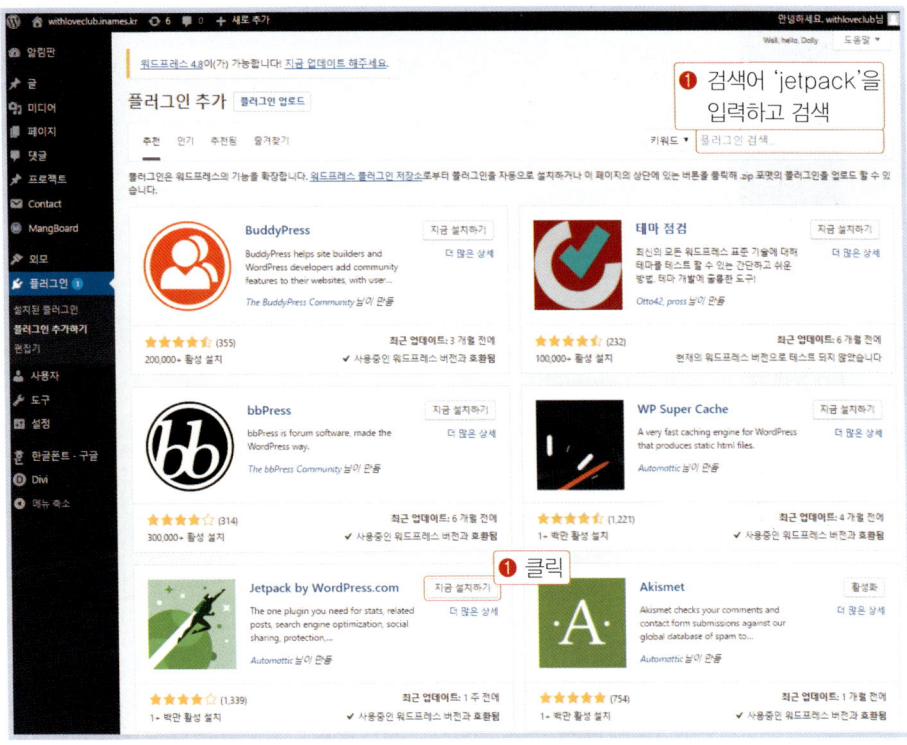

2 연결 정보를 입력하는 화면에서 호스트 이름, FTP 사용자명, FTP 비밀번호를 입력하고 [처리하기] 버튼을 클릭합니다.

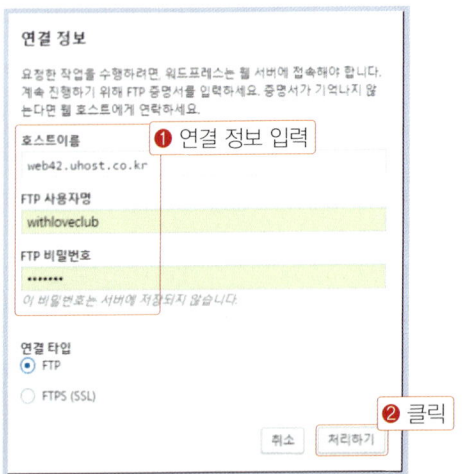

3 설치된 플러그인 항목으로 이동해 보면 Jetpack by WordPress.com 설치된 것을 확인하고, 해당 플러그인의 [활성화] 링크를 클릭하여 사용할 수 있도록 합니다.

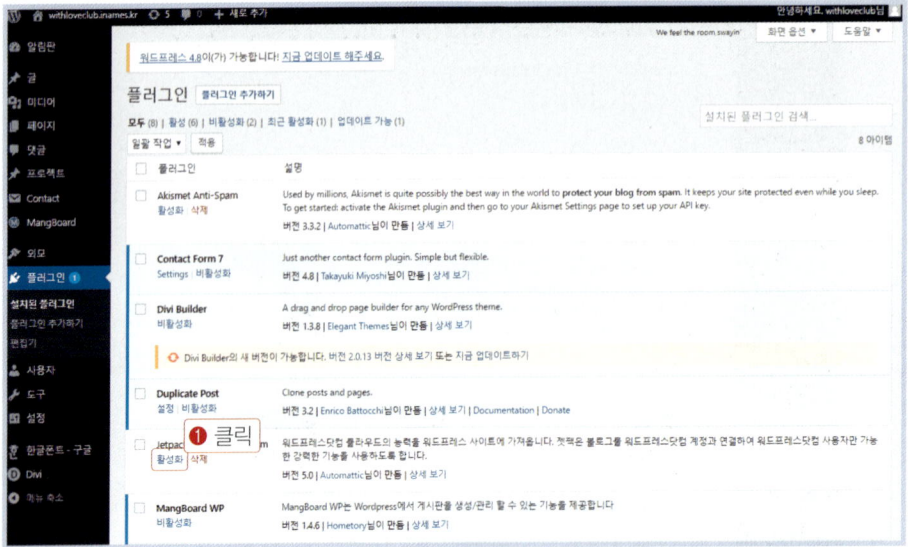

4 Jetpack by WordPress.com 플러그인을 설치하고 활성화하면 표시되는 워드프레스 연결 안내(Connect Jetpack to WordPress.com) 페이지에서 [WordPress.com 연결하기] 버튼을 클릭합니다.

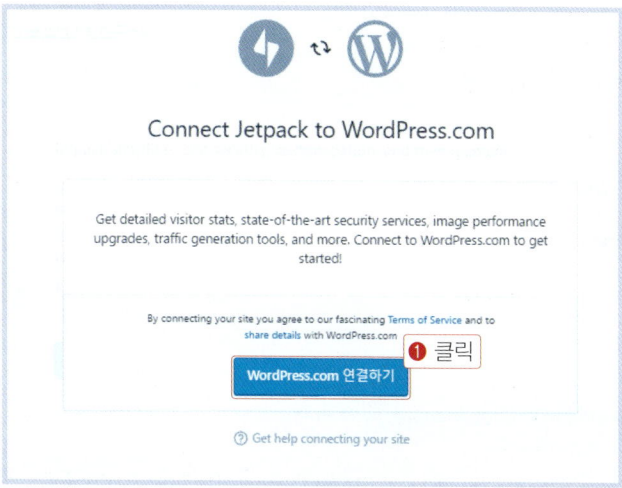

5 계정을 만드는 페이지(Create your account)에서 이메일과 이름 그리고 비밀번호를 입력하고 [Sign Up and Connect Jetpack] 버튼을 클릭합니다. 이메일 주소는 워드프레스 관리자 페이지의 설정에 입력된 메일 주소와 같아야 합니다. 사용자 이름과 비밀번호를 지금 새롭게 생성해도 됩니다.

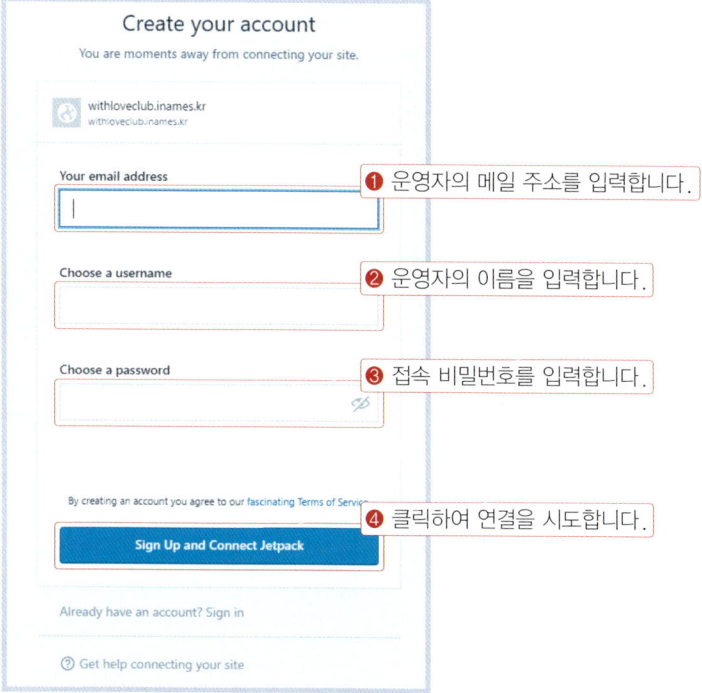

6 현재 만들고 있는 워드프레스 홈페이지와 Jetpack by WordPress.com이 연결되었다는 연결 완료 페이지(Completing connection)를 볼 수 있습니다. 승인을 위해 [Approve] 버튼을 클릭합니다.

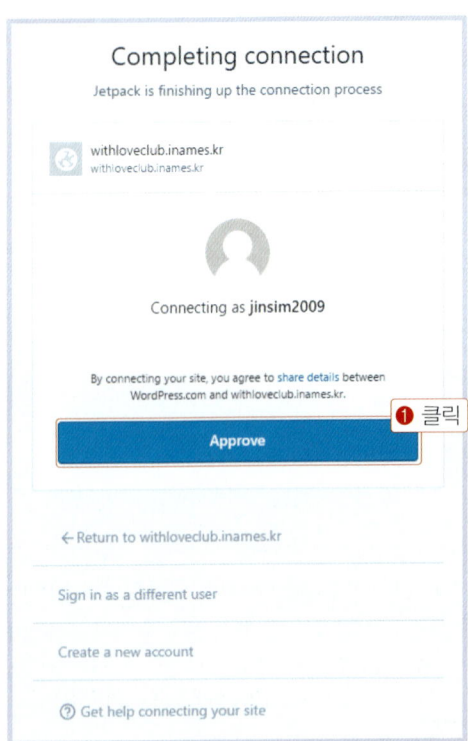

7 사이트 통계 분석을 위한 여러 가지 버전이 제공된다. 이 책에서는 무료 버전을 사용하기 위해 [Start with Free] 버튼을 클릭합니다.

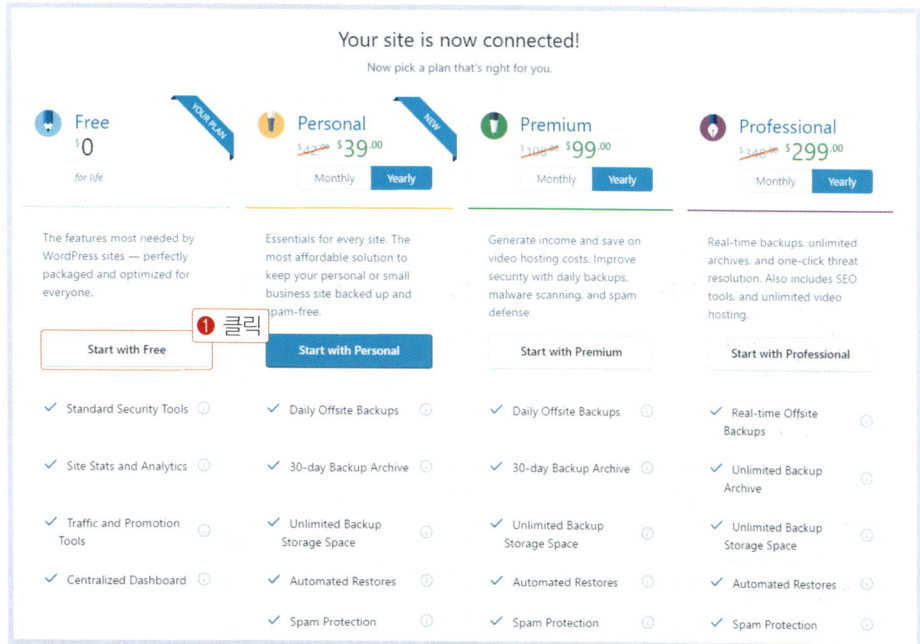

8 시작을 알리는 페이지에서 추천 기능 활성화를 위해 [Activate recommended features] 버튼을 클릭하면 Jetpack by WordPress.com 플러그인을 사용할 준비가 완료되었습니다.

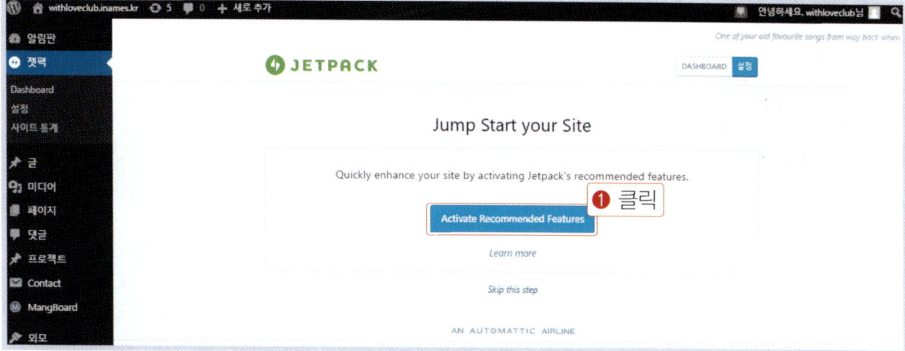

07 사이트 최적화 도구 Yoast SEO 설치

Yoast SEO 플러그인은 사이트 최적화에 필요한 여러 가지 내용을 쉽게 생성하고 관리할 수 있는 플러그인입니다.

> 플러그인 추가하기 페이지에서 검색란에 'seo'를 입력하여 검색합니다. 검색 결과에 있는 Yoast SEO를 설치하기 위해 [지금 설치하기] 버튼을 클릭합니다.

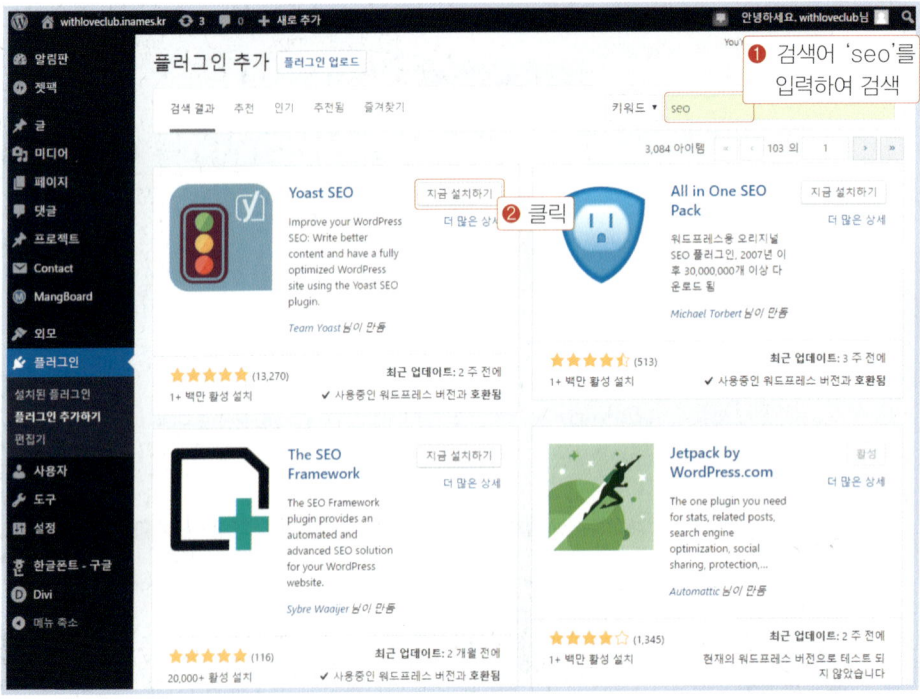

2 연결 정보를 입력하고 [처리하기] 버튼을 클릭합니다.

3 설치된 플러그인 목록에서 플러그인이 설치된 것을 확인하고 Yoast SEO 플러그인의 [활성화] 링크를 클릭합니다.

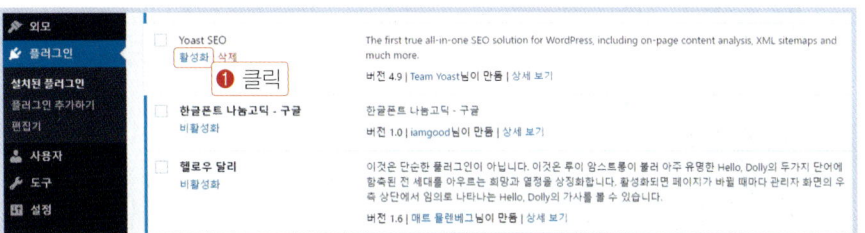

4 활성화된 것을 확인합니다. 또한, 워드프레스 관리자 페이지에 [SEO] 메뉴가 생성된 것을 확인합니다.

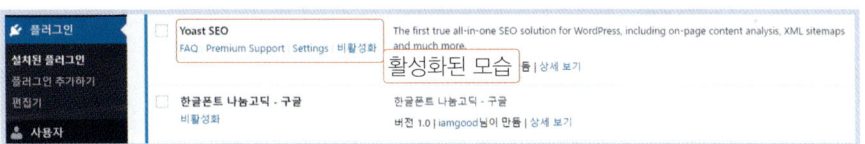

5 기본 설정을 하기 위해 워드프레스 관리자 메뉴에서 [SEO]-[Dashboard] 메뉴를 클릭한 후에 [General] 버튼을 클릭합니다. Configuration wizard 항목의 [Open the configuration wizard] 버튼을 클릭하여 SEO 플러그인의 구성 마법사를 시작합니다.

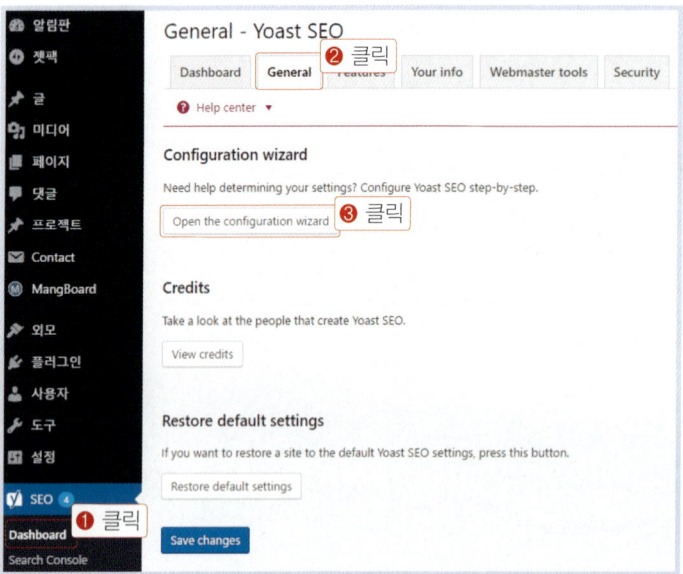

6 SEO 구성 마법사 1단계에서 [CONFIGURE YOAST SEO] 버튼을 클릭합니다.

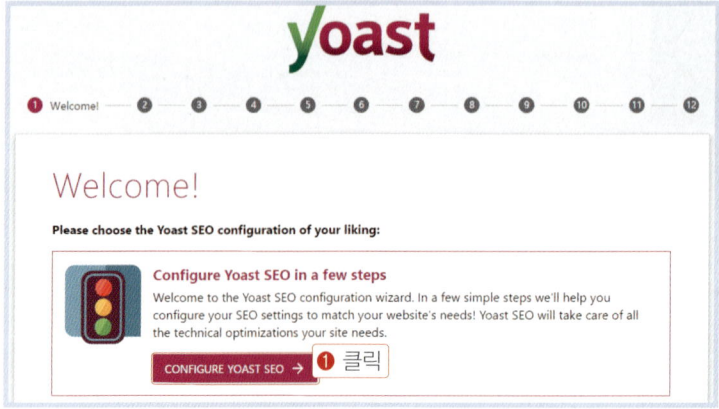

7 SEO 구성 마법사 2단계에서는 사이트의 환경을 지정합니다. 실제 트래픽이 발생하는 사이트로 설정하기 위해 첫 번째 항목인 "Production(this is a live site with real traffic)"을 선택하고 [NEXT] 버튼을 클릭합니다.

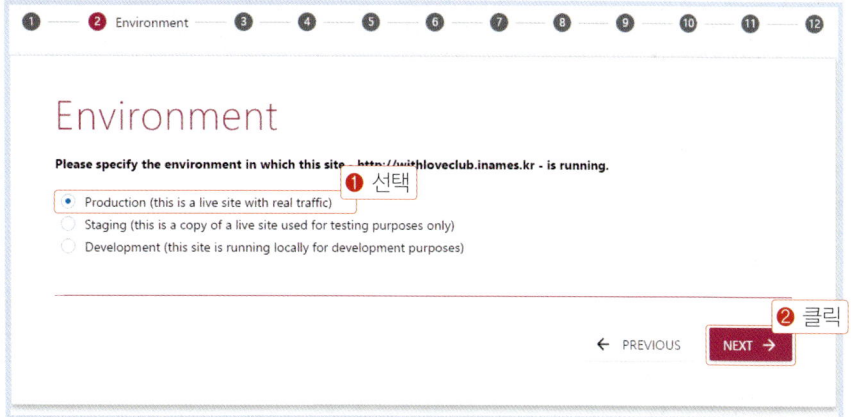

8 SEO 구성 마법사 3단계에서는 사이트의 종류를 선택합니다. 4번째 있는 중소기업 사이트(Small business site)를 선택하고, [Next] 버튼을 클릭합니다.

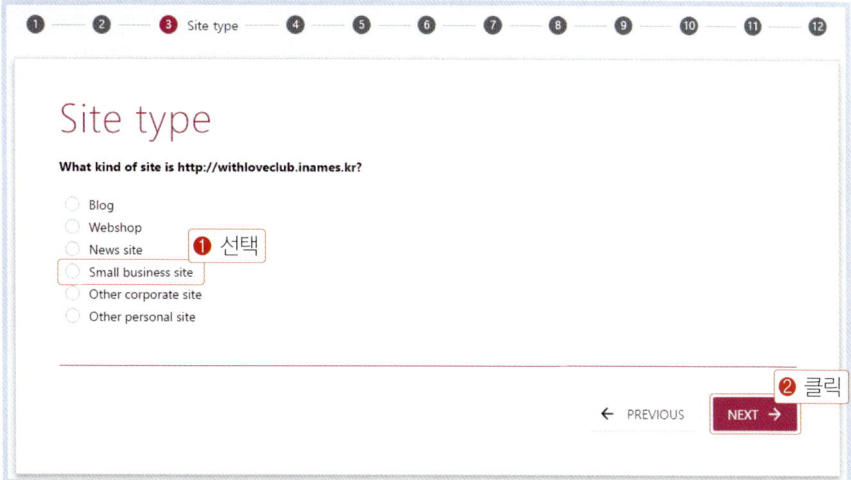

9 SEO 구성 마법사 4단계에서는 사이트가 개인 사이트인지 회사 사이트인지를 선택합니다. 구글의 지식 그래프에 표시되는 내용입니다. 1번째 있는 회사(Company)를 선택합니다. 회사(Company)를 선택하면 현재 화면에 회사 이름과 회사 로고를 등록하는 부분이 표시됩니다. 회사 이름을 입력하고, 로고 이미지를 등록하기 위해 [CHOOSE IMAGE] 버튼을 클릭합니다.

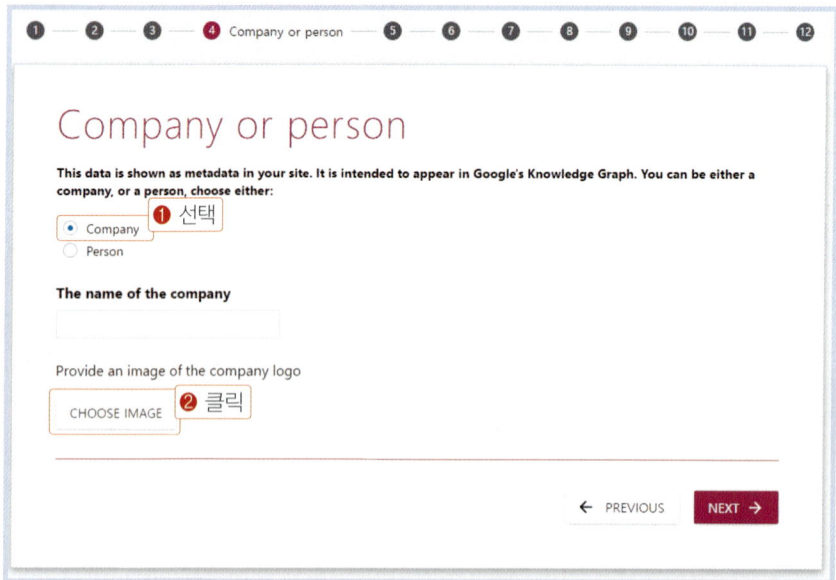

10 로고 이미지를 선택하는 창에서 [파일 업로드] 탭을 선택하여, [파일을 선택하세요] 버튼을 클릭합니다. 이미 등록된 이미지라면 [미디어 라이브러리] 탭을 선택하면 등록된 이미지 목록이 나타납니다. 해당 이미지를 선택하면 됩니다. 로고 이미지를 선택했다면 오른쪽 아래에 [Choose an image] 버튼을 클릭하면 선택된 로고 이미지가 등록됩니다.

11 이미지를 불러오면 다음 화면과 같이 등록된 로고 이미지가 표시됩니다. [NEXT] 버튼을 클릭하여 다음 단계로 진행합니다.

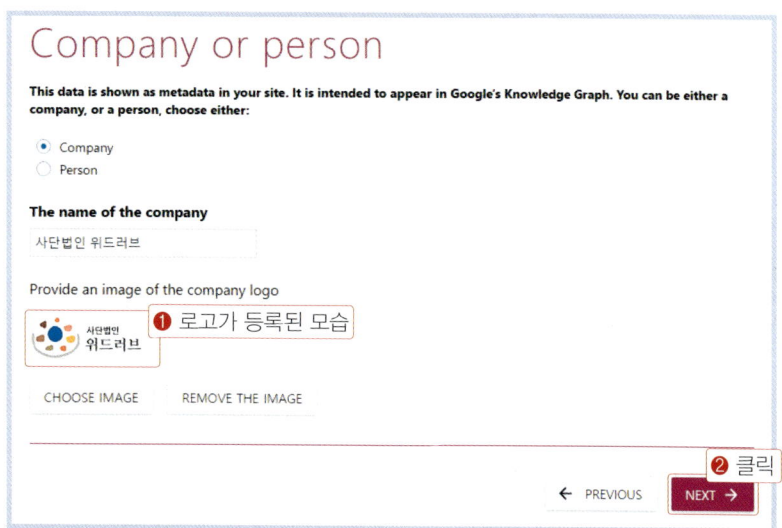

12 SEO 구성 마법사 5단계는 SNS를 설정하는 곳입니다. 사용하는 SNS가 있는 경우 해당 주소를 입력하고 [NEXT] 버튼을 클릭합니다.

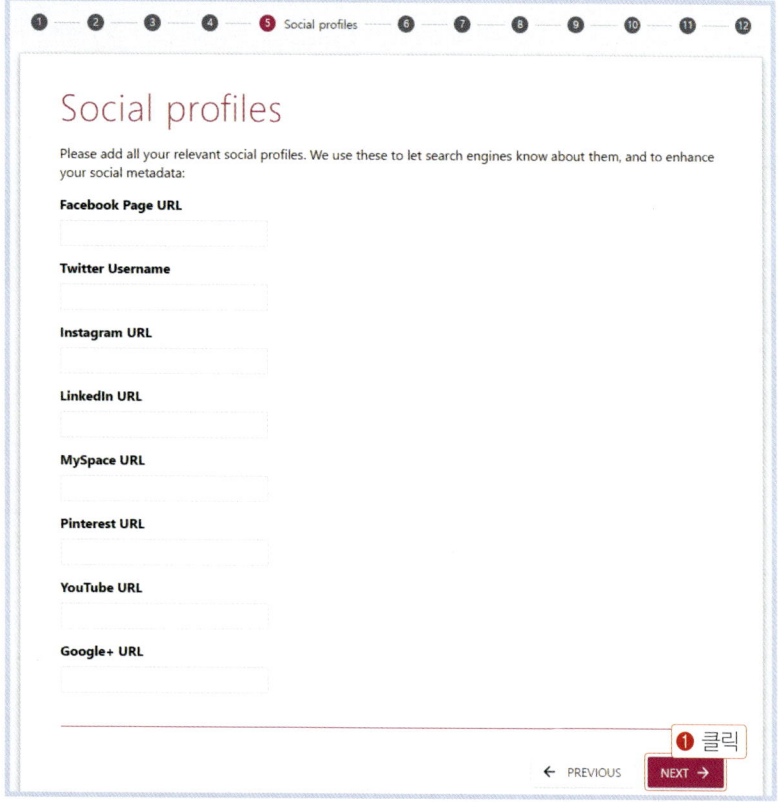

13 SEO 구성 마법사 6단계는 포스트 타입에 관한 내용입니다. 표시된 기본값으로 설정하고 [NEXT] 버튼을 클릭합니다.

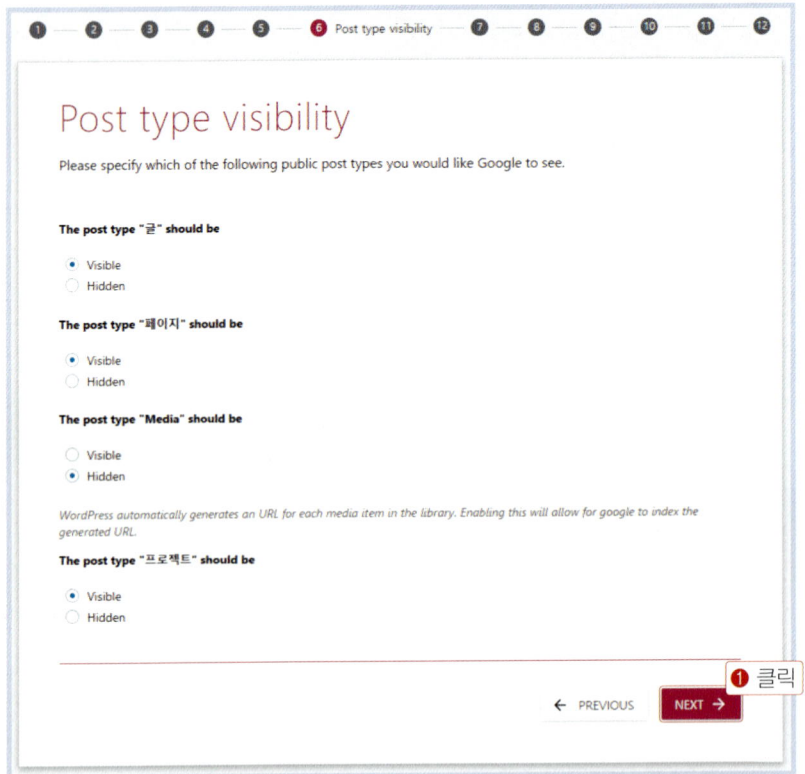

14 SEO 구성 마법사 7단계는 운영자가 여러 명 인지에 관한 내용입니다. 표시된 기본값으로 설정하고 [NEXT] 버튼을 클릭합니다.

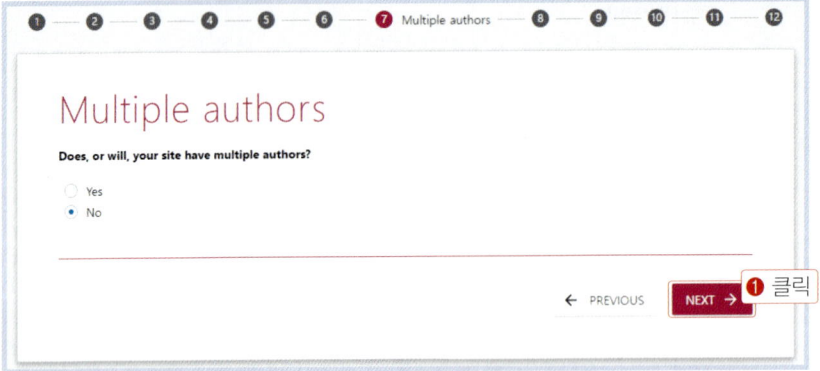

15 SEO 구성 마법사 8단계에서는 구글 인증 코드를 받는 단계입니다. 지금 진행 단계에서는 코드를 받지 않아도 됩니다. [NEXT] 버튼을 클릭하여 다음 단계로 넘어가겠습니다.

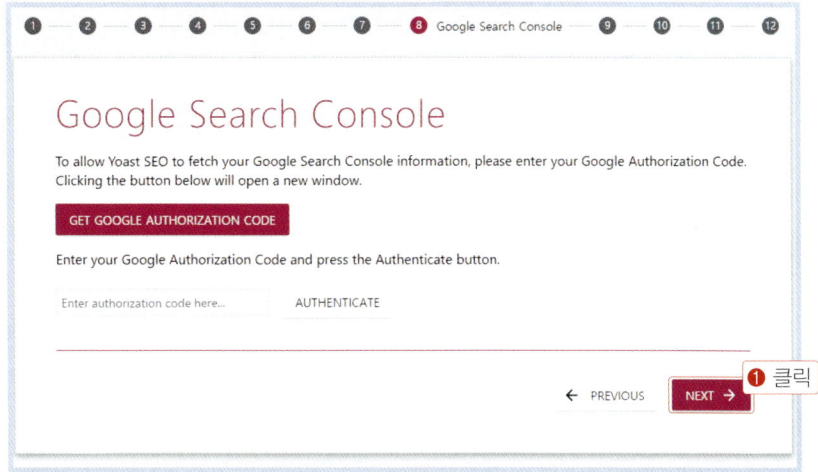

16 SEO 구성 마법사 9단계에서는 웹 사이트의 이름을 입력하는 곳입니다. Website name 입력란에 웹 사이트의 이름을 입력하고, Title Separator 항목은 사이트 이름과 제목을 구분할 때 분리 기호를 선택하는 메뉴입니다. 원하는 분리 기호를 선택하고 [NEXT] 버튼을 클릭합니다.

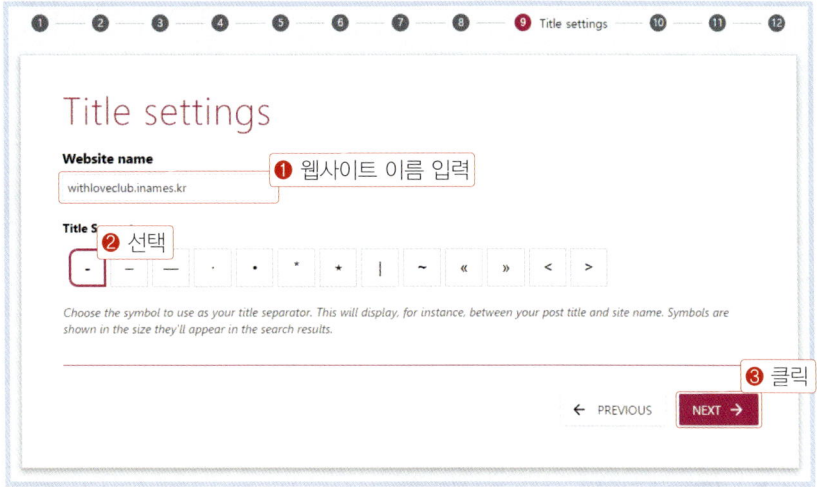

17 SEO 구성 마법사 10단계에서는 뉴스레터(Newsletter)를 설정하는 화면입니다. 이름(Name)과 메일(Email)을 입력하고 [SIGN UP] 버튼을 클릭한 후에 [NEXT] 버튼을 클릭합니다.

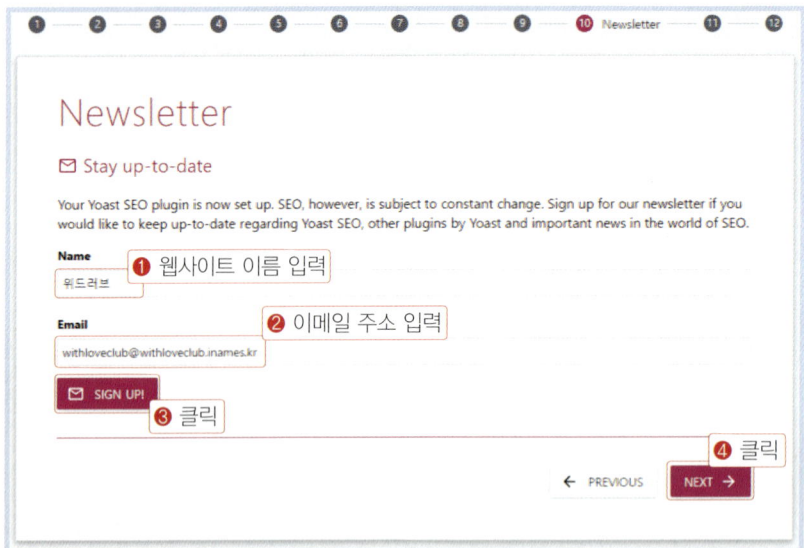

18 구성 마법사 11단계에서는 기능이 개선된 프리미엄 업그레이드에 대한 안내 페이지입니다. 하단에 있는 [Next] 버튼을 클릭하여 다음 단계로 진행합니다.

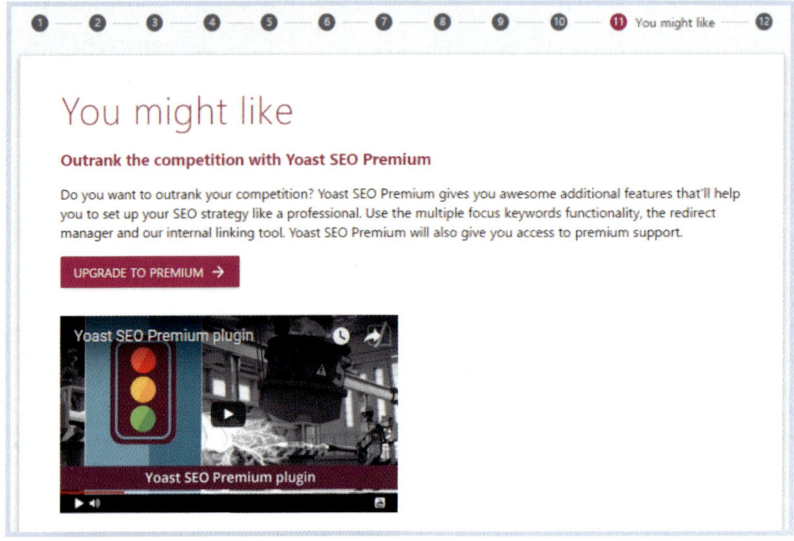

19 SEO 구성 마법사 12단계에서는 구성이 완료되었다는 메시지를 확인할 수 있습니다. [CLOSE] 버튼을 클릭하여 구성을 완료합니다.

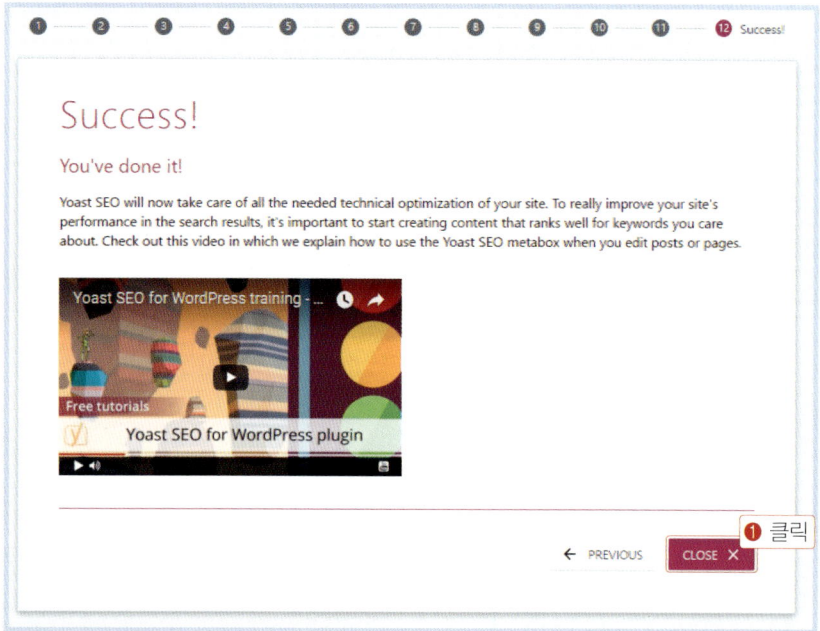

❶ 클릭

> **note**
> Yoast SEO 기본 구성이 완료되었습니다. 실제 사용은 마지막 파트에서 여러분 사이트 최적화 및 사이트 맵에 대한 내용을 설정할 때 Yoast SEO 플러그인을 활용하여 진행하게 됩니다.

Part 6 실전! 유료 테마로 회사 홈페이지 완성하기

여러분의 응용 능력에 따라 유료 테마를 이용하는 경우처럼 완성도 있게 무료 테마를 사용할 수도 있습니다. 그렇지만 워드프레스를 처음 사용하는 사용자에게는 기본적인 테마의 소스를 변경하여 무엇인가를 추가하고 삭제한다는 것이 쉬운 일이 아닙니다.

이 같은 이유로 많은 유료 테마가 제공되고 있습니다. 그중에 인기가 있는 88가지의 유료 테마를 아이네임즈에서 무료로 제공하고 있어 사용해 보기 좋은 기회입니다. 이 책에 함께 있는 아이네임즈 3개월 무료 쿠폰을 이용하여 아이네임즈에서 무료로 제공하는 88가지의 테마를 모두 사용해 보기를 바랍니다.

01 유료 테마 설치하기

지금부터 아이네임즈에서 제공하는 유료 테마를 설치하고 실전으로 회사 사이트를 만들어 가겠습니다. 만드는 과정에서 테마를 변경하여 반복하면서 연습해 볼 수 있으며, 연습하는 과정에서는 책에서 사용하고 있는 테마로 같이 진행해 보며 테마 및 플러그인, 위젯 등을 사용하는 방법에 익숙해진 후에 각자가 원하는 테마로 사이트를 만들면 됩니다.

1. 아이네임즈 홈페이지에 접속한 후에 [호스팅] 메뉴를 클릭하면 나오는 서비스 항목에서 [유료테마 88종 무료] 버튼을 클릭합니다.

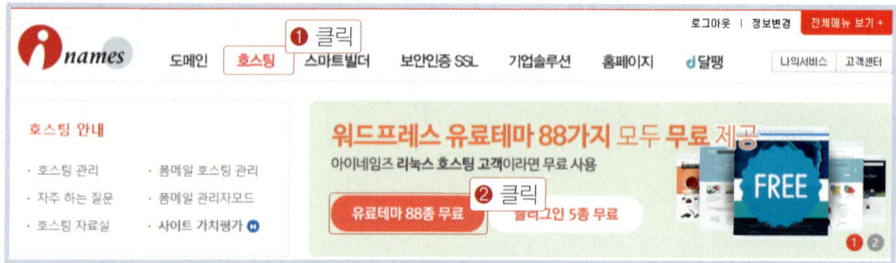

2. 테마에 마우스를 올리면 [미리보기] 메뉴를 볼 수 있습니다. 그리고 테마를 제작한 사이트에 접속하여 상세한 정보를 볼 수 있는 [상세보기] 메뉴가 있습니다. [미리보기] 메뉴를 클릭하여 테마를 적용했을 때의 사이트 모습을 살펴볼 수 있습니다.

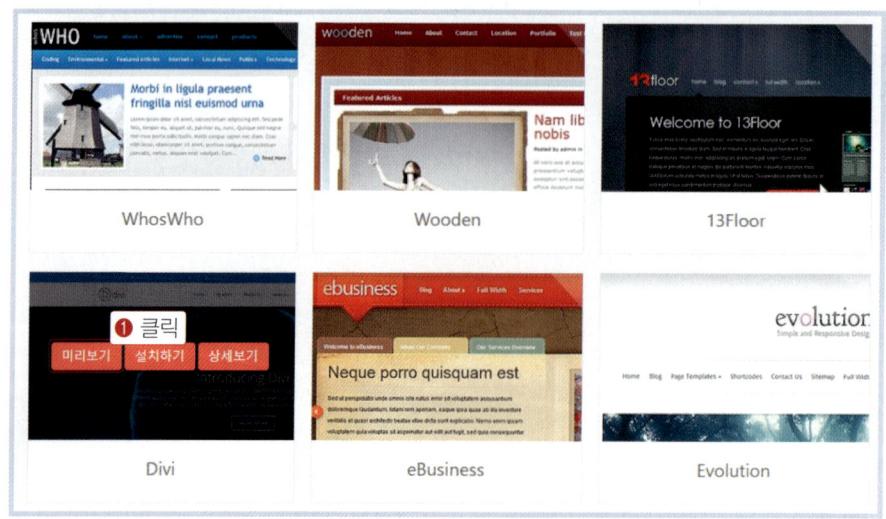

3 다음 그림처럼 테마를 적용했을 때의 사이트 모습을 확인합니다. 다음 그림은 "Divi" 테마를 선택하여 미리보기 한 것입니다.

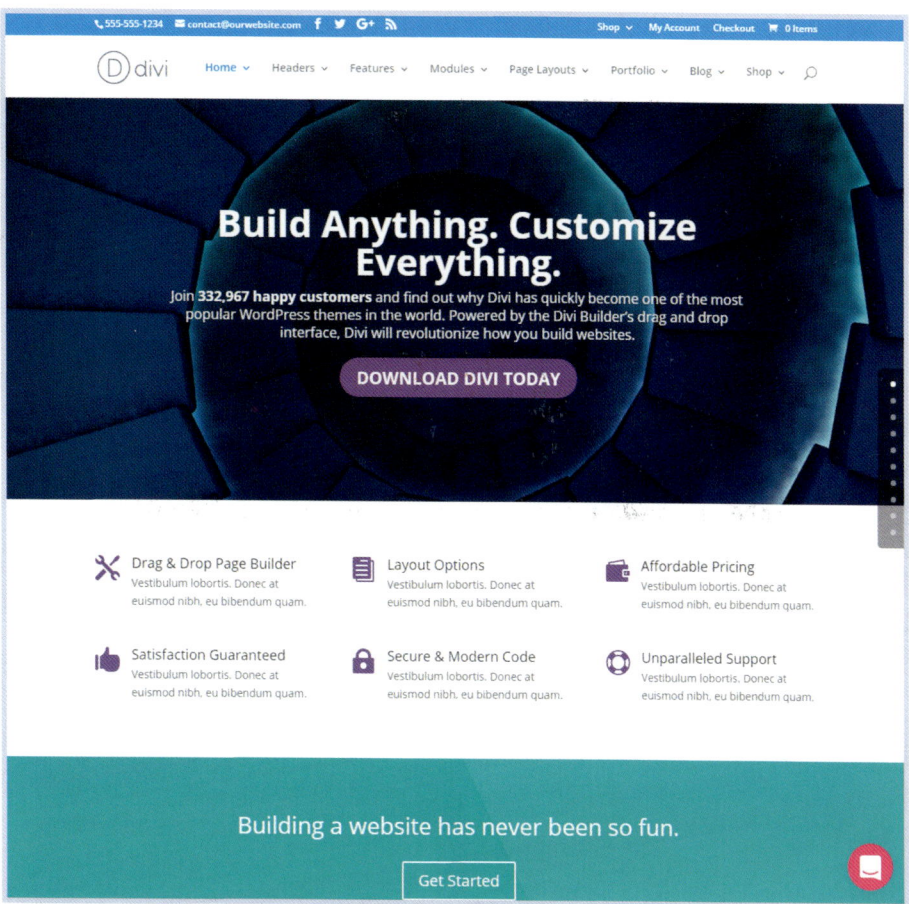

4 미리보기 한 테마를 설치하기 위해 테마 목록 화면으로 이동하여 'Divi' 테마의 [설치하기] 버튼을 클릭합니다. 아이네임즈에 로그인되어 있지 않으면 로그인 페이지로 이동할 것을 안내하는 메시지가 표시됩니다. 로그인 페이지로 이동하여 아이네임즈에 로그인한 뒤에 계속하면 됩니다.

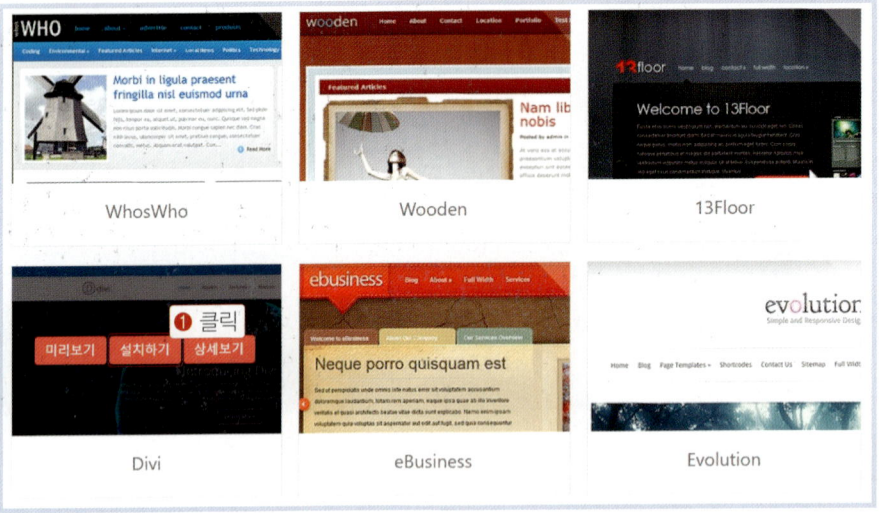

5 워드프레스 유료 테마 무료 설치 정보 화면의 내용을 다음 그림과 같이 선택 또는 기입하고 [설치하기] 버튼을 클릭합니다.

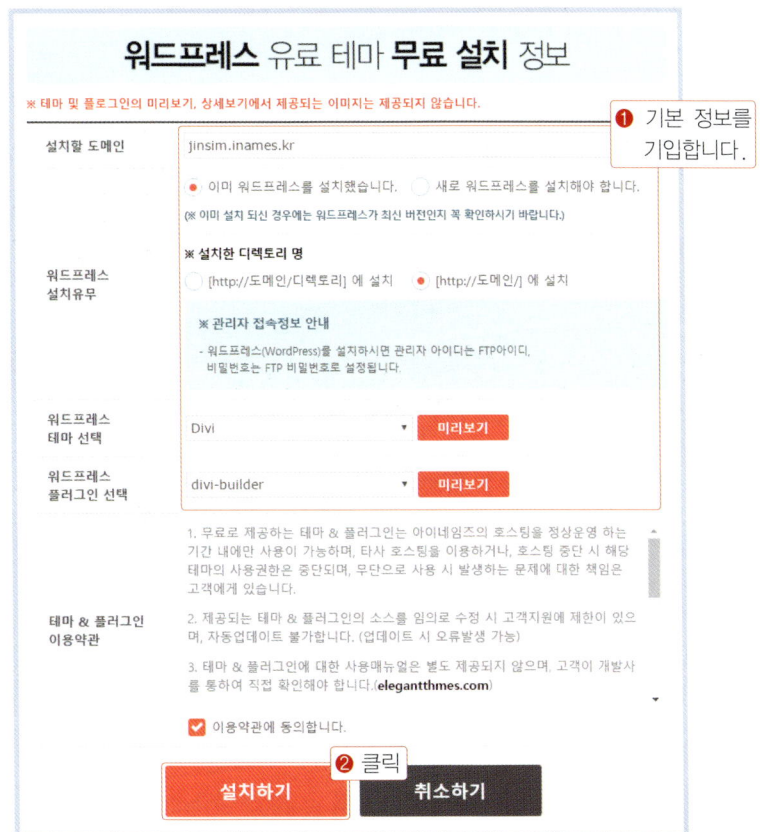

6 설치 완료 메시지를 볼 수 있습니다. [확인] 버튼을 클릭합니다.

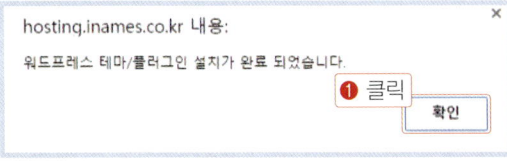

7 설치가 완료된 후에 워드프레스 신청 및 설치 내역 화면이 나옵니다. 설치 내역을 확인합니다. 내용에 문제가 없다면 워드프레스 관리자 페이지로 이동합니다.

워드프레스 신청 및 설치 내역	
설치한 도메인	jinsim.inames.kr
호스팅 상품	리눅스 i Basic
워드프레스 설치 유무	기존설치 - 설치 디렉토리 : jinsim.inames.kr/
설치한 테마	Divi 샘플사이트
테마 사용 가이드	바로가기 ※ 테마 가이드는 제작 개발사를 통하여 확인하시기 바랍니다.
설치한 플러그인	divi-builder 샘플사이트
플러그인 사용 가이드	바로가기 ※ 플러그인 가이드는 제작 개발사를 통하여 확인하시기 바랍니다.
테마 신청 횟수 안내	호스팅 하드용량 한도 내에서 테마 설치 신청 횟수 제한은 없지만 동일 테마의 중복 설치는 불가능 합니다.

[호스팅 관리] [테마 신청]

테마 설치 내역을 확인합니다.

> **note**
> 설치 내역 중에 테마 사용 가이드의 [바로가기]를 클릭하면 테마에 대한 내용을 볼 수 있는 페이지가 열립니다. 테마를 사용하기 위한 자세한 설명을 볼 수 있습니다.

8 워드프레스 관리자 페이지의 메뉴 [외모]-[테마]를 선택하여 설치된 테마 목록을 확인합니다. 앞에서 설치한 테마 Divi가 나오는 것을 볼 수 있습니다.

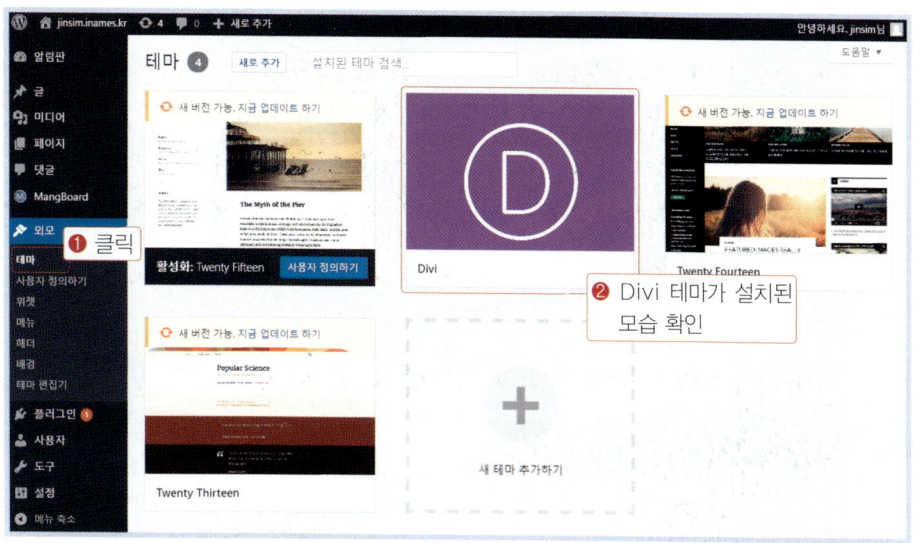

02 테마와 플러그인 활성화하기

추가한 'Divi' 테마와 플러그인을 활성화하여 실전으로 사이트를 만들 준비를 합니다. 테마는 홈페이지의 전체적인 디자인과 레이아웃을 말하며 하나하나 관리자에서 사용자 수정해 갈 수 있습니다. 플러그인은 테마를 사용할 때 사용자가 웹 프로그래밍 언어를 모르더라도 필요한 추가 기능 요소들을 쉽게 사용할 수 있게 해주는 프로그램을 말합니다. 선택한 테마와 같은 회사에서 개발한 플러그인들이 제공되고 있으며 함께 사용하면 편리하게 완성도 있는 사이트를 만들어 갈 수 있습니다.

1 워드프레스 관리자 페이지의 메뉴 [외모]-[테마]를 선택합니다. 추가한 'Divi' 테마에 마우스 포인터를 올리면 표시되는 [활성화] 버튼을 클릭합니다.

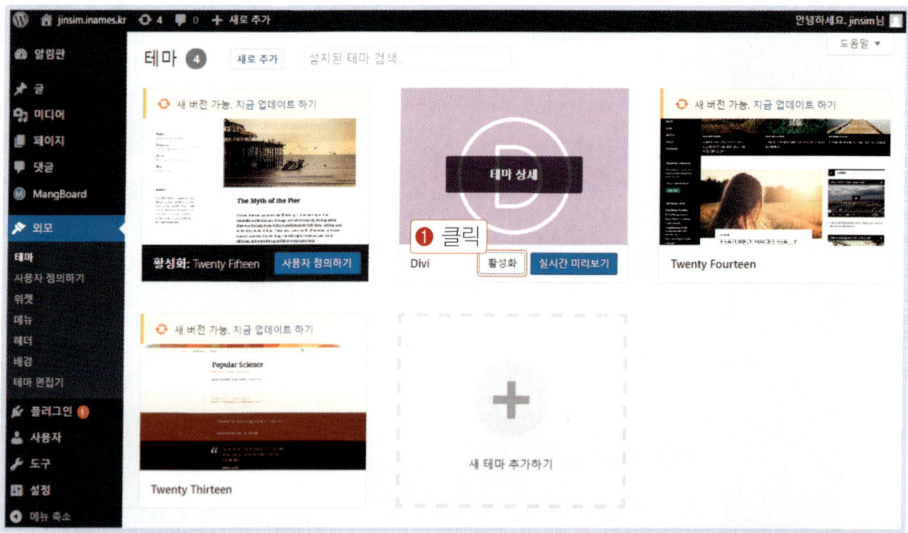

2 'Divi' 테마가 활성화된 것을 볼 수 있습니다. "새 테마가 활성화 됐습니다." 메시지가 표시됩니다. 메시지 오른쪽에 표시된 [사이트 방문] 링크를 클릭합니다.

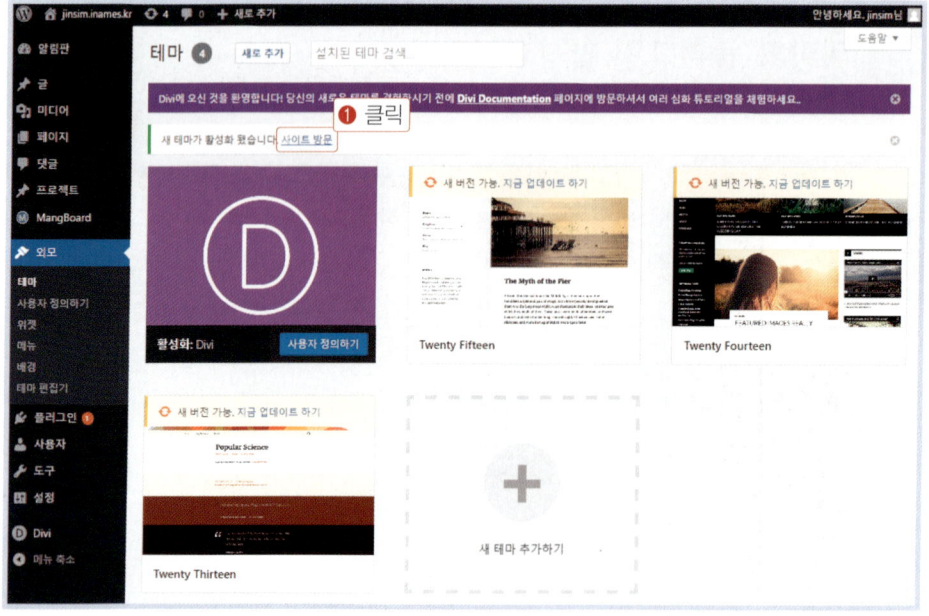

3 사이트 방문을 클릭하면 테마에서 샘플로 만들어 놓은 샘플 페이지가 표시되는 것을 볼 수 있습니다.

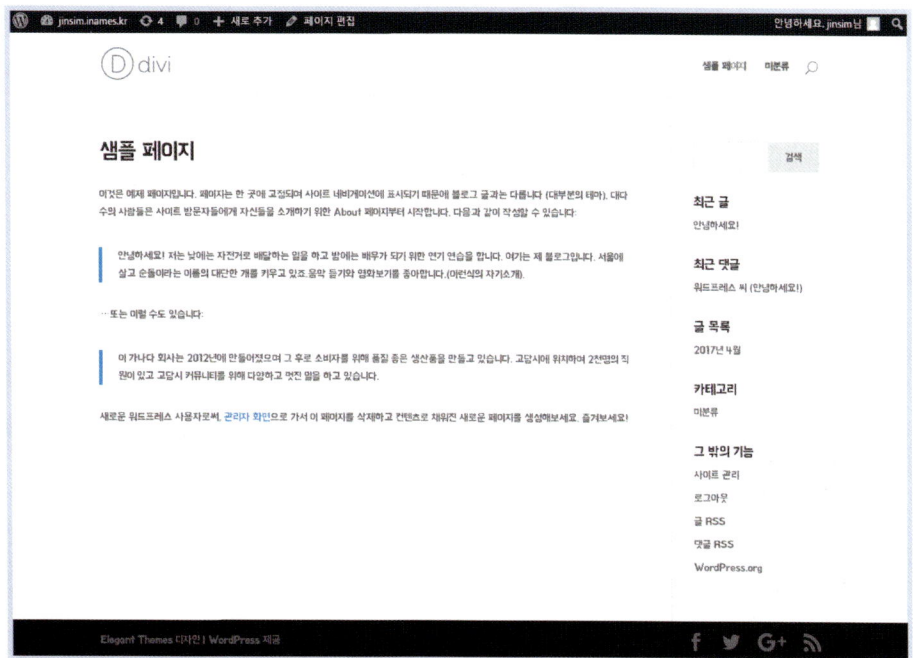

4 플러그인을 활성화하기 위해 워드프레스 관리자 페이지의 메뉴 [플러그인]-[설치된 플러그인]을 클릭하여, 표시되는 플러그인 목록에서 Divi Builder 플러그인의 [활성화] 링크를 클릭합니다.

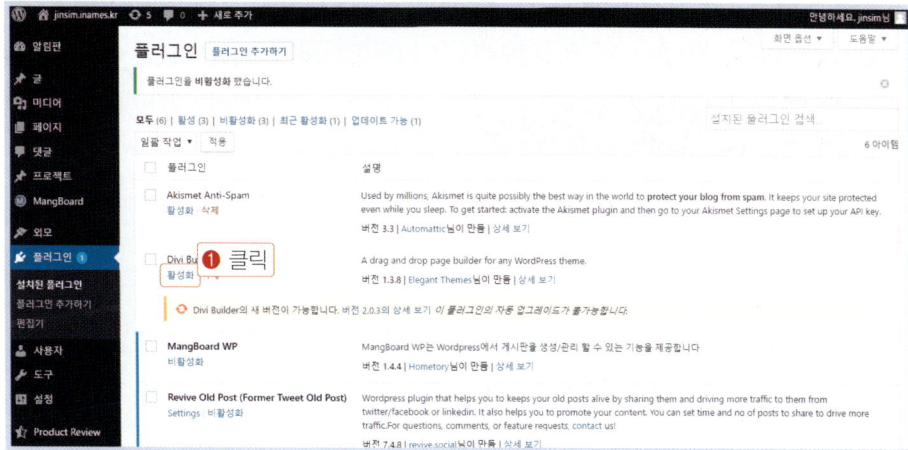

03 홈페이지에 필요한 미디어 파일 올리기

홈페이지를 만들기 위해서는 다양한 파일 종류의 필요합니다. 워드프레스는 로고 이미지, 메인 이미지, 배너, 내용 페이지, 동영상, 음악 파일 등 홈페이지 제작에 필요한 모든 파일을 미리 등록해 놓고 필요할 때마다 불러서 사용할 수 있는 기능을 제공합니다. 워드프레스의 [미디어] 메뉴를 통해 홈페이지에 필요한 자료를 미리 등록하는 과정을 진행해 보겠습니다.

워드프레스 관리자 페이지에서 [미디어]-[파일 올리기] 메뉴를 클릭한 후에 파일 올리기 페이지에서 [파일을 선택하세요] 버튼을 클릭합니다.

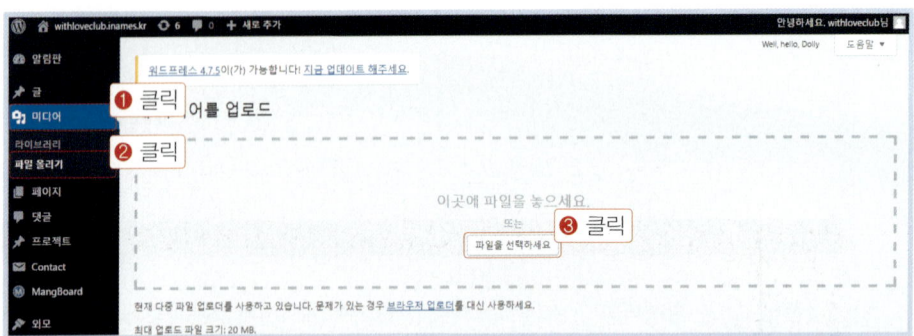

note

여러분 컴퓨터의 파일을 바로 드래그하여 파일을 올릴 수도 있습니다. 창의 크기를 조절하여 컴퓨터의 파일을 드래그해서 해당 페이지에 올려놓으면 됩니다.

2 선택하려고 하는 파일이 있는 폴더로 이동한 후에 홈페이지를 만드는 데 필요한 파일을 모두 선택하고 [열기] 버튼을 클릭합니다.

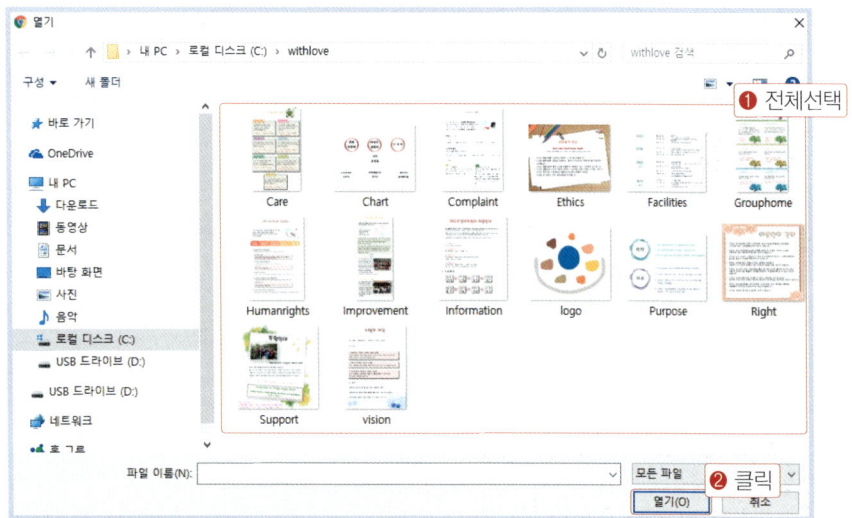

3 홈페이지를 만드는 데 필요한 파일이 등록된 것을 볼 수 있습니다.

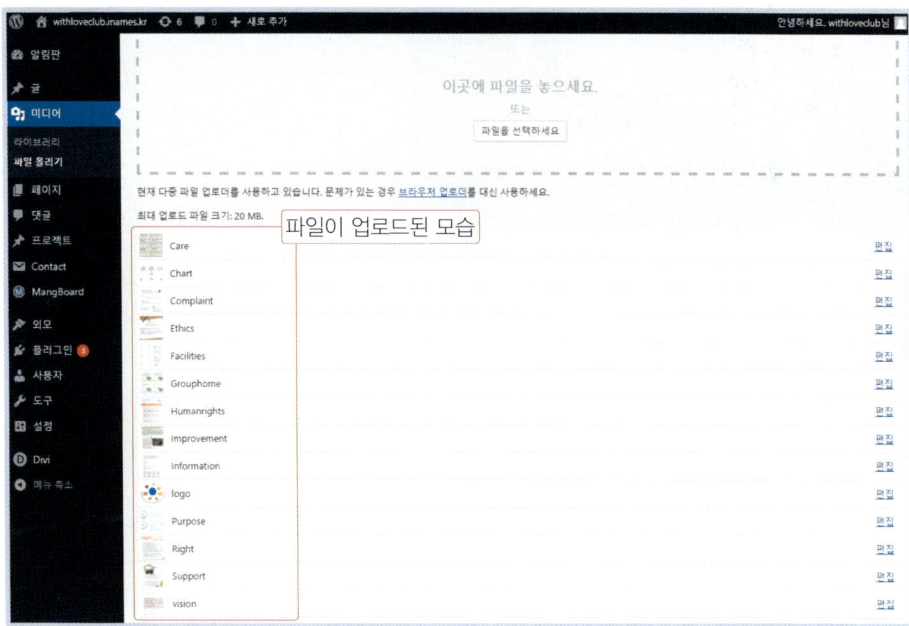

4 워드프레스 관리자 화면의 메뉴 [미디어]-[라이브러리]를 클릭하면 등록된 파일을 볼 수 있습니다.

note
미디어 파일을 이미지, 오디오, 비디오 파일로 분리하여 관리할 수 있습니다.

04 홈 화면 레이아웃 설정

홈페이지의 첫 번째 화면을 홈 화면이라고 합니다. 홈 화면에는 대부분은 회사의 최신 정보 또는 가장 중요한 정보를 보여주는 구성을 하고 있습니다. 만들려고 하는 홈페이지의 가장 중요한 콘텐츠를 메인화면으로 구성해 보세요. Divi 테마를 설치할 때 함께 설치했던 Divi 빌더 플러그인을 활용하여 메인화면을 구성하는 과정을 진행해 보겠습니다.

1 홈 화면 페이지를 만들기 위해 워드프레스 관리자 화면에서 [페이지] 메뉴의 [새 페이지 추가] 버튼을 클릭합니다.

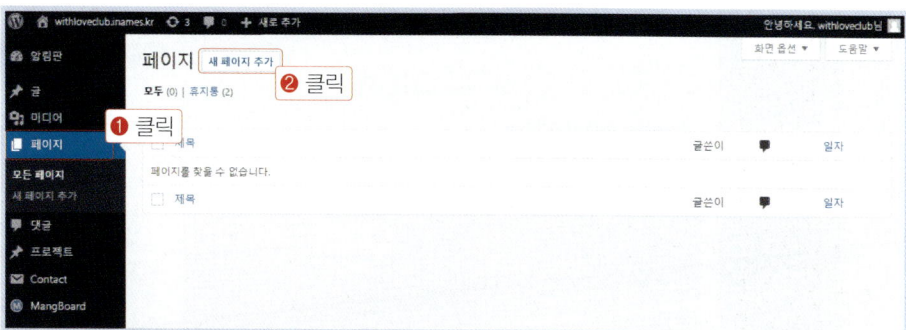

2 새 페이지 추가 화면에서 제목에 '홈'을 입력하고 [Divi 빌더 사용] 버튼을 클릭합니다.

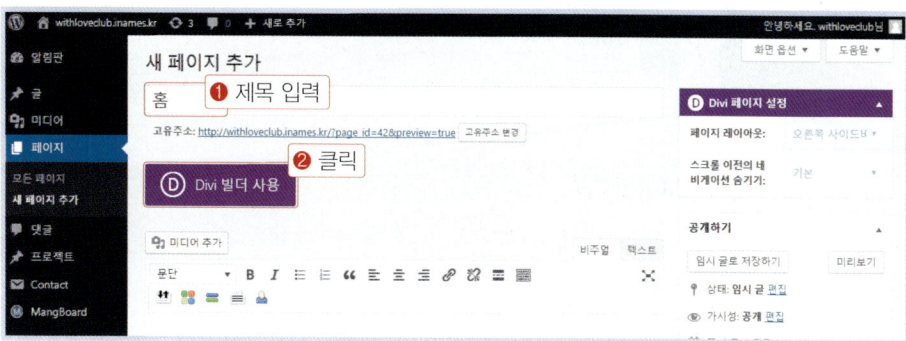

3 Divi 빌더 플러그인의 옵션 중에 [라이브러리에서 로딩] 메뉴를 클릭합니다.

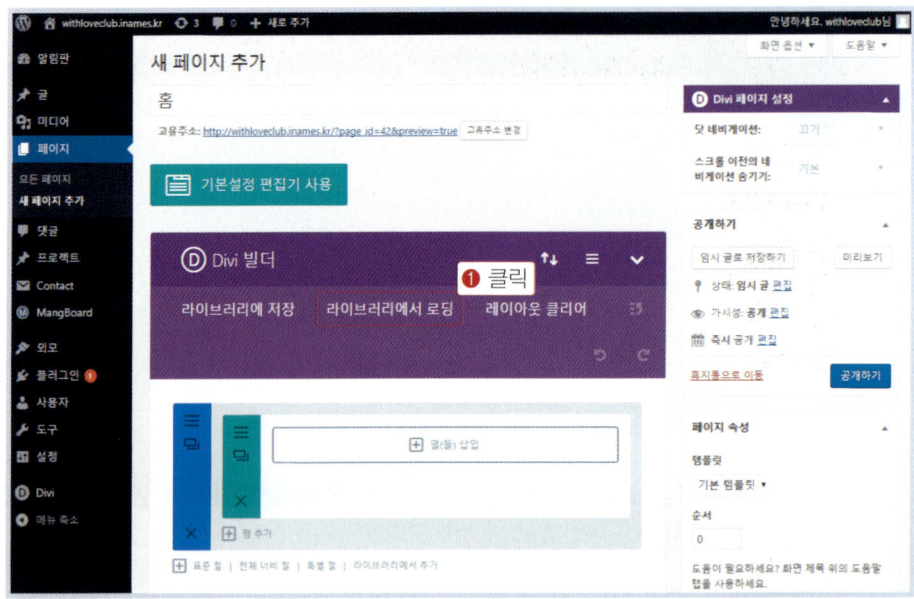

> **note**
>
> [라이브러리에서 로딩]은 Divi 빌더에서 미리 만들어 놓은 다양한 레이아웃이 저장된 곳인 라이브러리에서 사용자가 원하는 페이지의 성격에 따라 저장된 내용을 불러 사용할 수 있게 하는 기능입니다.

4 라이브러리 메뉴 중에 [기업 홈페이지] 항목의 [로드] 버튼을 클릭합니다.

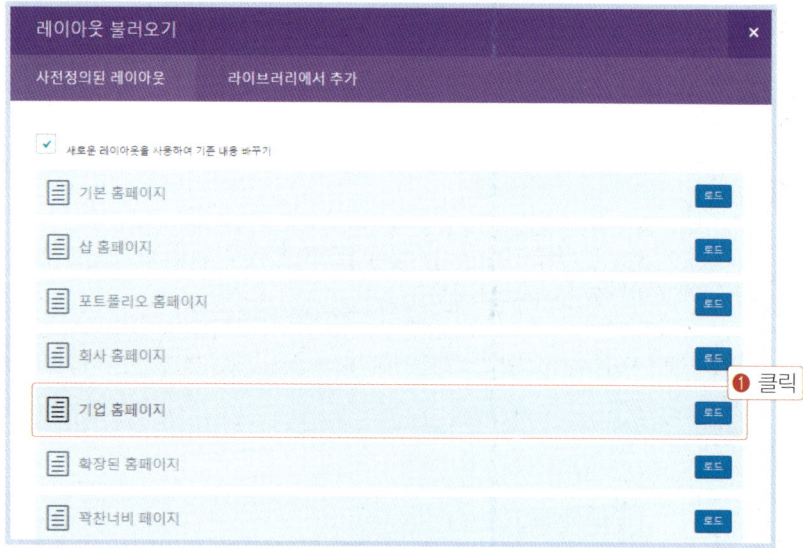

5 기업 홈페이지에 맞게 기본 설정된 레이아웃 화면이 나오는 것을 볼 수 있습니다. [공개하기] 버튼을 클릭합니다.

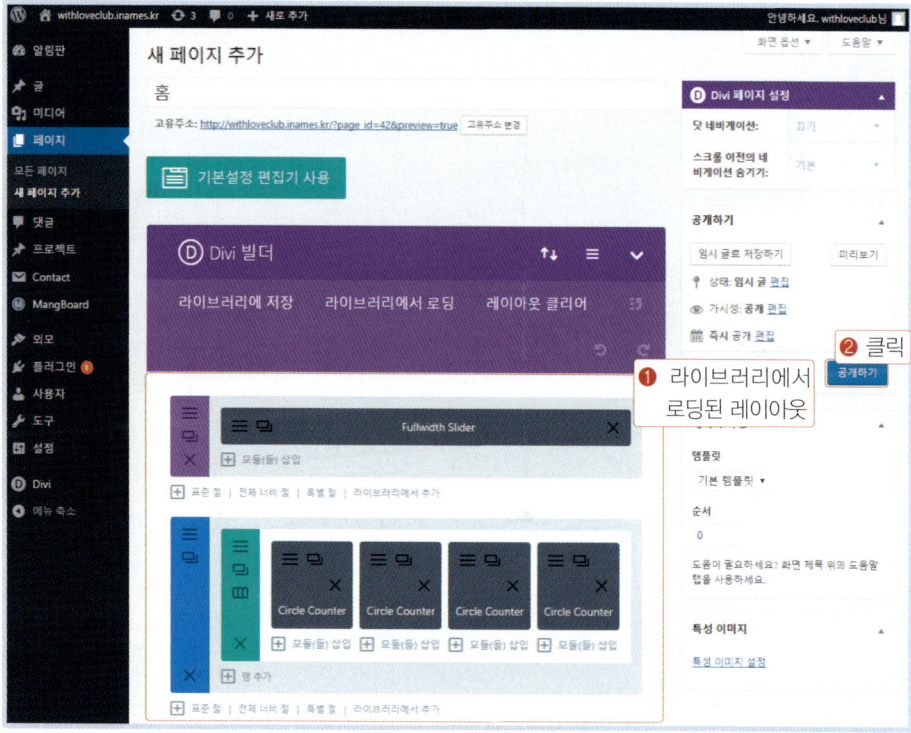

6 생성된 고유주소의 링크를 클릭하여 레이아웃이 만들어진 것을 확인합니다.

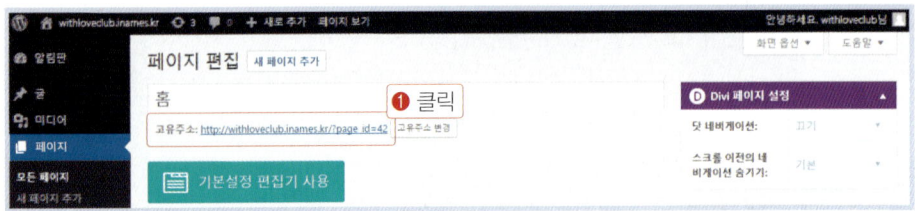

7 Divi 테마의 홈에 해당하는 페이지가 기업 홈페이지 레이아웃으로 설정된 것을 볼 수 있습니다.

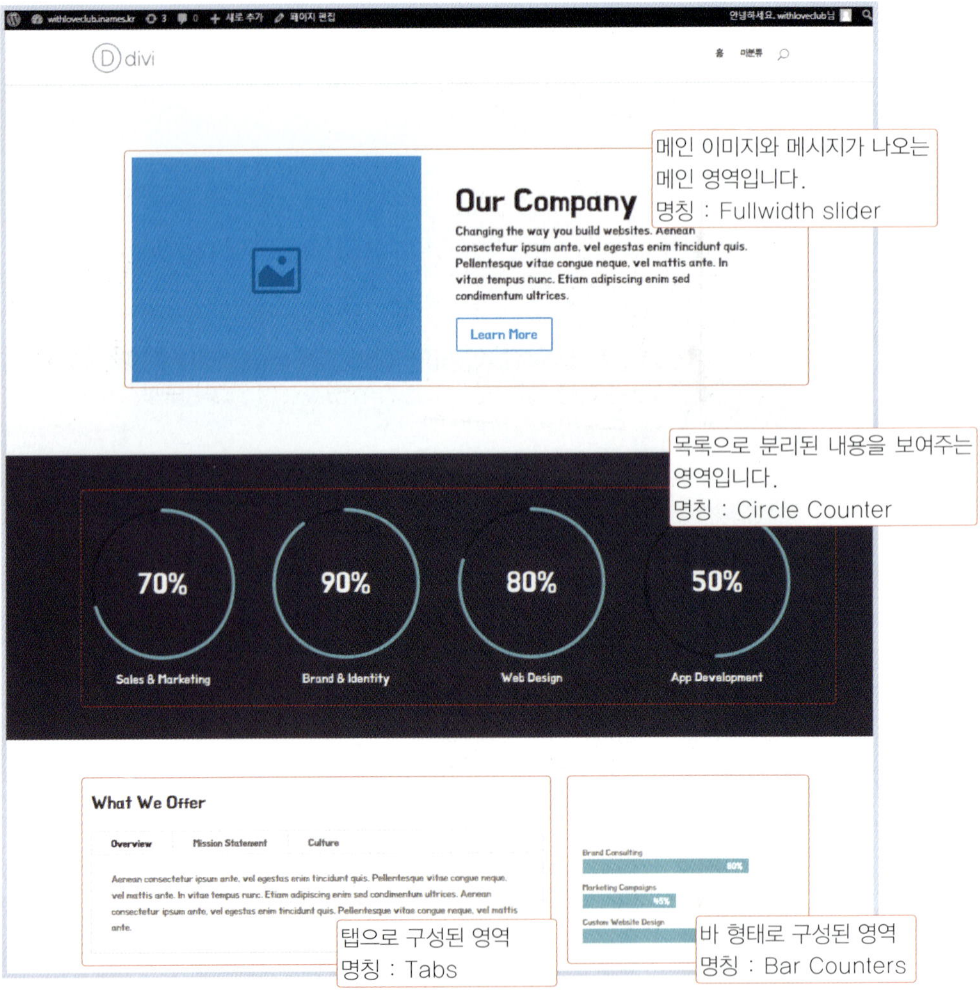

메인 이미지와 메시지가 나오는 메인 영역입니다.
명칭 : Fullwidth slider

목록으로 분리된 내용을 보여주는 영역입니다.
명칭 : Circle Counter

탭으로 구성된 영역
명칭 : Tabs

바 형태로 구성된 영역
명칭 : Bar Counters

Part 6 실전! 유료 테마로 회사 홈페이지 완성하기 ✦ 169

note

Divi 테마가 좋은 것은 위에서 본 것과 페이지 페이지에 대한 다양한 레이아웃을 보유하고 있습니다. 그 레이아웃을 페이지별로 지정하고 사용자가 원하는 내용을 입력하며 수정해 갈 수 있습니다. 지금 만들어진 페이지도 몇 번의 클릭으로 만들어진 것처럼 여러분의 원하는 페이지를 찾기 위해 다양한 페이지를 만들어보기를 권장합니다. 페이지의 내용은 하나하나 수정하는 실습을 진행하겠습니다.

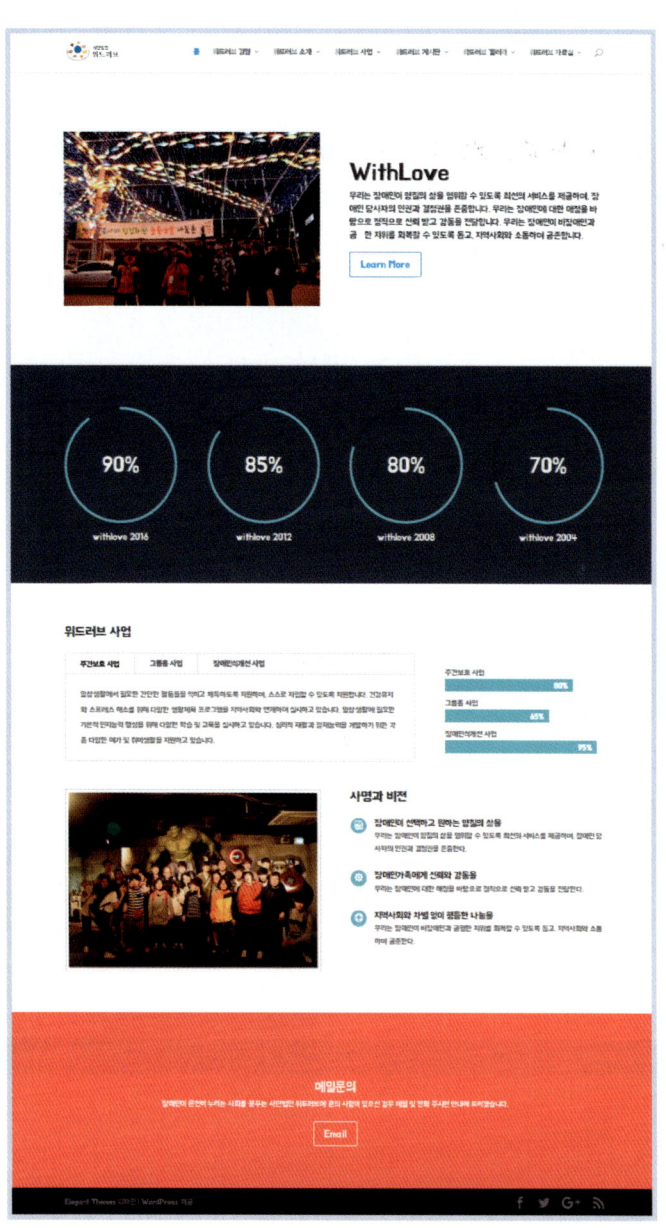

[변경 후 페이지 모습]

05 메인(홈) 페이지 지정하기

앞에서 만들어 놓은 페이지가 홈페이지에서 제일 먼저 표시되는 메인 페이지로 지정하기 위해서는 워드프레스 관리자 페이지에서 설정해야 합니다.

1. 현재는 어떤 페이지가 표시되고 있는지 보기 위해 화면 왼쪽 위에 있는 [홈 페이지 주소]를 클릭하여 접속합니다.

2. Divi 테마의 처음 설정된 기본 페이지가 표시되는 것을 볼 수 있습니다. 사용자가 별도로 지정하지 않았으면 기본 페이지가 표시되는데 메인(홈) 페이지인 첫 번째 페이지는 사용자가 띄우고 싶은 페이지를 지정해야 합니다.

3 첫 페이지를 지정하기 위해 관리자 페이지에서 [설정]-[읽기] 메뉴를 클릭합니다.

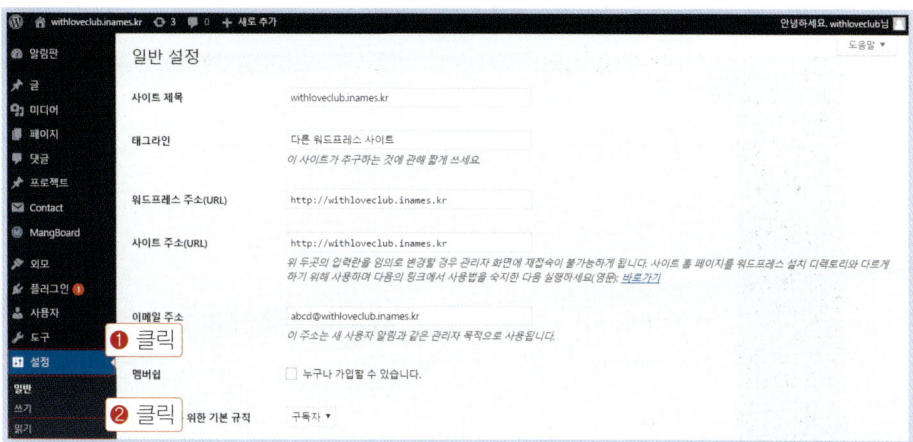

4 읽기 설정 페이지에서 전면 페이지 표시 항목에서 '정적인 페이지'를 선택하고 정적인 페이지 항목의 하위 항목인 전면 페이지 항목에서 앞에서 만든 페이지인 '홈'을 선택한 후에 [변경 사항 저장] 버튼을 클릭합니다.

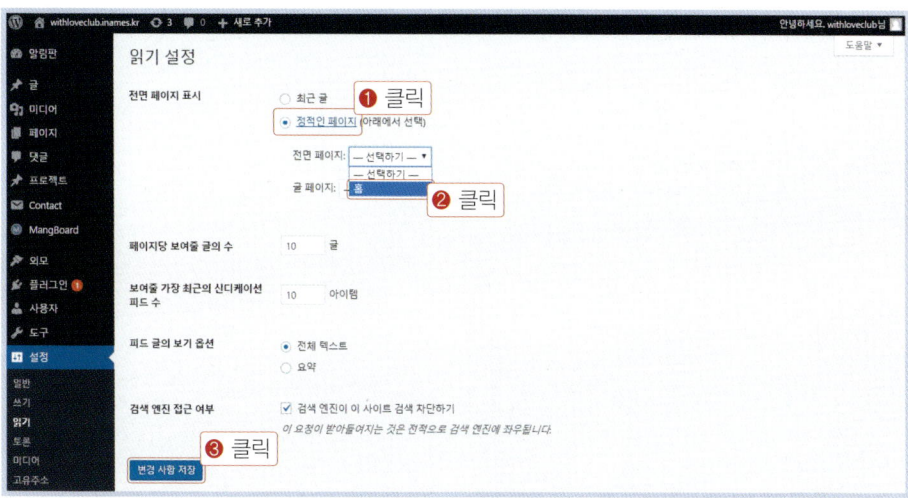

5 변경 사항이 저장된 것을 확인하기 위해 화면 왼쪽 위에 있는 [홈 페이지 주소]를 클릭하여 홈 페이지 접속합니다.

6 메인(홈) 페이지가 앞에서 만든 페이지로 설정된 것을 볼 수 있습니다.

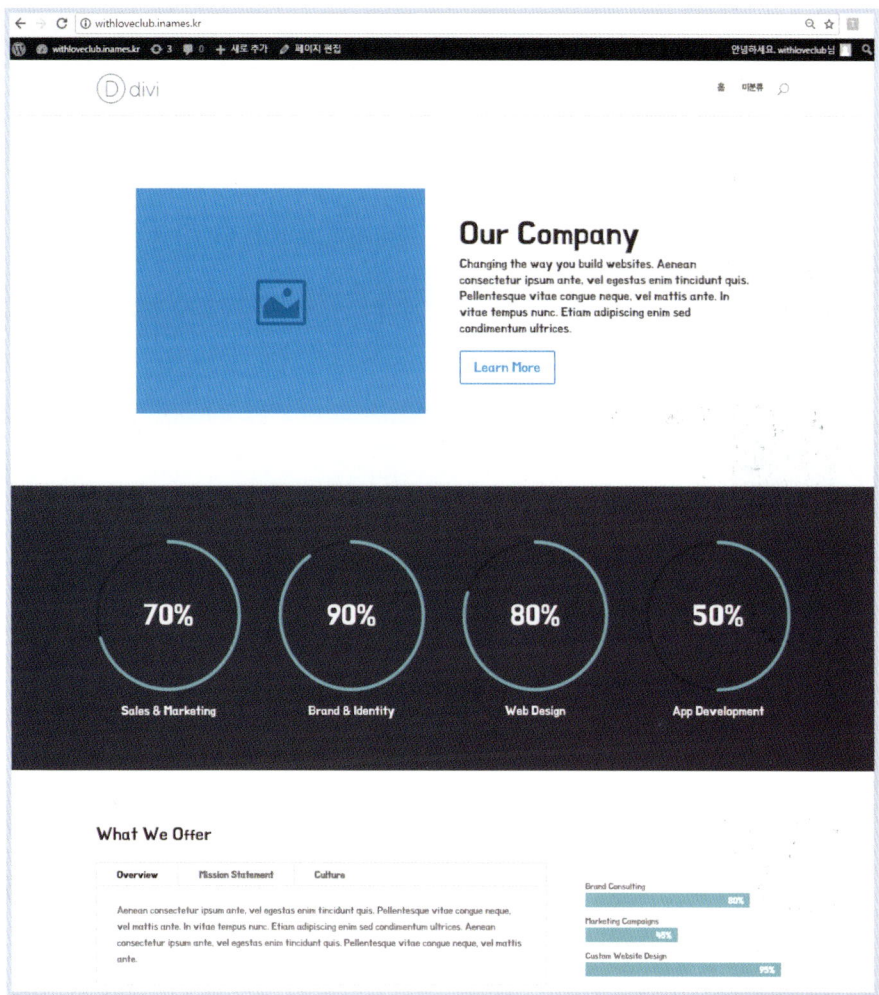

06 홈페이지에 필요한 페이지 구성

홈페이지를 만들 때 필요한 구성을 보면, 대표적으로 인사말과 같은 페이지와 공지사항과 같은 게시판, 안내 페이지에 필요한 지도 페이지, 문의 사항에 필요한 메일 폼이 들어간 페이지 등으로 구분해 볼 수 있습니다. 그중에 가장 많이 사용되는 일반 기본 페이지를 통해 홈페이지에 필요한 각각 페이지를 어떻게 만드는지 살펴보겠습니다.

1. 페이지 구성을 하기 위해 워드프레스 관리자 페이지에서 [페이지] 메뉴를 클릭한 뒤에 [새 페이지 추가] 버튼을 클릭합니다.

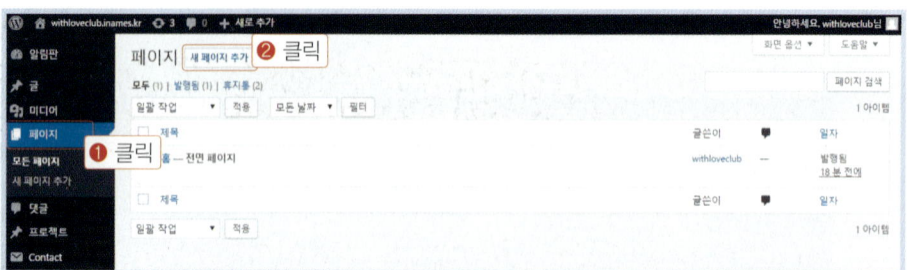

2. 새 페이지 추가에서 제목을 다음 그림에서와 같이 입력한 후에 [미디어 추가] 버튼을 클릭합니다.

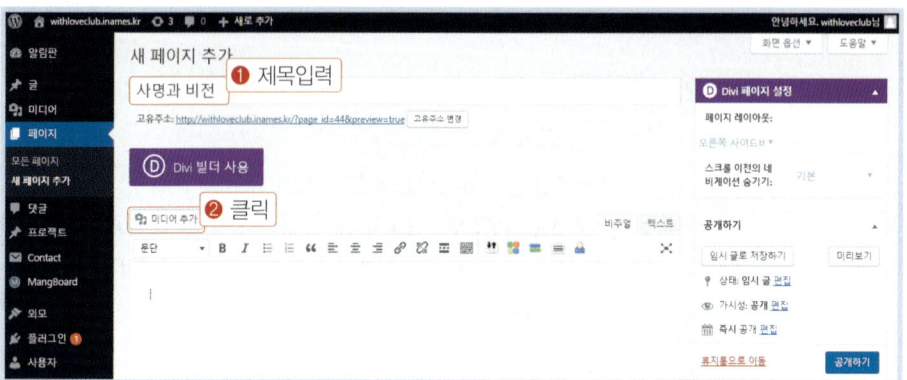

3 미디어 삽입 페이지에서 [미디어 라이브러리] 탭을 클릭하면 표시되는 미디어 파일 목록 중에 해당 페이지에 삽입하려고 하는 파일을 선택하고 첨부 표시 설정 항목에서 크기를 지정하고 오른쪽 아래에 있는 [페이지에 삽입하기] 버튼을 클릭합니다.

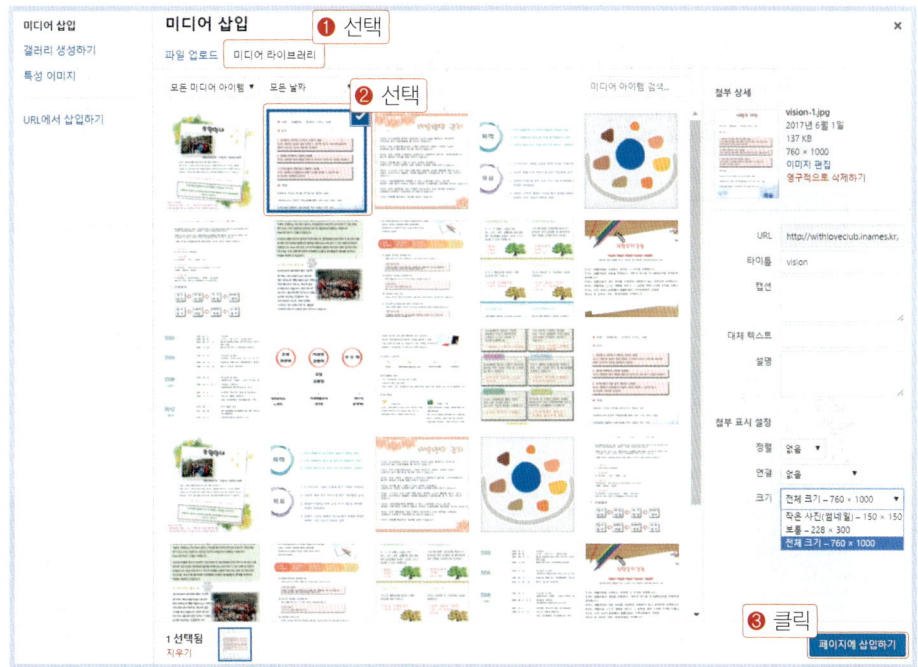

note

미디어 라이브러에 등록된 목록은 앞 장에서 등록한 파일입니다. 만약 등록된 파일이 없는 경우 [파일 업로드] 탭 또는 [미디어 라이브러리] 탭을 선택할 때 화면 중앙에 표시되는 [파일을 선택하세요] 버튼을 클릭하여 홈페이지에 필요한 미디어 파일을 등록하고 사용하면 됩니다.

4 편집 창에 내용이 추가된 것을 볼 수 있습니다. 추가된 내용이 맞는지 내용을 확인하고 페이지에 적용하기 위해 [공개하기] 버튼을 클릭합니다.

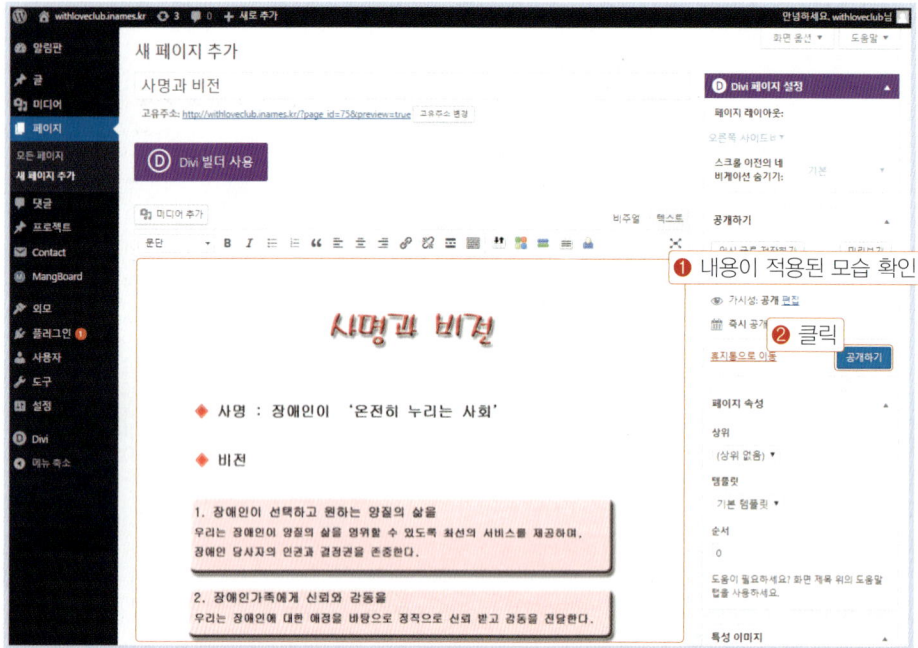

5 페이지의 상단에 자동으로 생성된 고유주소 링크를 클릭하여 지금 만든 페이지에 접속합니다.

6 새롭게 '사명과 비전' 페이지가 만들어진 것을 볼 수 있습니다. 그런데 지금 만들고 있는 레이아웃이 아닌 기본적으로 제공하고 있는 레이아웃에 내용이 설정된 것을 볼 수 있습니다. 다음 내용에 나오는 빌더를 통한 페이지 업그레이드에서 지금 사용하고 있는 레이아웃에 적용하는 방법을 진행합니다.

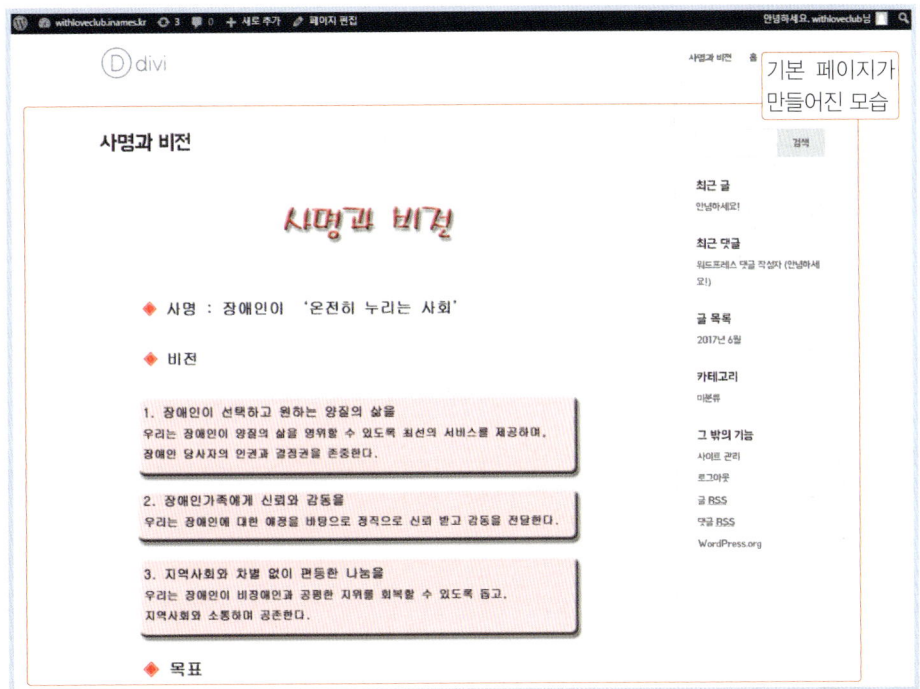

7 이번에는 페이지의 오른쪽에 위치한 사이드바의 위치를 왼쪽으로 변경해 보겠습니다. 워드프레스 관리자 페이지에서 [페이지]-[모든 페이지] 메뉴를 선택합니다. 모든 페이지 화면에서 '사명과 비전' 페이지의 제목에 마우스 포인터를 올리면 해당 페이지에 대한 메뉴 링크가 표시됩니다. [편집] 링크를 클릭합니다.

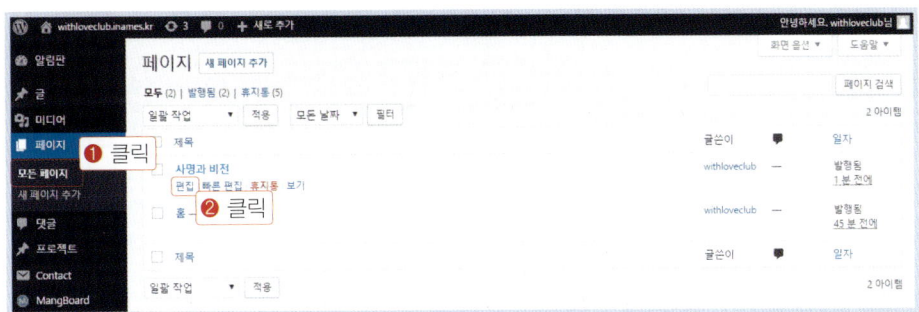

8 페이지 편집 화면의 오른쪽에 있는 Divi 페이지 설정 항목에서 [페이지 레이아웃]의 드롭다운 목록에서 '왼쪽 사이드바' 항목을 선택하고, [업데이트] 버튼을 클릭합니다.

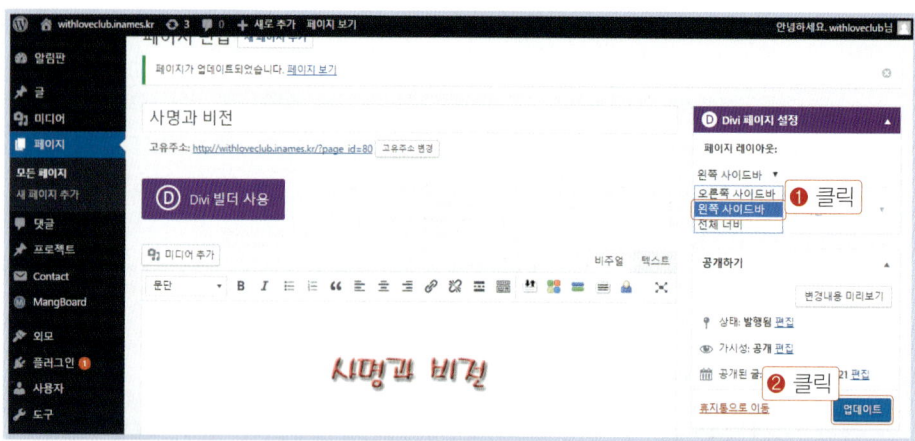

9 홈페이지에 접속하여 확인해 보면 사이드바가 왼쪽으로 이동한 것을 볼 수 있습니다.

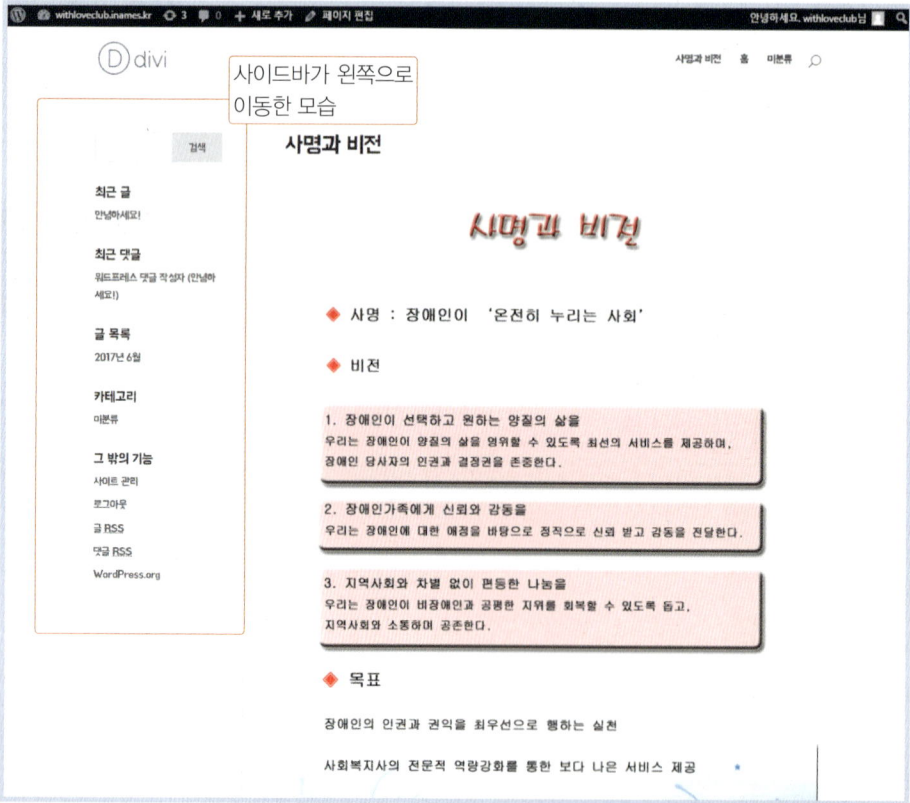

07 Divi 빌더를 활용하여 서브 페이지 업그레이드 하기

지금까지는 기본 레이아웃에 내용이 적용되는 것을 보았습니다. 이제는 생성된 페이지를 현재 만들고 있는 레이아웃 디자인에 내용을 적용해보겠습니다.

1. 사명과 비전 페이지를 편집하기 위해 워드프레스 관리자 페이지에서 [페이지]-[모든 페이지] 메뉴를 선택합니다. 모든 페이지 목록에서 '사명과 비전' 페이지의 제목에 마우스 포인터를 올리면 해당 페이지에 대한 메뉴 링크가 표시됩니다. [편집] 링크를 클릭합니다. '사명과 비전' 페이지의 편집 화면에서 [Divi 빌더 사용] 버튼을 클릭합니다.

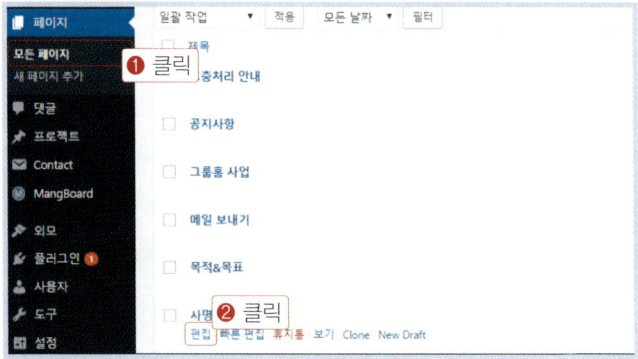

2. Divi 빌더에 저장된 라이브러리를 사용하기 위해 Divi 빌더 메뉴에서 [라이브러리에서 로딩] 버튼을 클릭합니다.

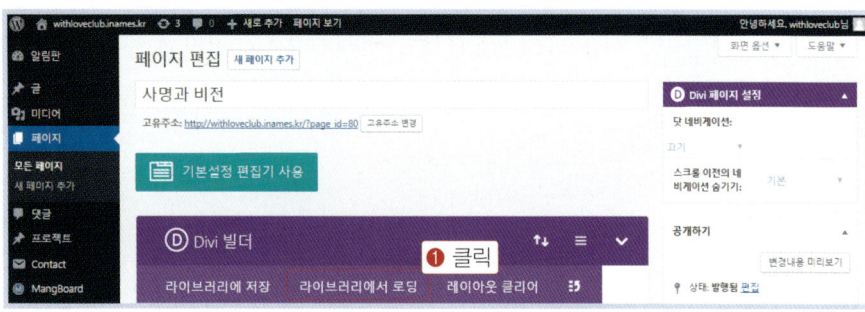

3 Divi의 레이아웃 불러오기 페이지에서 왼쪽으로 사이드바가 있는 페이지를 만들기 위해 '왼쪽 사이드바 페이지' 항목의 [로드] 버튼을 클릭합니다.

4 추가된 모듈 중에 하단에 있는 2개의 모듈은 지워보겠습니다. 사용자가 사용하기를 원하면 그대로 사용해도 되지만 현재는 모듈 삭제를 해보기 위해 삭제하려는 각 모듈의 왼쪽 아래에 있는 ✕ 버튼을 클릭하여 모듈을 삭제합니다.

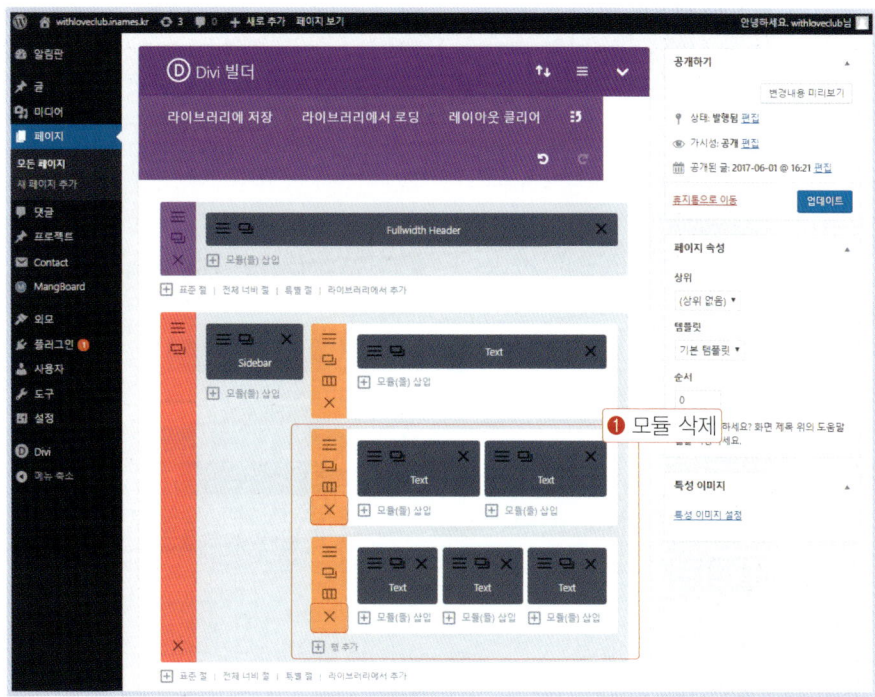

❶ 모듈 삭제

5 모듈이 지워진 것을 확인하고 편집된 모듈 화면에서 이미지를 추가하기 위해 서브 영역에 있는 [모듈 삽입] 버튼을 클릭합니다.

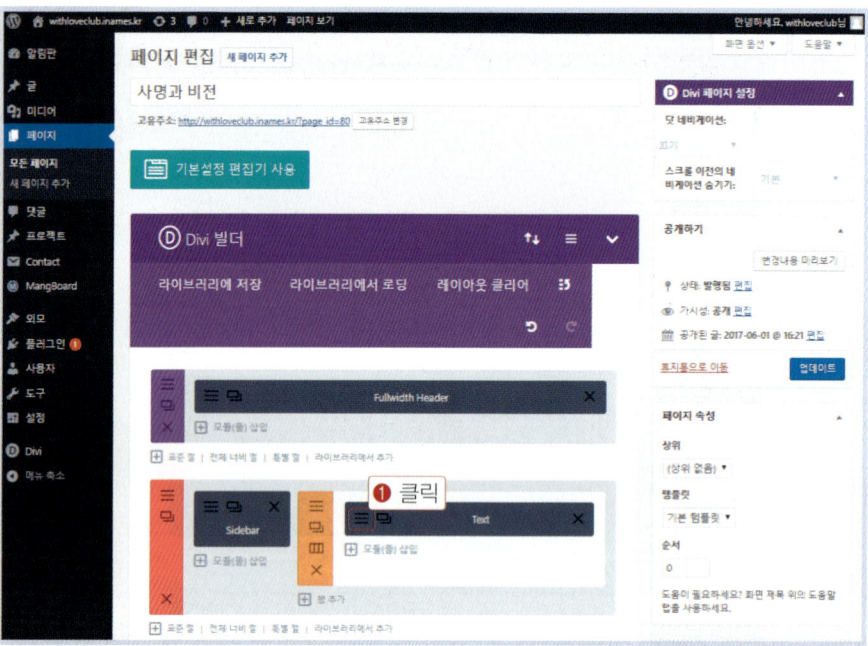

6 모듈 삽입 화면에서 다양한 모듈을 추가하여 사용할 수 있습니다. 여기에서는 이미지를 추가하기 위해 [이미지] 버튼을 선택합니다.

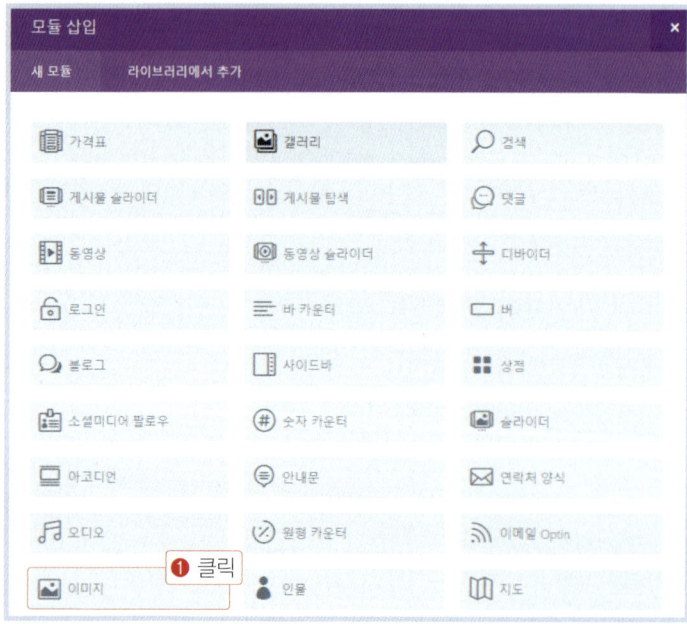

7 이미지 모듈 설정 화면에서 이미지 URL 항목에서 [이미지 업로드] 버튼을 클릭합니다.

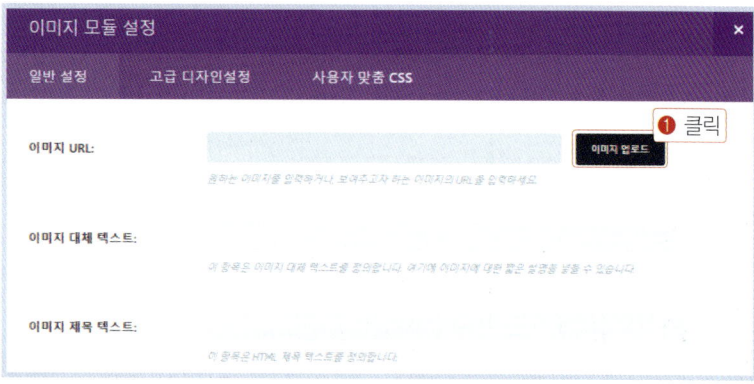

8 이미지 선택하기 화면에서 미디어 라이브러리 항목에 있는 이미지를 선택하고 오른쪽 아래에 있는 [이미지로 설정] 버튼을 클릭합니다.

9 이미지가 적용된 것을 확인하고 [저장 및 나가기] 버튼을 클릭합니다.

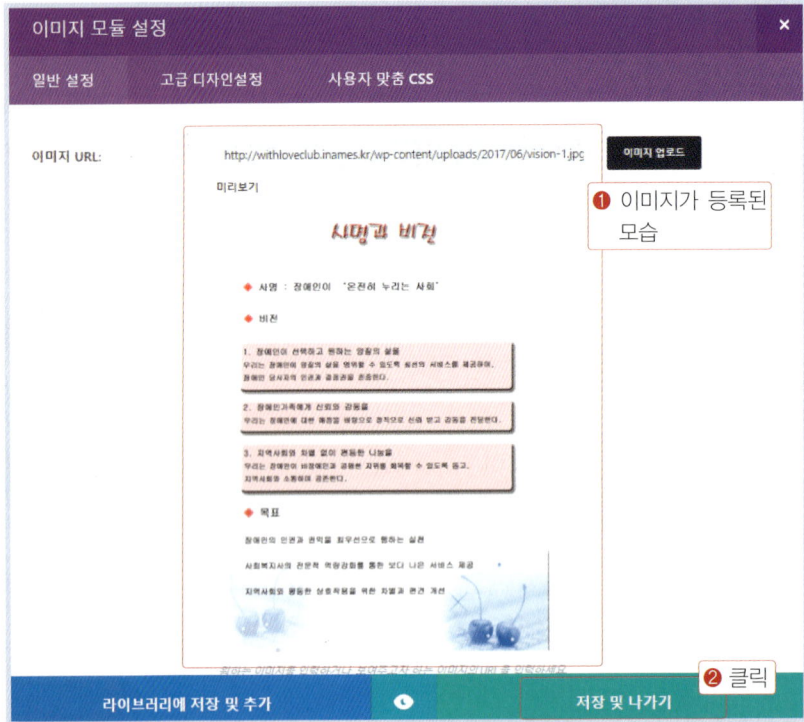

10 이미지 모듈이 추가된 것을 확인하고 텍스트 내용을 변경하기 위해 'Fullwidth Header' 항목의 [모듈 설정] 버튼을 클릭합니다.

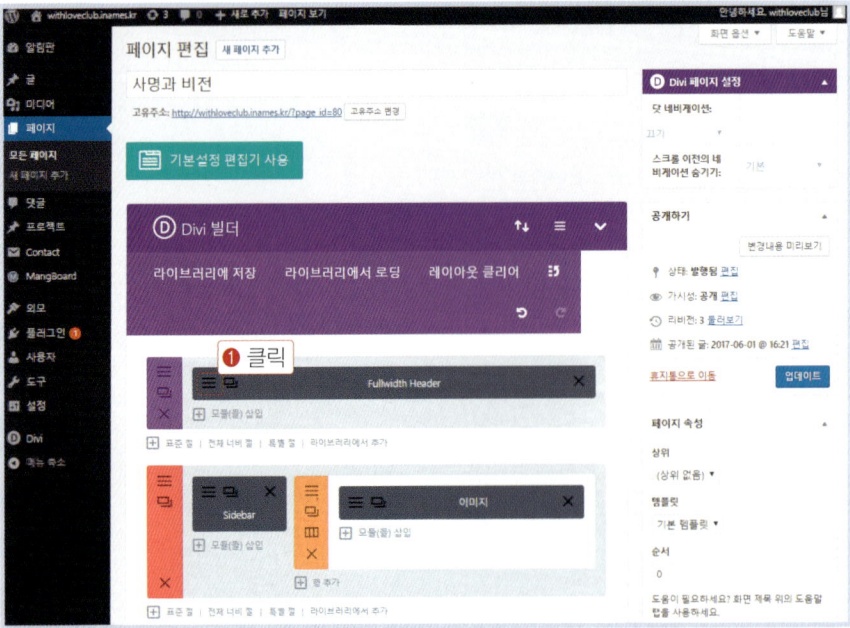

|| 꽉찬너비 헤더(Fullwidth Header) 모듈 설정 화면에서 '제목'과 '서브헤딩 텍스트' 항목에 다음과 같은 내용을 입력하고 [저장 및 나가기] 버튼을 클릭합니다.

제목 : 위드러브 경영

서브헤딩 텍스트 : 위드러브의 사명과 비전을 소개합니다.

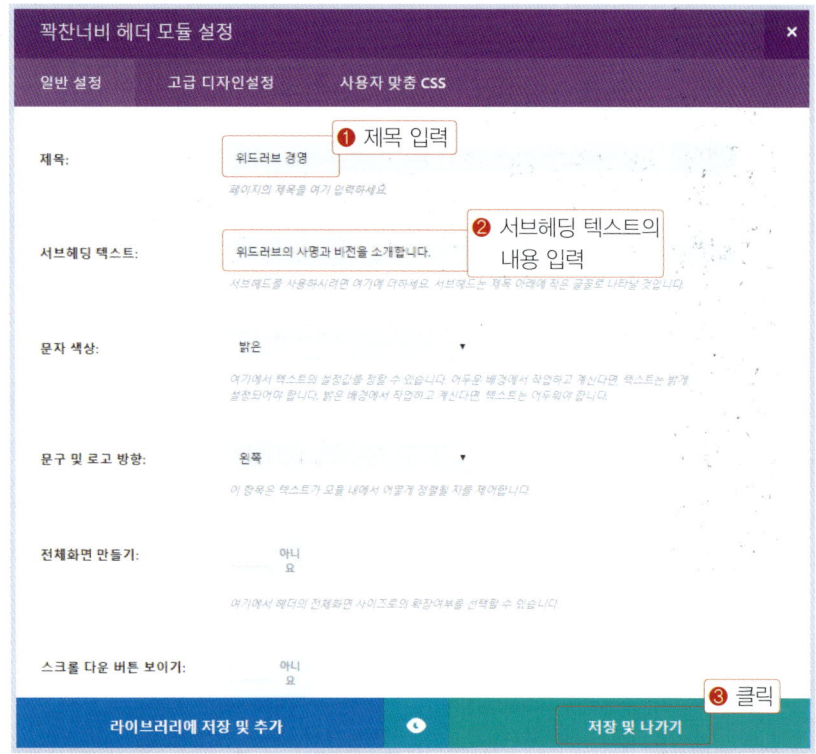

12 설정한 내용이 적용된 것을 확인하고 페이지 편집 화면에서 [업데이트] 버튼을 클릭합니다.

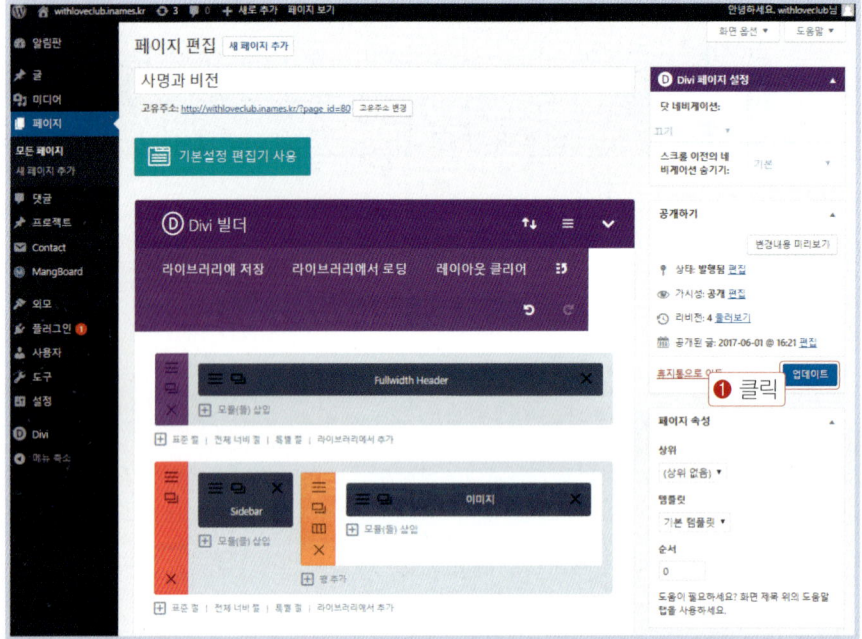

13 편집 중인 페이지의 고유주소 링크를 이용하여 페이지에 연결해 보면 서브 페이지가 업그레이드된 것을 볼 수 있습니다.

08 페이지 복사로 같은 유형 쉽게 만들기

홈페이지를 만들다 보면 같은 유형의 페이지를 계속 만들어야 하는 경우가 있습니다. 워드프레스는 기본적으로 페이지 복사 기능을 제공하고 있지 않습니다. 따라서 앞에서 설치한 Duplicate Post 플러그인을 활용하여 페이지를 복사하고 필요한 부분만 수정하여 만들어가는 과정을 진행해 보겠습니다.

워드프레스 관리자 페이지에서 [페이지]-[모든 페이지] 메뉴를 선택하여 페이지 목록을 봅니다. 복사하려고 하는 페이지의 제목에 마우스 포인터를 올리면 표시되는 메뉴 링크에서 [New Draft] 링크를 클릭합니다. 예에서는 '사명과 비전' 페이지를 복사할 것입니다.

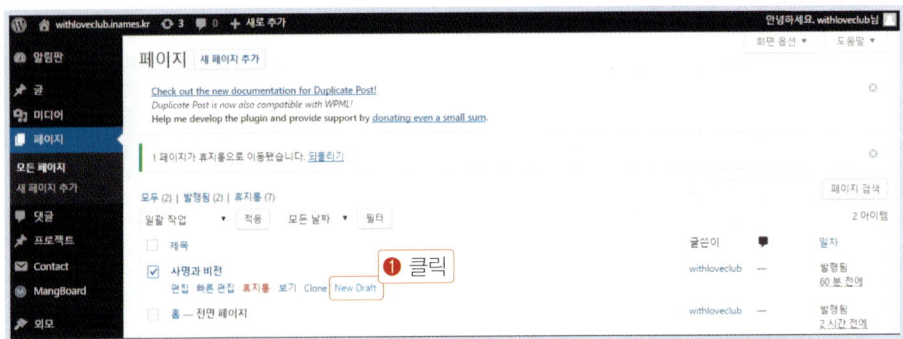

> note
>
> 앞에서 설치한 Duplicate Post 플러그인이 활성화되어 있어야 위 기능을 사용할 수 있습니다. 워드프레스 관리자 페이지에서 [플러그인]-[설치된 플러그인] 메뉴를 선택하여 설치된 플러그인의 목록을 확인합니다. 설치되지 않았거나 활성화되지 않았으면 해당 플러그인을 설치 또는 활성화합니다.

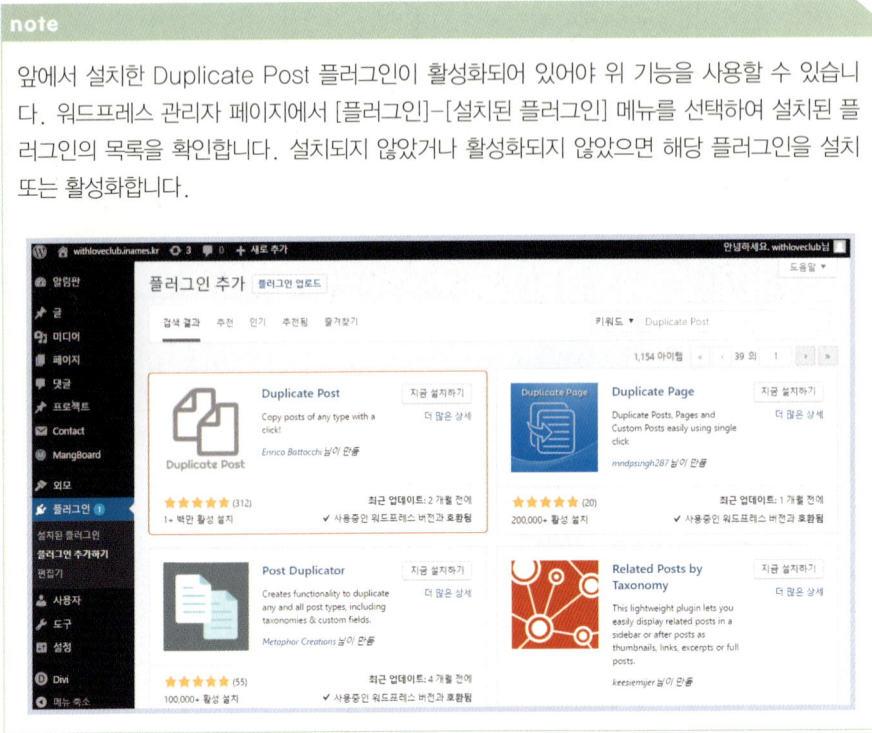

2 페이지를 복사하면 원본과 같은 페이지가 만들어집니다. 만들어진 페이지에서 제목과 이미지를 변경하여 사용하면 됩니다. 제목 부분을 '직원윤리강령'으로 변경하고 내용 이미지를 변경하기 위해 이미지 항목의 [모듈 설정] 버튼을 클릭합니다.

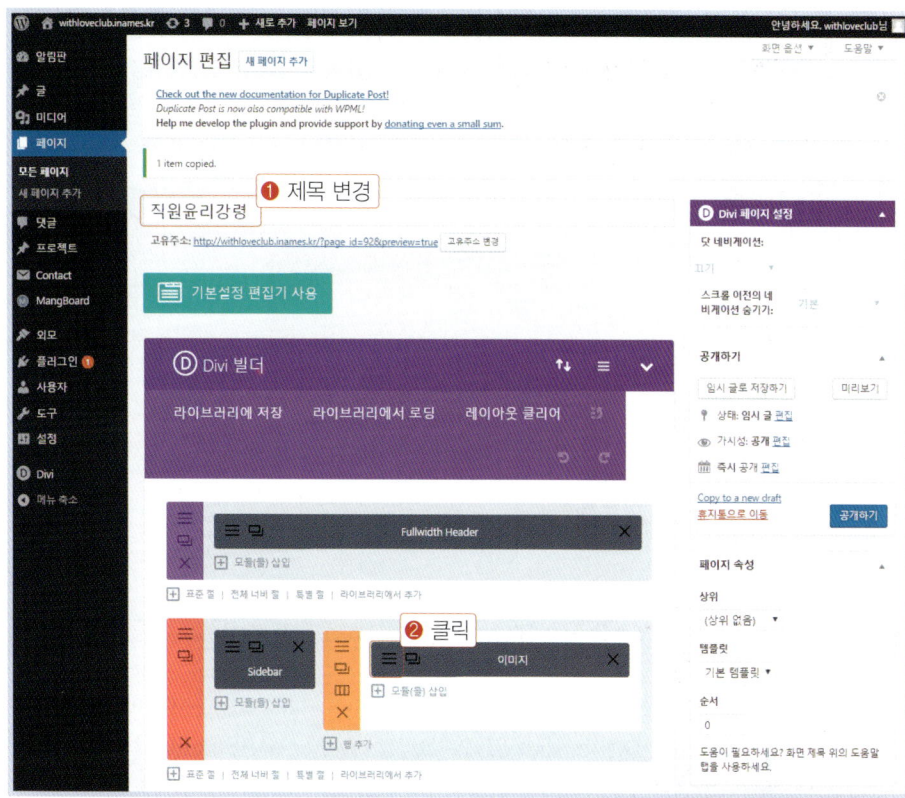

3 이미지 모듈 설정 화면에서 [이미지 업로드] 버튼을 클릭한 후에 이미지 선택하기 화면의 [미디어 라이브러리] 탭에서 해당 페이지에 삽입하려고 하는 이미지를 선택하고 이미지 선택하기 화면의 아래에 있는 [이미지로 설정] 버튼을 클릭하여 이미지를 불러옵니다. 이미지를 불러온 후에 이미지 모듈 설정 화면에서 [저장하고 나가기] 버튼을 클릭합니다.

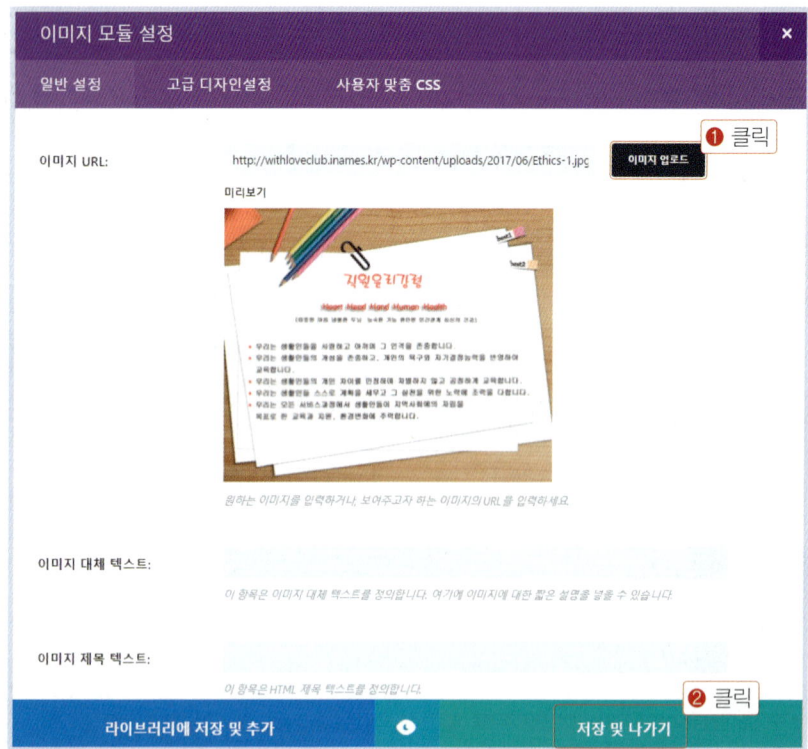

4 페이지 편집 화면에서 [공개하기] 버튼을 클릭합니다.

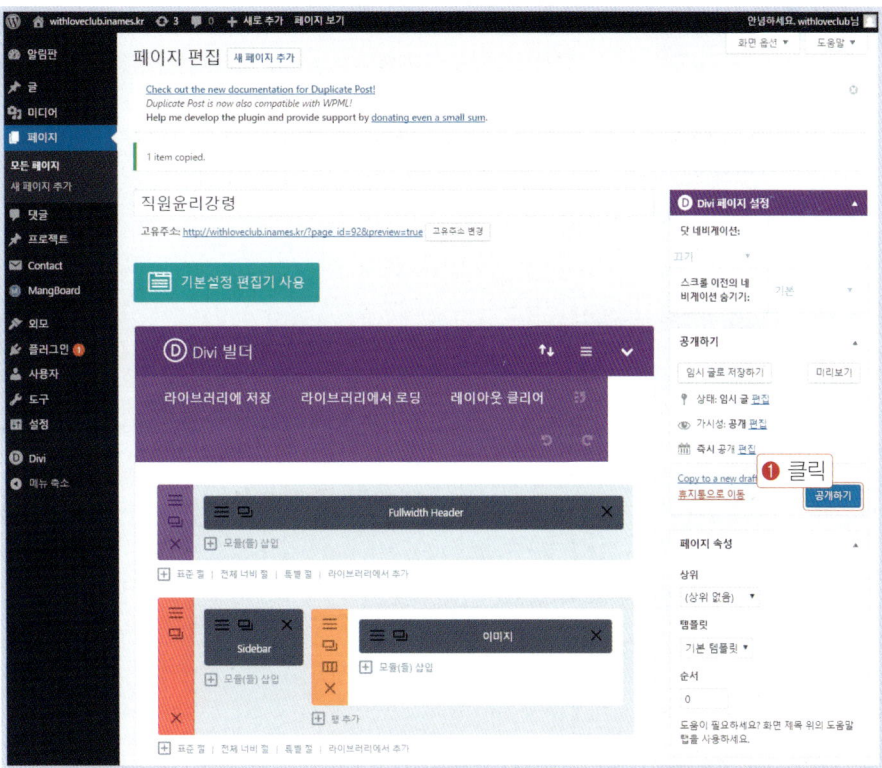

5 워드프레스 관리자 화면의 [페이지]-[모든 페이지] 메뉴를 선택하여 페이지 목록을 확인해 보면 '직원윤리강령' 페이지가 추가된 것을 볼 수 있습니다.

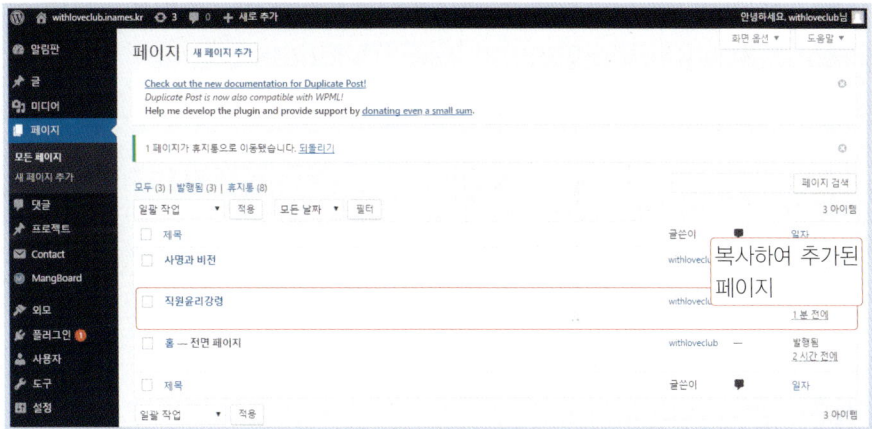

6 위와 같은 방법으로 다른 페이지도 추가합니다.

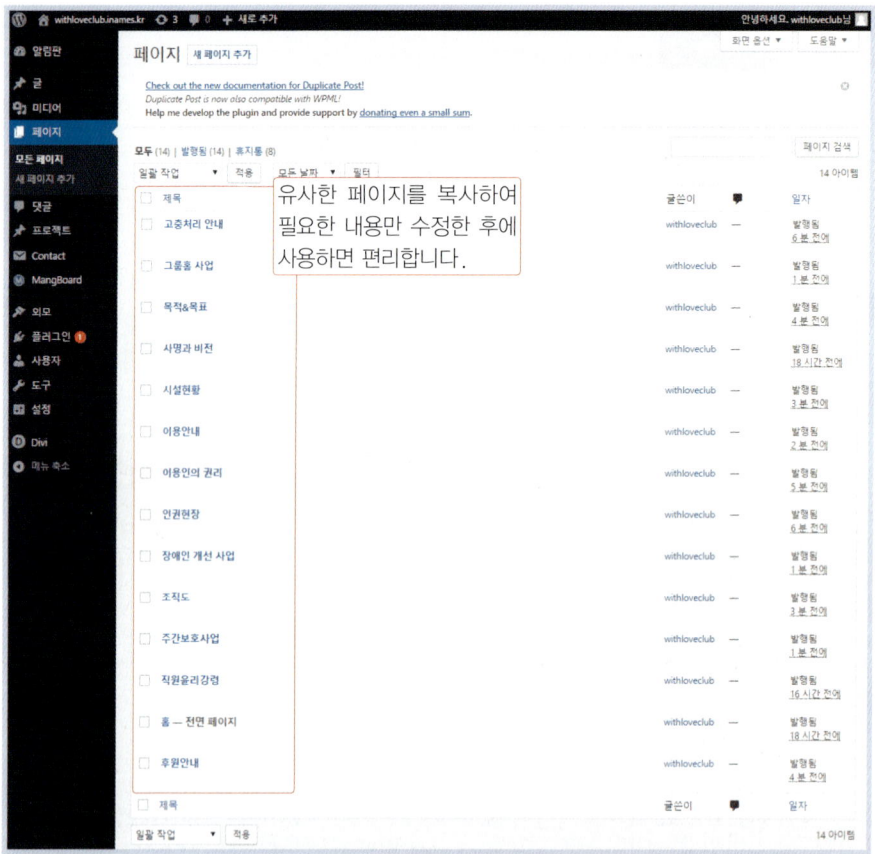

> note
>
> 홈페이지를 만들기 전에 페이지 구분을 하여 유사한 페이지가 어떤 것인지 미리 정한 후에 공통적인 작업부터 먼저 진행하면 수월하게 홈페이지를 만들어 갈 수 있습니다.

09 홈페이지에 자료실 게시판 설치하기

홈페이지에 게시판 설정하는 내용은 질문도 많고 어려워하는 내용 중 하나인데, 워드 프레스의 게시판 플러그인을 사용하면 몇 번의 클릭으로 게시판이 만들어지고 홈페이지에 설치할 수 있게 되어 쉽게 홈페이지에 원하는 게시판을 달 수 있게 되었습니다.

게시판에는 자료실, 갤러리, 캘린더, 최근 게시물 등 다양한 형태의 게시판을 생성하여 사용할 수 있습니다.

● **자료실 게시판 만들기**

MangBoard 메뉴의 [게시판 관리]를 클릭한 후에 [게시판 추가] 버튼을 클릭합니다.

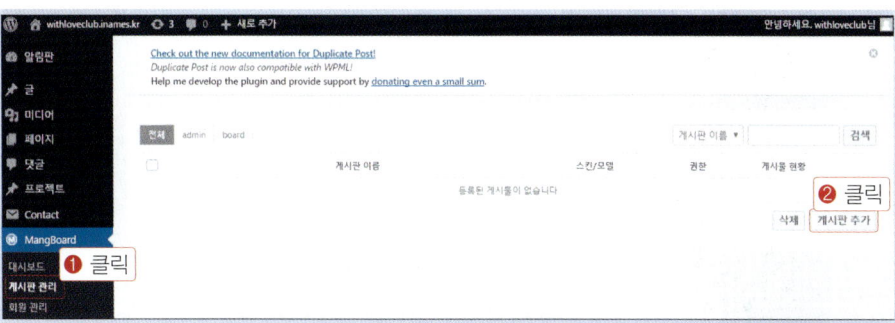

2 게시판 설정 페이지에서 게시판 이름과 게시판 설명을 입력합니다. 나머지 항목은 기본값을 그대로 사용합니다.

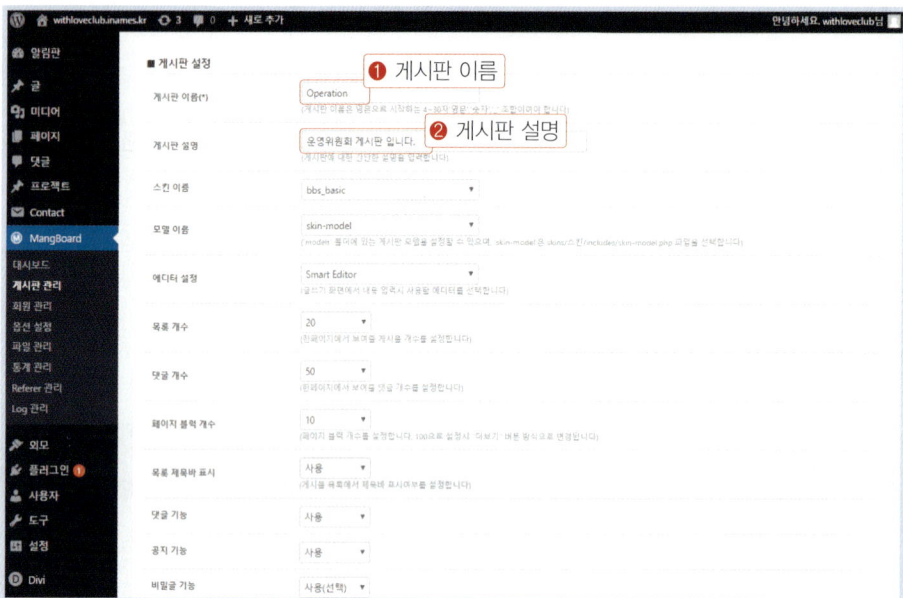

3 게시판 설정 페이지의 하단으로 이동한 후에 [확인] 버튼을 클릭합니다.

4 새로운 게시판이 생성된 것을 볼 수 있습니다. 생성된 게시판의 소스를 확인합니다. 다음 내용에서 생성된 소스를 복사하여 페이지에 적용하는 방법이 진행됩니다.

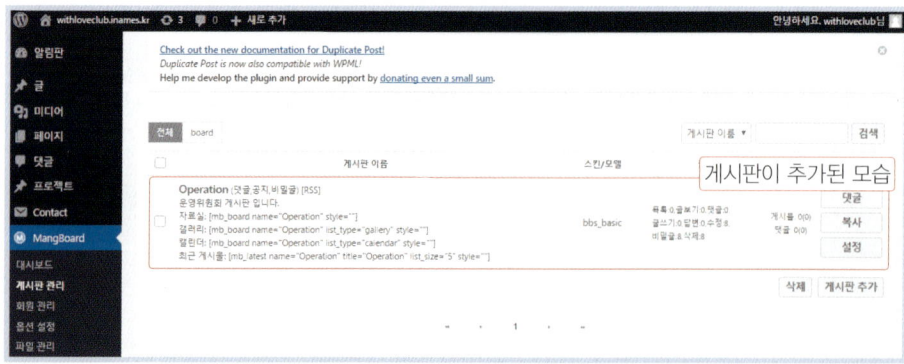

● 게시판 소스를 페이지에 적용하기

1. 생성된 게시판 소스에서 현재 만들려는 게시판의 특징에 맞게 소스를 복사합니다. 지금 만들려고 하는 게시판은 운영위원회에 해당하는 게시판입니다. 일반 자료실 게시판을 추가하면 되기 때문에 게시판 소스 중에 자료실에 해당하는 '[mb_board name="Operation" style=""]' 소스를 복사합니다.

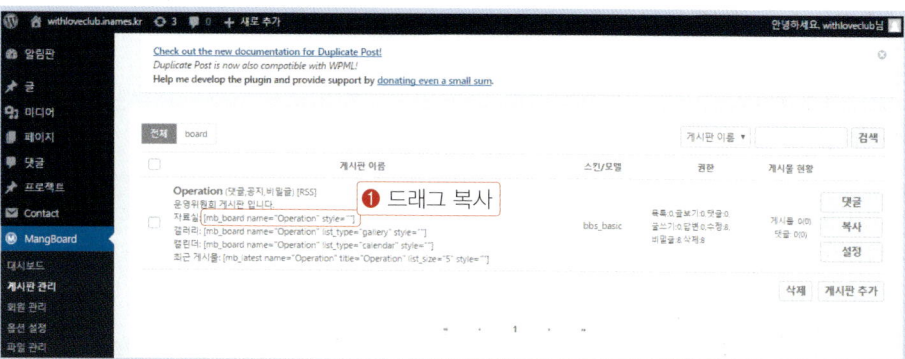

2. 워드프레스 관리자 페이지에서 [페이지]-[새 페이지 추가] 메뉴를 클릭한 후에 제목에 '운영위원회'를 입력하고 내용창에 복사한 게시판 소스를 붙여넣기합니다. 새 페이지 추가 화면의 [공개하기] 버튼을 클릭한 후에 생성된 고유주소를 클릭합니다.

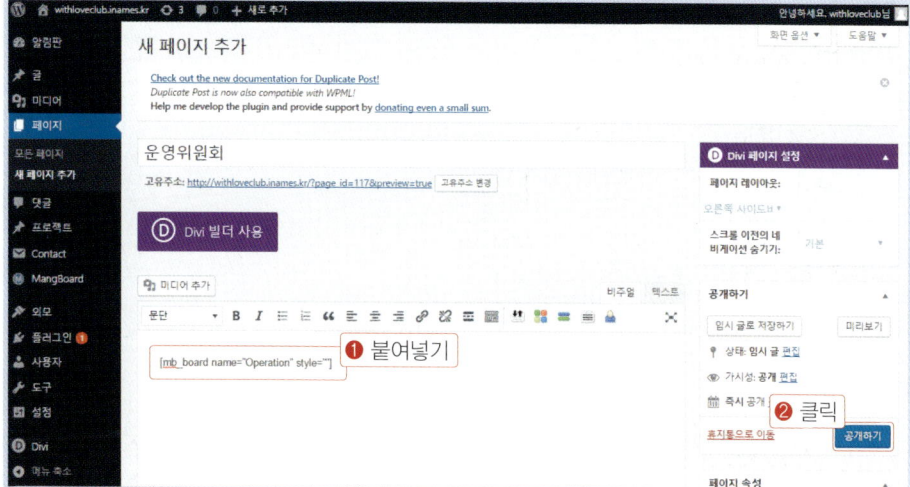

3 기본 화면에 게시판이 설정된 것을 볼 수 있습니다. [글쓰기] 버튼을 클릭하여 게시판의 기능을 테스트합니다.

4 제목과 내용을 입력하고 [확인] 버튼을 클릭하여 등록합니다.

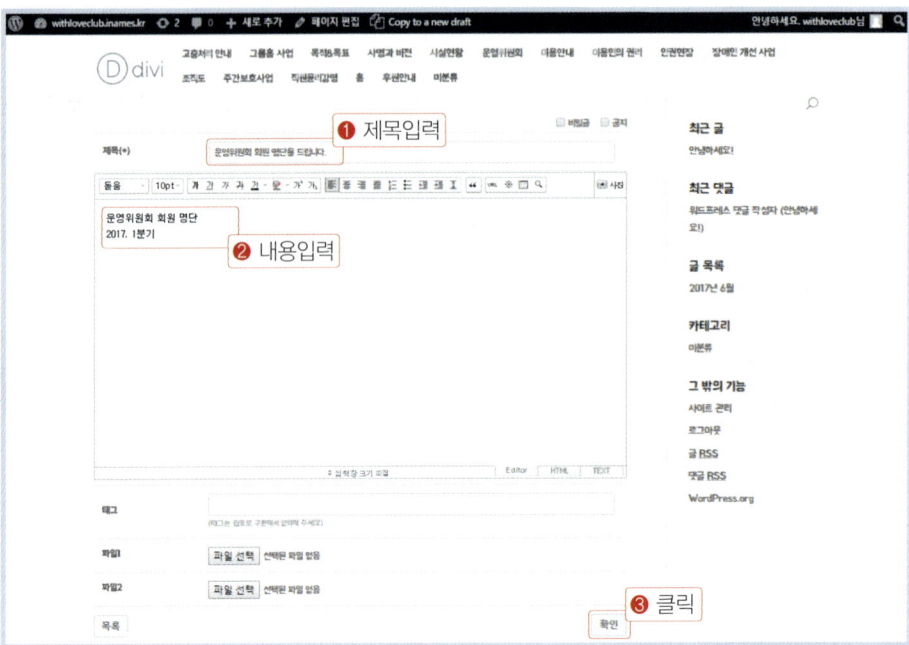

5 게시판에 내용이 등록된 것을 볼 수 있습니다.

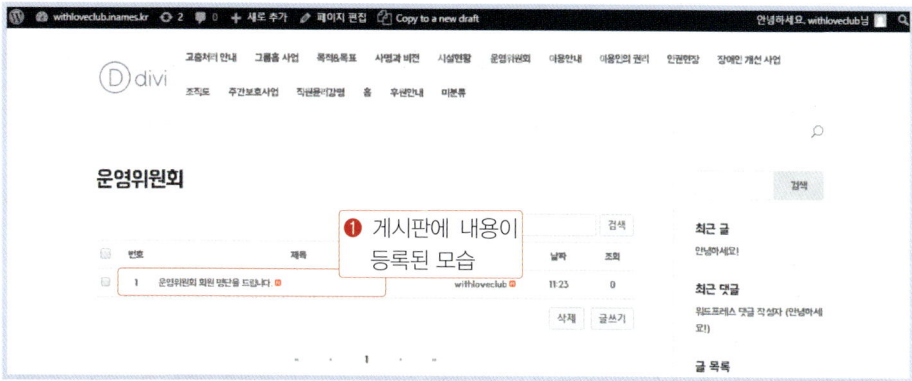

❶ 게시판에 내용이 등록된 모습

● 스킨에 게시판 추가하기

1 페이지 목록에서 직전 과정에서 생성한 '운영위원회' 페이지에 마우스를 올리면 나타나는 링크 메뉴에서 [편집] 링크를 클릭합니다.

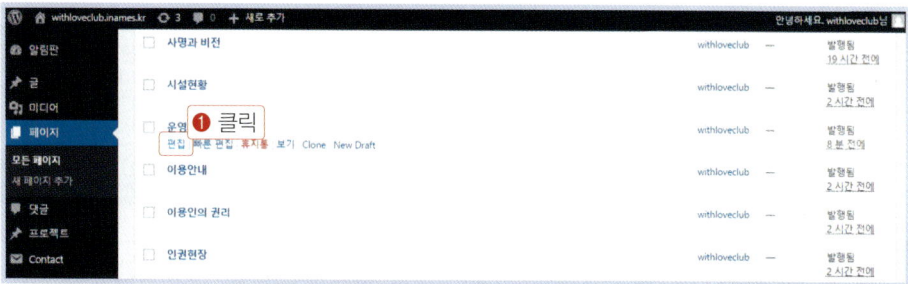

❶ 클릭

2 편집 창에 있는 내용을 잘라내기(Ctrl+X 또는 마우스 오른쪽 버튼을 클릭하여 표시되는 단축 메뉴에서 선택) 한 후에 [Divi 빌더 사용] 버튼을 클릭합니다.

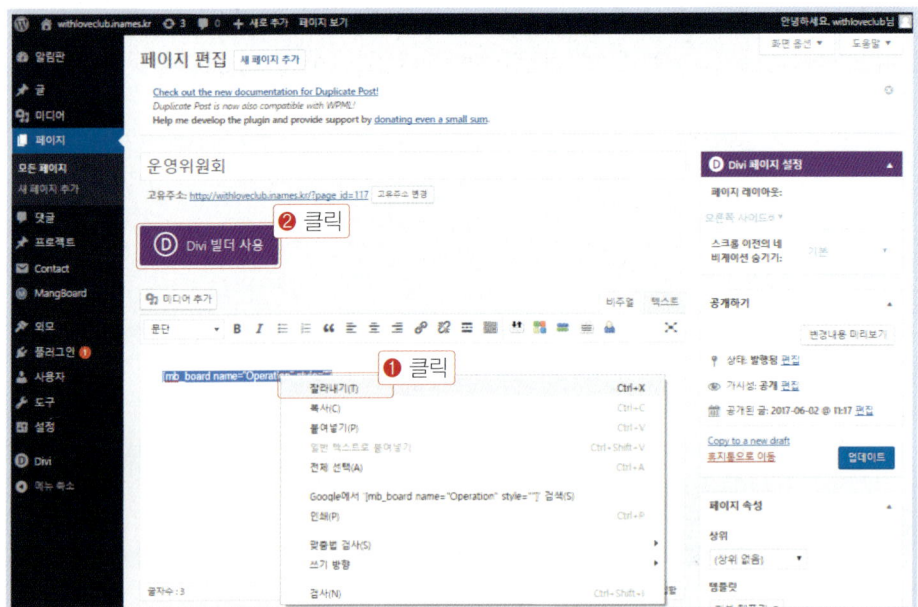

3 Divi 빌더 화면에서 [라이브러리에서 로딩] 버튼을 클릭합니다.

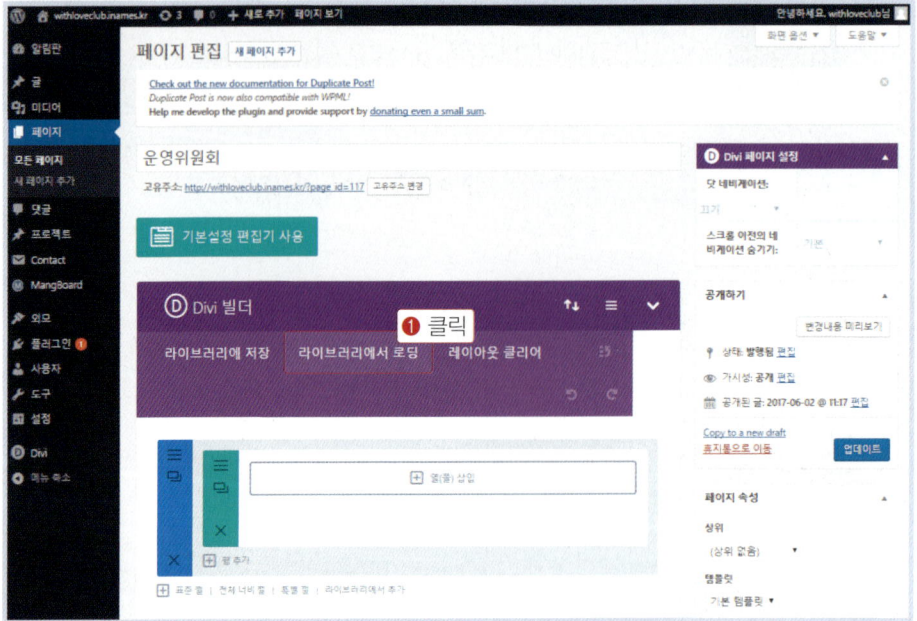

4 레이아웃 불러오기 화면에서 왼쪽 사이드바 페이지 항목의 [로드] 버튼을 클릭합니다.

5 내용 화면에서 사용하지 않는 모듈은 삭제합니다.

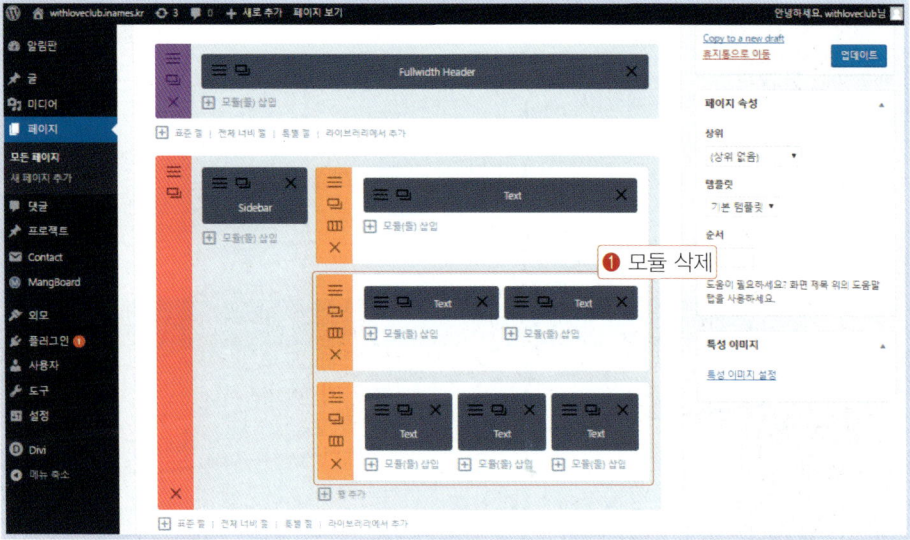

6 페이지의 Text의 [모듈 설정] 버튼을 클릭합니다.

7 텍스트 모듈 설정 화면에서 내용창의 기존 내용이 있는 경우 삭제하고 게시판 소스를 붙여넣기 합니다. [저장 및 나가기] 버튼을 클릭합니다.

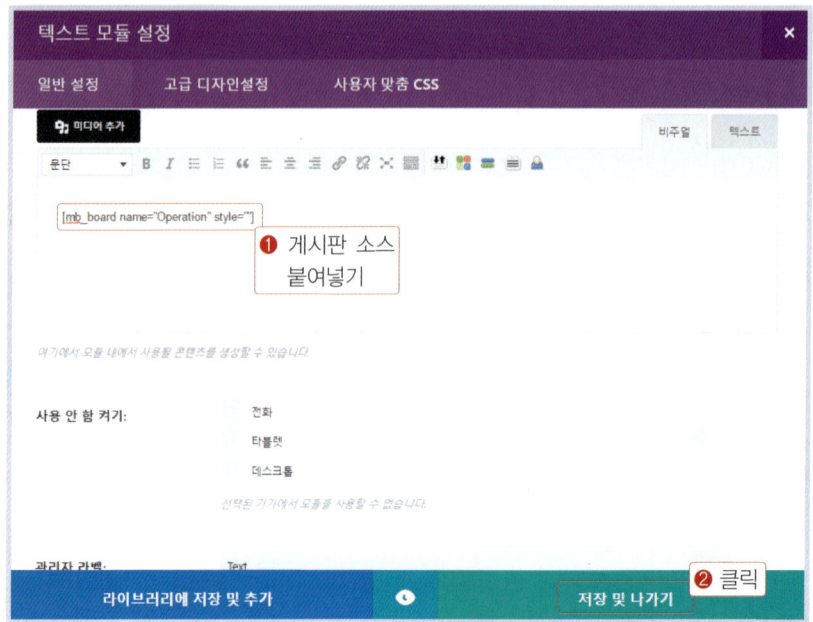

8 페이지 편집 화면에서 [업데이트] 버튼을 클릭하여 변경된 내용을 반영합니다. 결과를 확인하기 위해 [고유주소] 링크를 클릭합니다.

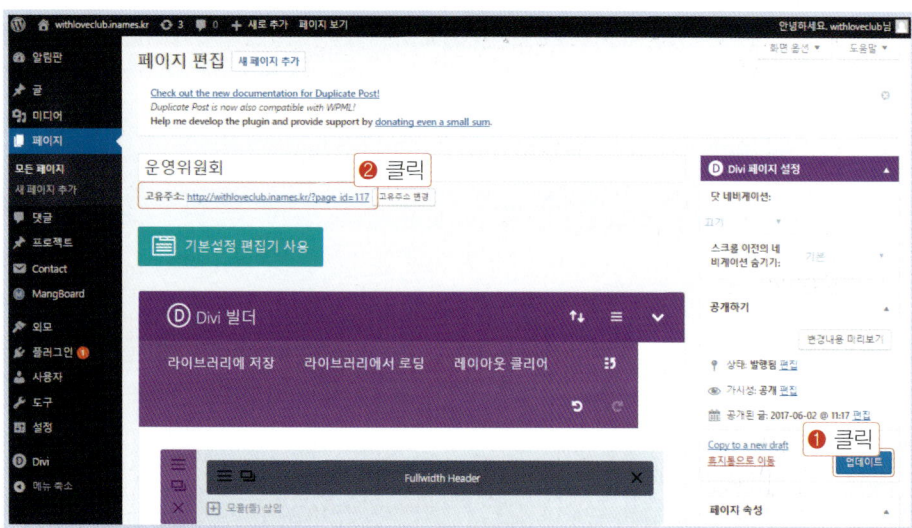

9 빌더에서 설정한 내용에 맞게 화면에 보이는 것을 볼 수 있습니다.

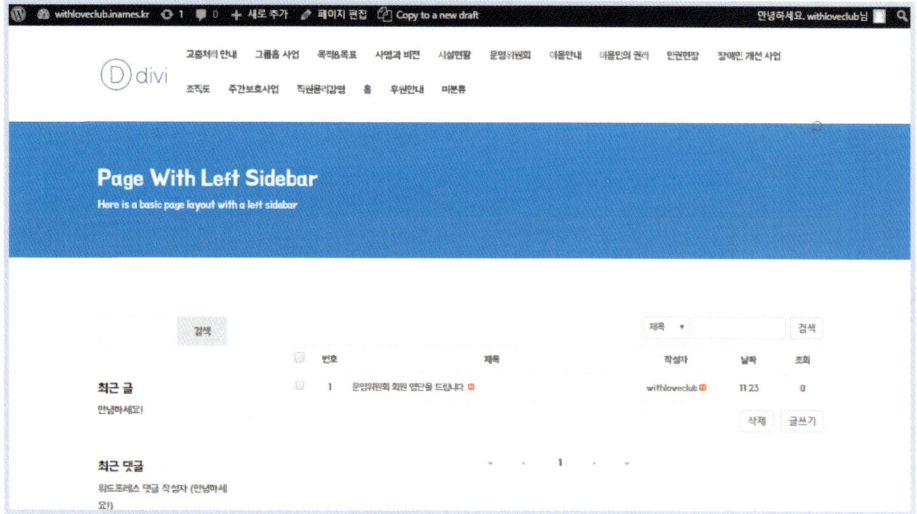

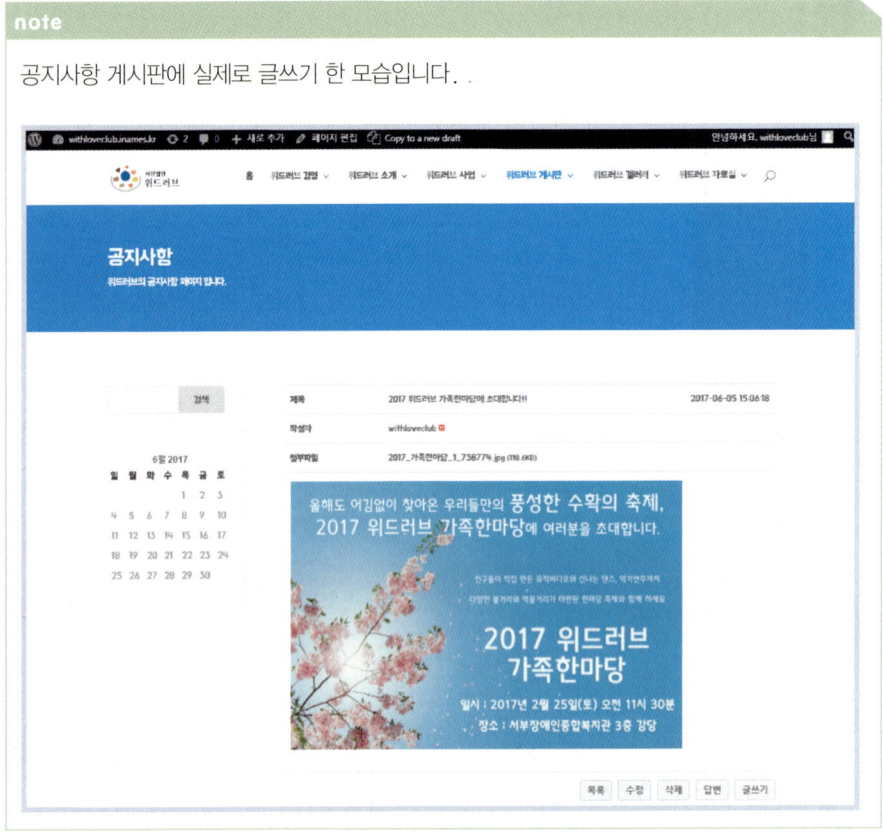

10 홈페이지에 갤러리 게시판 설치하기

앞에서는 홈페이지 자료실 게시판을 설치해 보았습니다. 이번에는 홈페이지에 앨범에 관한 메뉴가 있을 때 갤러리 게시판이 필요한데, 그럴 때는 어떻게 하는지 알아보겠습니다.

1. 워드프레스 관리자 화면에서 [MangBoard]-[게시판 관리] 메뉴를 클릭한 후에 [게시판 추가] 버튼을 클릭합니다.

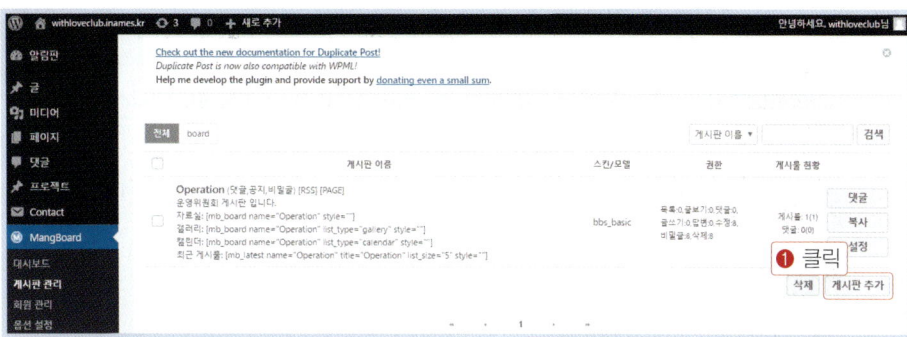

2. 게시판 설정은 앞에서 했던 것과 같습니다. 다음 그림에서처럼 게시판 이름과 게시판 설명을 입력합니다.

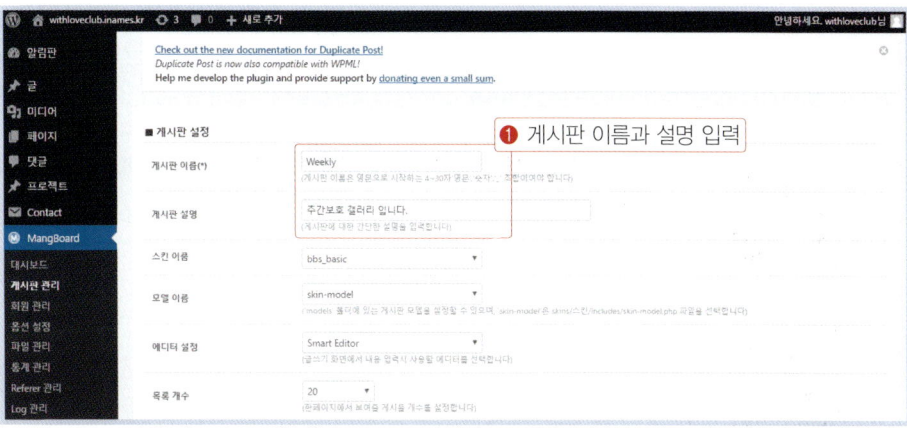

3. 게시판 추가 화면의 하단에 있는 [확인] 버튼을 클릭합니다.

4 생성된 'Weekly' 갤러리 페이지에서 갤러리에 해당하는 게시판 소스([mb_board name="Weekly" list_type="gallery" style=""])를 복사합니다.

5 워드프레스 관리자 페이지에서 [페이지]-[새 페이지 추가] 메뉴를 클릭한 후에 다음 그림처럼 제목을 입력하고 내용창에 앞서 복사한 갤러리 소스를 붙여넣기합니다. [공개하기] 버튼을 클릭하고 [고유주소] 링크를 클릭하여 결과를 확인합니다.

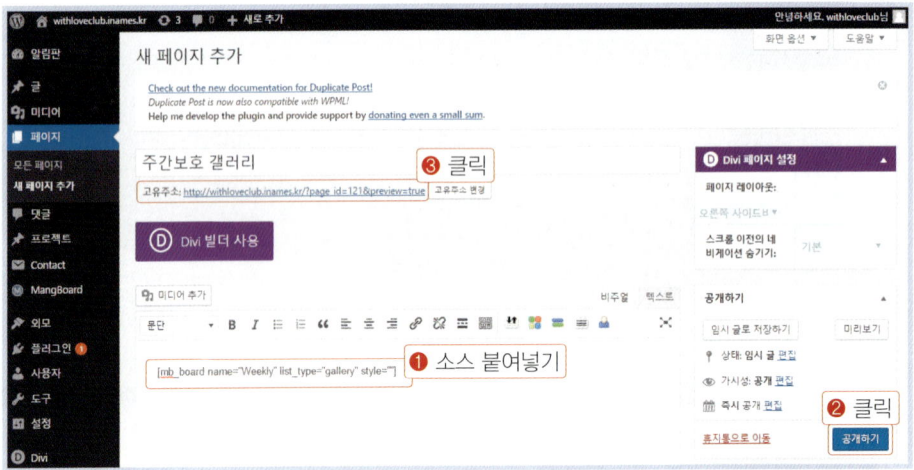

6 생성된 갤러리 게시판에서 [글쓰기] 버튼을 클릭하여 테스트합니다.

갤러리 게시판이 추가된 모습입니다. 글쓰기를 클릭하여 사진을 등록해 봅니다.

note

글쓰기 게시판에는 기본적인 글 외에도 두 개까지의 파일을 첨부할 수 있어 원하는 자료를 [파일 선택] 버튼을 통해 등록할 수 있습니다.

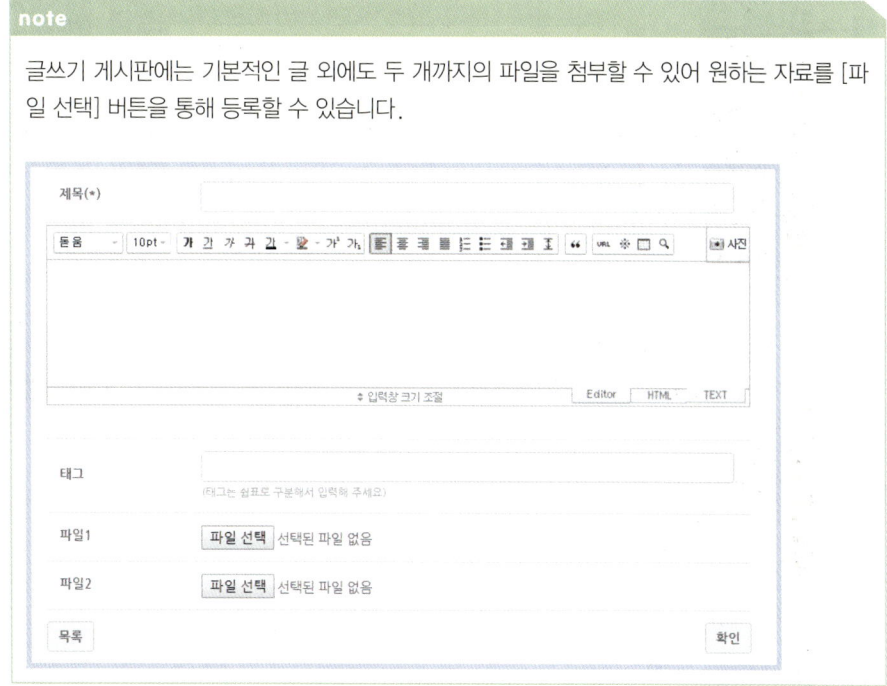

11 홈페이지에 캘린더 게시판 설치하기

캘린더 게시판은 회사의 행사나 홈페이지에 방문하는 사람들에게 날짜별로 공지해야 할 내용이 있을 때 캘린더 게시판을 주로 사용합니다. 캘린더 게시판을 생성하고 홈페이지에 어떻게 적용하는지 알아보겠습니다.

1 캘린더 게시판을 만들기 위해 워드프레스 관리자 화면에서 [MangBoard]-[게시판 관리] 메뉴를 클릭합니다. 이어서 MangBoard의 게시판 관리 화면에서 [게시판 추가] 버튼을 클릭합니다.

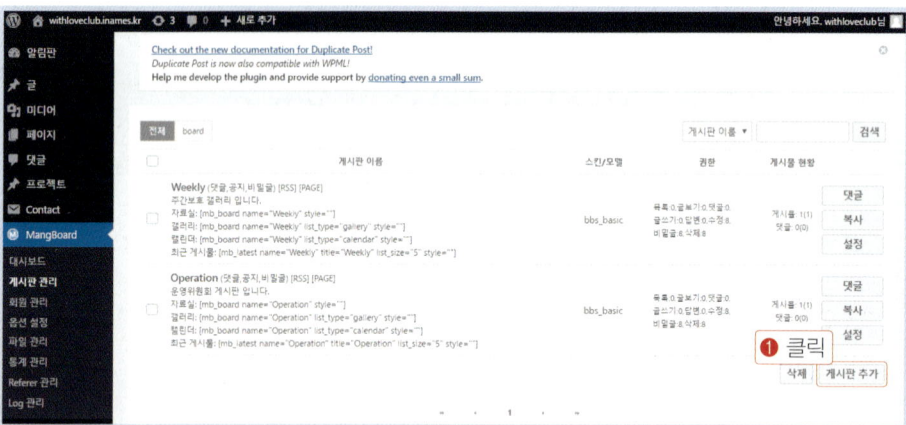

2 앞서 했던 것과 같은 방법으로 게시판 이름과 게시판 설명을 입력합니다.

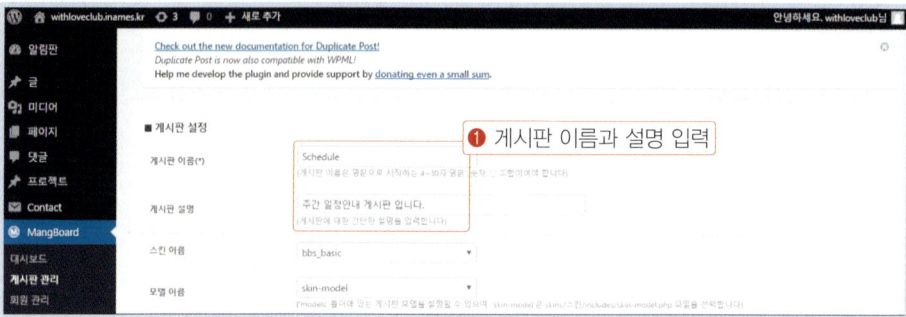

3 나머지 항목은 게시판의 기본 설정을 그대로 사용하고 하단에 있는 [확인] 버튼을 클릭합니다.

4 생성된 게시판 소스 중에 캘린더 소스([mb_board name="Schedule" list_type="calendar" style=""])를 복사합니다.

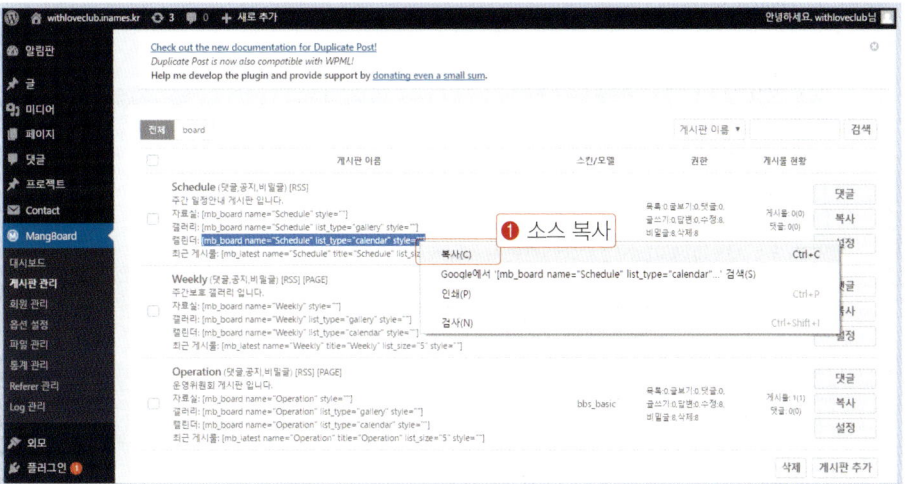

5 워드프레스 관리자 페이지에서 [페이지]-[새 페이지 추가] 메뉴를 선택합니다. 새 페이지 추가 화면에서 다음 그림과 같이 제목을 입력하고 내용에 캘린더 게시판 소스를 붙여넣기 합니다. [공개하기] 버튼을 클릭한 후에 [고유주소] 링크를 클릭하여 캘린더 게시판을 확인해 봅니다.

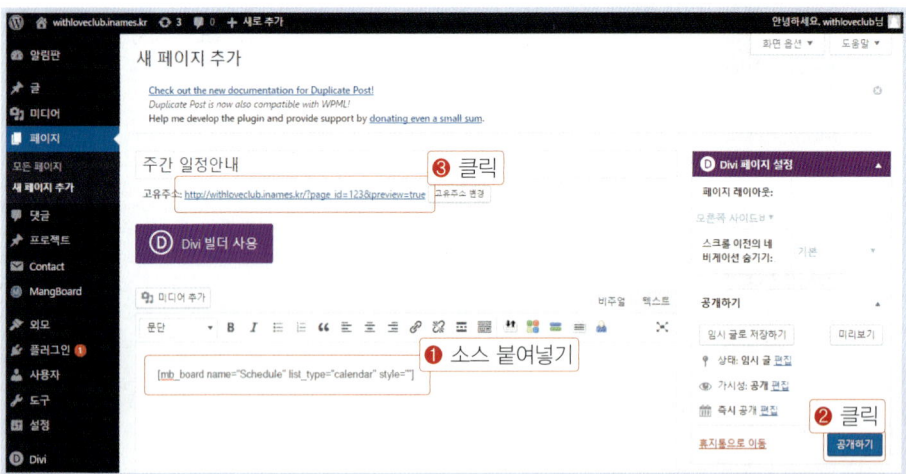

6 캘린더 게시판이 완성된 것을 볼 수 있습니다.

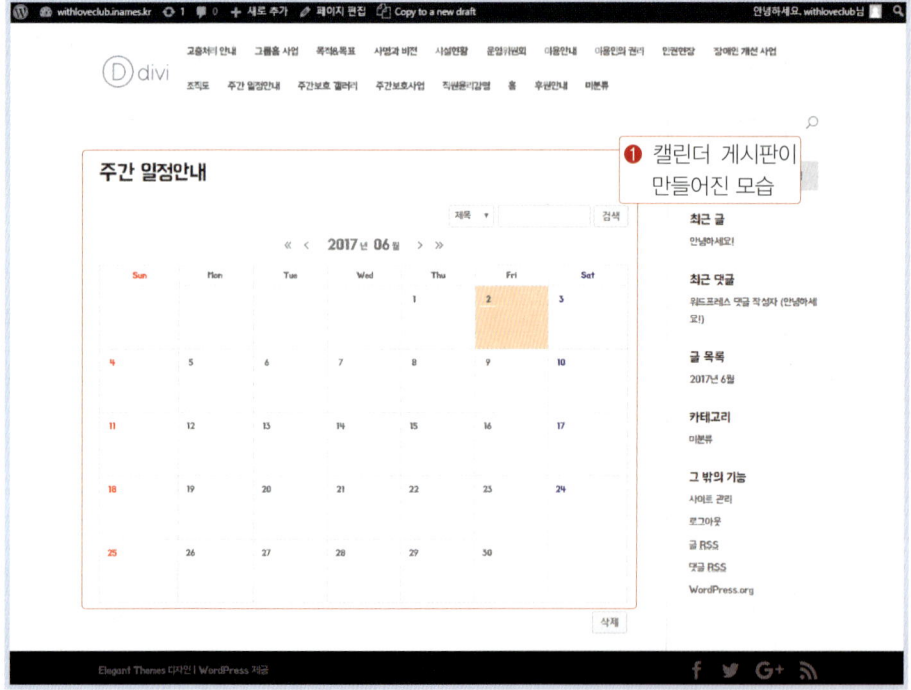

7 같은 방법으로 필요한 게시판을 만들고 페이지를 추가하여 게시판을 볼 수 있도록 합니다.

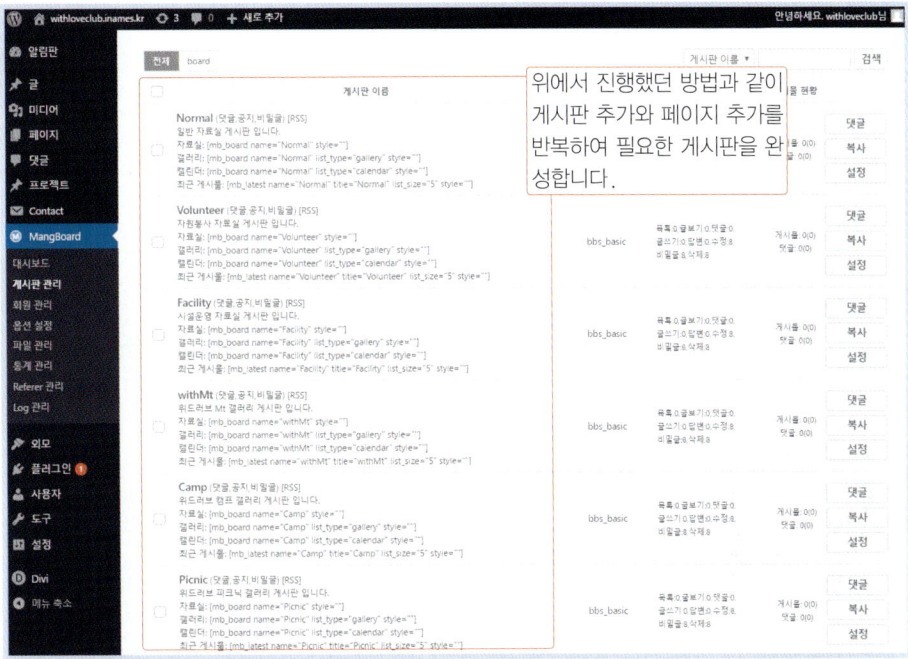

[각종 게시판을 추가한 모습]

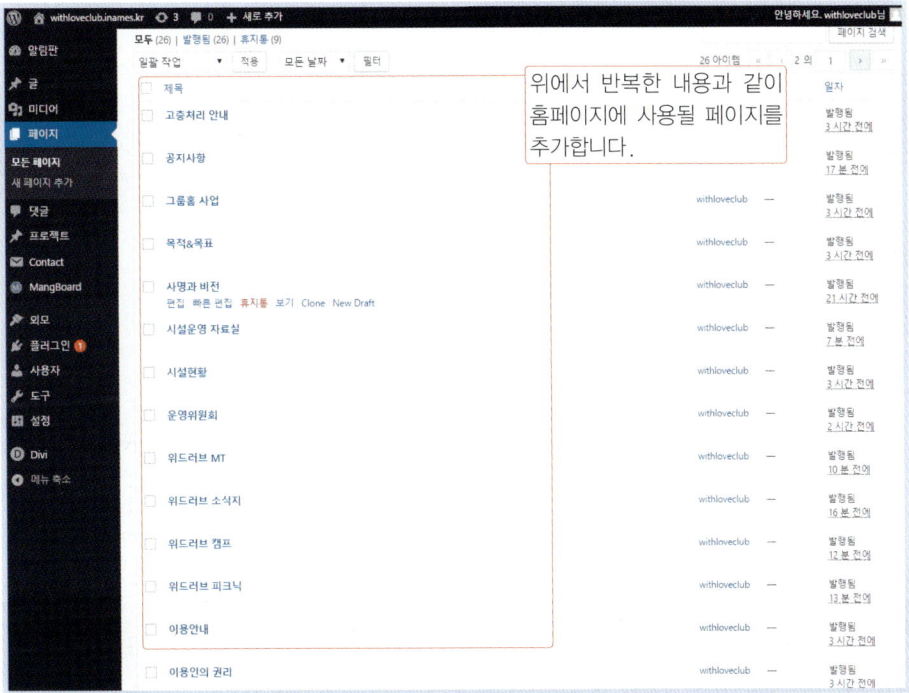

[게시판을 나타낼 페이지를 추가한 모습]

12 지도를 삽입한 회사 안내 페이지 만들기

구글 지도를 활용하여 회사 안내 페이지를 만들어 보겠습니다. 구글의 지도를 검색한 후에 소스를 복사하여 페이지에 적용하는 방법과 개인적으로 만든 안내 페이지를 함께 올리는 과정을 진행해 보겠습니다.

▌ 구글 지도 서비스(https://www.google.co.kr/maps)에 접속한 후에 주소를 입력하고 검색합니다. 검색 결과에서 [공유] 버튼을 클릭합니다.

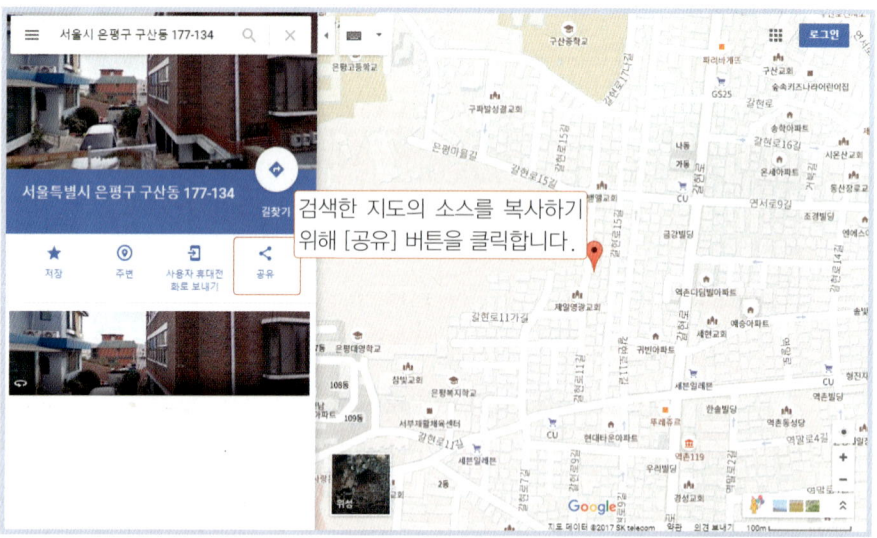

검색한 지도의 소스를 복사하기 위해 [공유] 버튼을 클릭합니다.

2 지도 공유 대화상자에서 [지도 퍼가기] 탭을 선택합니다. 중간 항목에 표시된 내용을 모두 선택하여 마우스 오른쪽 버튼을 클릭하여 표시되는 단축 메뉴에서 [복사]를 선택합니다.

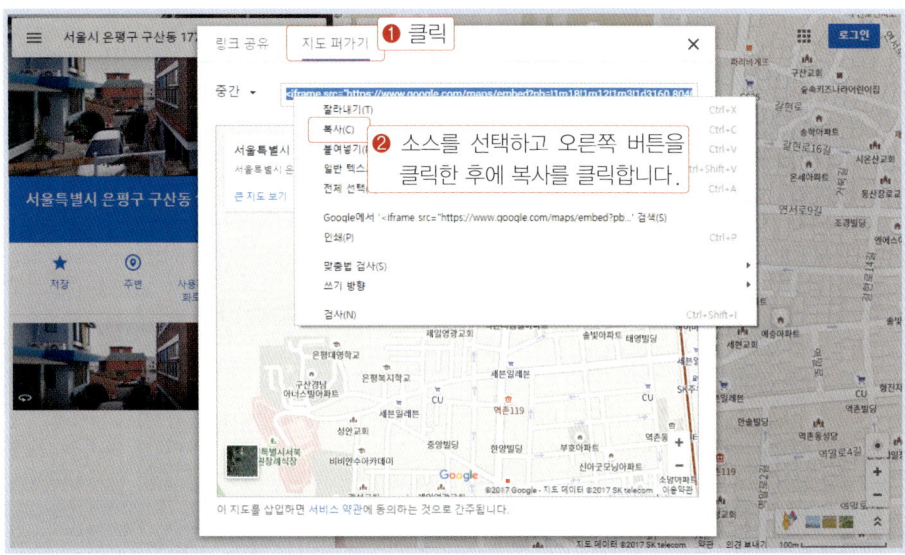

다음은 이 책의 예에서 복사된 내용입니다.

〈iframe src="https://www.google.com/maps/embed?pb=!1m18!1m12!1m3!1d3160.8042620778506!2d126.90714675159205!3d37.60676547969123!2m3!1f0!2f0!3f0!3m2!1i1024!2i768!4f13.1!3m3!1m2!1s0x357c99cceeea78ff%3A0x9b14cadc2f71c7bd!2z7ISc7Jq47Yq567OE7IucIOydgO2PieqlrCDqtazsgrDrj5kgMTc3LTEzNA!5e0!3m2!1sko!2skr!4v1496386276639" width="600" height="450" frameborder="0" style="border:0" allowfullscreen〉〈/iframe〉

3 워드프레스 관리자 화면에서 [페이지]-[새 페이지 추가] 메뉴를 클릭하여 페이지를 추가하고, 새 페이지 추가 화면에서 다음 그림과 같이 페이지 제목을 입력하고 내용 영역의 오른쪽 위에 있는 [텍스트] 탭을 선택하고 내용 영역에 앞서 복사한 내용을 붙여넣기합니다. 이어서 [공개하기] 버튼을 클릭하여 설정된 내용을 저장하고 [고유주소] 링크를 클릭하여 결과를 확인합니다.

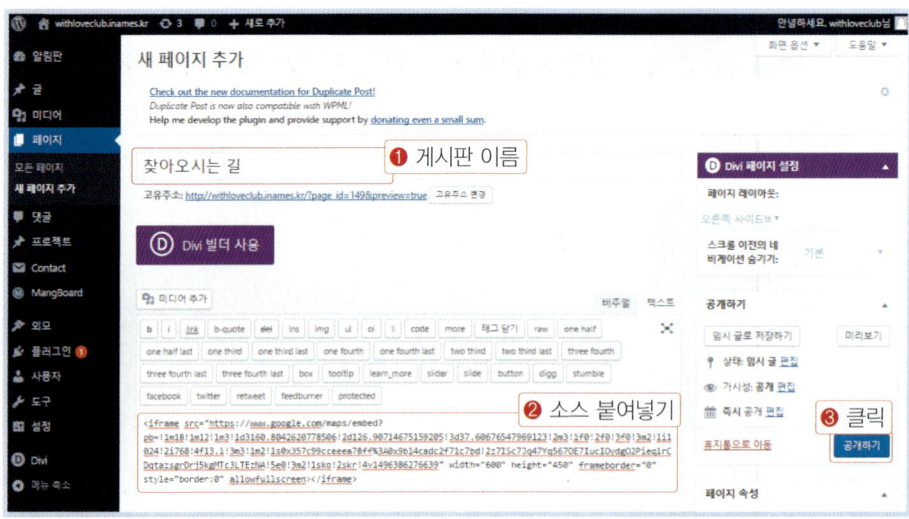

4 찾아오시는 길 페이지에 지도가 삽입된 것을 볼 수 있습니다.

5 워드프레스 관리자 페이지에서 [페이지]-[모든 페이지] 메뉴를 선택합니다. 표시되는 페이지 목록에서 '찾아오시는 길' 페이지 제목에 마우스 포인터를 올리면 표시되는 메뉴 링크에서 [편집] 링크를 선택합니다. 페이지 편집 창으로 이동한 후에 소스 코드의 오른쪽 위에 있는 [비주얼] 탭을 선택하면 지도가 표시되는 것을 볼 수 있습니다. 추가적인 내용을 '찾아오시는 길' 페이지에 추가하기 위해 내용 영역의 왼쪽 위에 있는 [미디어 추가] 버튼을 클릭합니다.

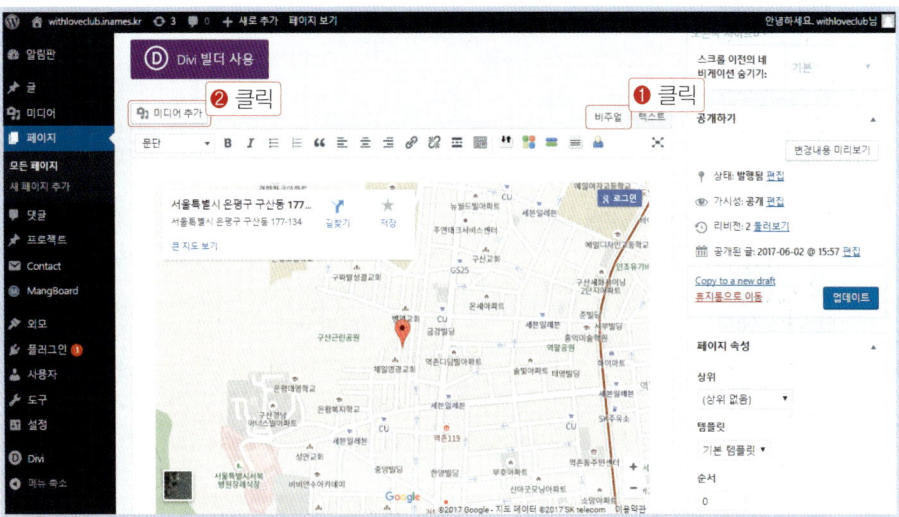

6 미디어 삽입 화면에서 [미디어 라이브러리] 탭을 선택하고 약도 이미지를 선택하고 오른쪽 아래에 있는 [페이지에 삽입하기] 버튼을 클릭합니다.

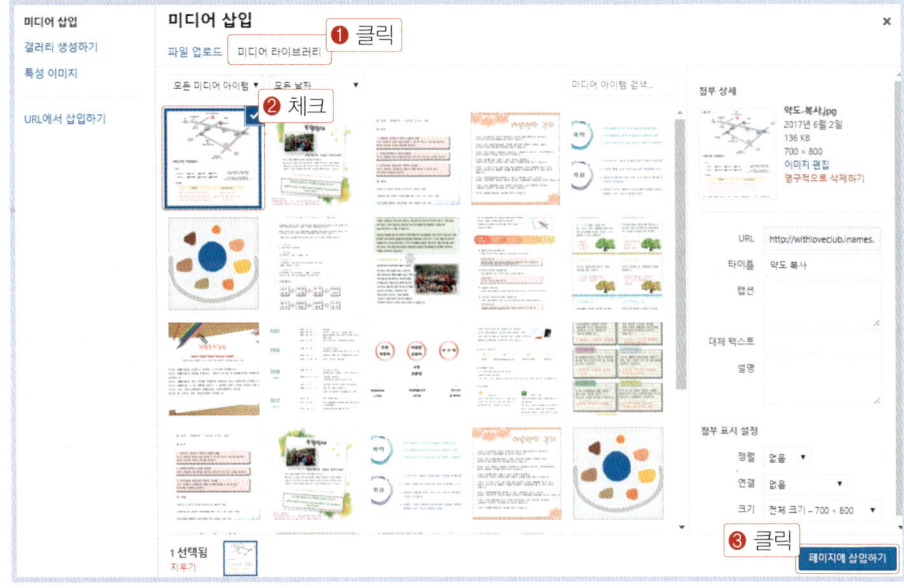

7 '찾아오시는 길' 페이지에 약도 이미지가 추가된 것을 확인하고 [업데이트] 버튼을 클릭한 후 [고유주소] 링크를 클릭하여 결과를 확인합니다.

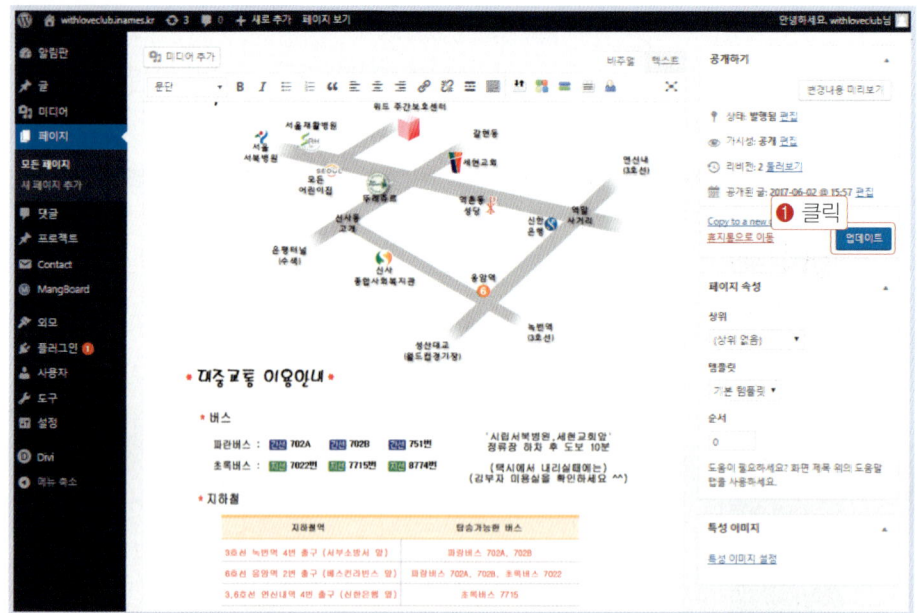

note

이미지를 등록할 때 커서의 위치에 따라 이미지가 현재 내용의 위 또는 아래에 나올 수 있습니다. 커서의 위치를 잘 살펴 이미지를 추가해야 합니다.

8 '찾아오시는 길' 페이지가 완성된 것을 볼 수 있습니다.

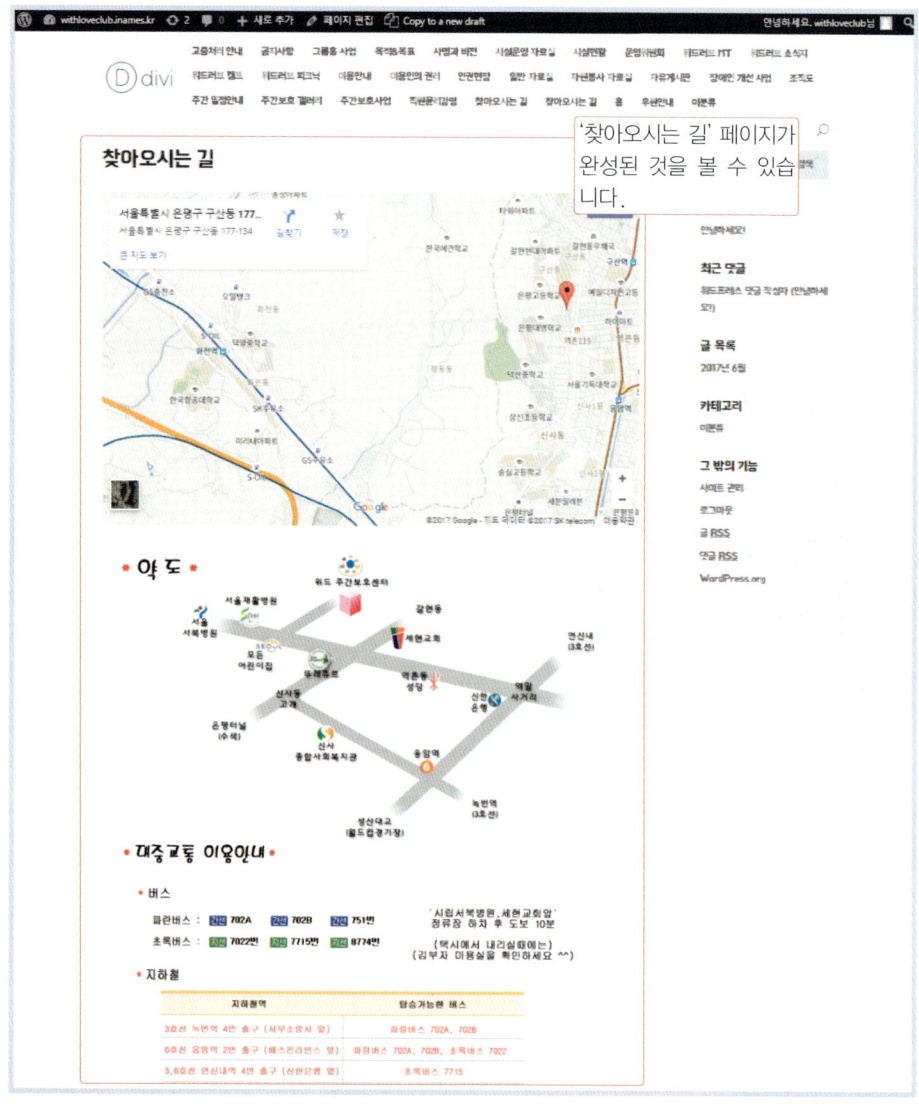

[기본 레이아웃 지도와 약도 이미지를 적용한 모습]

[현재 만들고 있는 홈페이지에 적용한 모습]

13 이메일 문의 페이지 만들기

홈페이지에 방문한 사람들이 회사에 문의 사항이 있을 때 손쉽게 페이지에서 메일을 작성하여 접수하는 방법이 있습니다. 앞에서 설치한 "Contact Form 7" 플러그인을 활용하여 만들 수 있습니다.

> 워드프레스 관리자 화면에서 [Contact] 메뉴를 클릭하고, Contact Forms 화면에서 [Add New] 버튼을 클릭하여 새로운 폼을 만듭니다.

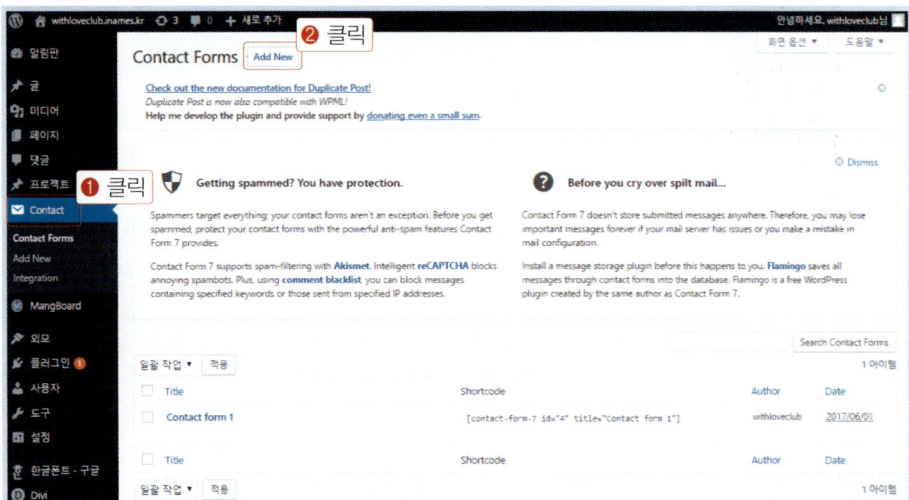

2 새로운 폼을 만들 수 있는 창이 표시됩니다. 기본적으로는 페이지가 다 만들어져 있습니다. [Form] 탭을 선택하고, 영문으로 되어 있는 부분만 한글로 변경합니다.

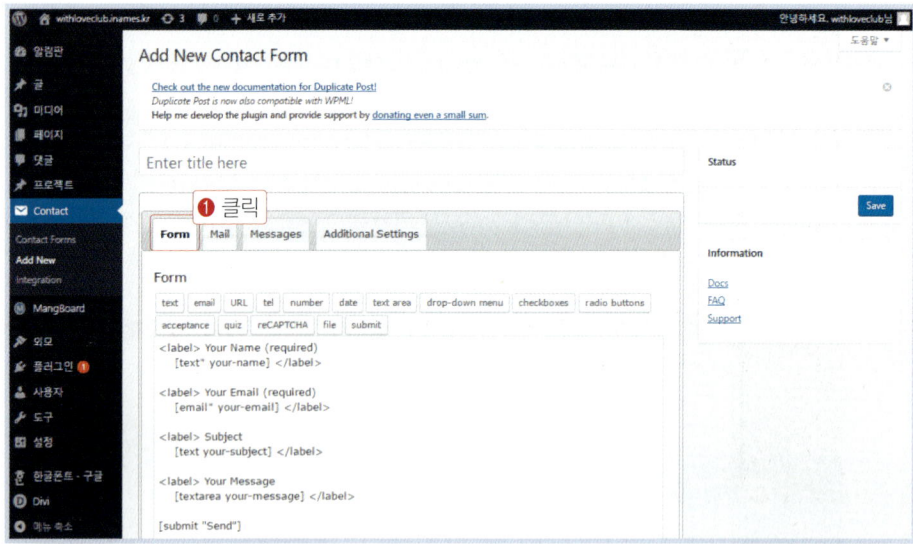

[기본 제공 폼]

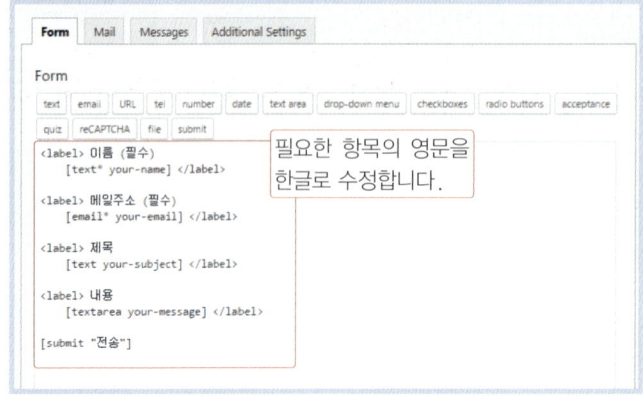

[항목을 한글로 변경한 모습]

3 한글로 수정한 후에 [Save] 버튼을 클릭합니다.

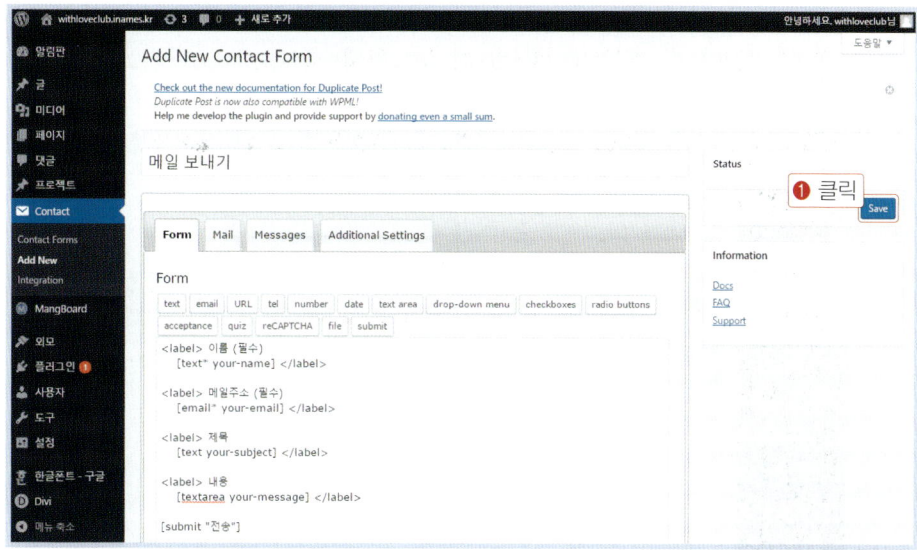

4 '메일 보내기' 페이지가 정상적으로 등록되었는지 확인하기 위해 워드프레스 관리자 화면에서 [Contact] 메뉴를 클릭합니다. 폼 목록에서 '메일 보내기' 항목의 단축 코드 (Shortcode : [contact-form-7 id="94" title="메일 보내기"])를 소스 코드를 복사합니다.

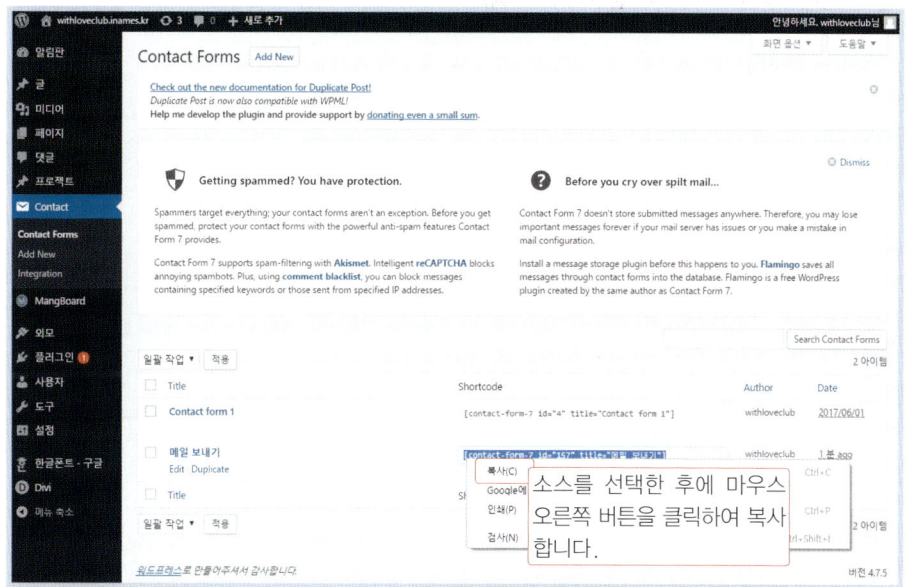

[메일 보내기 폼의 소스 코드 복사]

5 워드프레스 관리자 페이지에서 [페이지]-[새 페이지 추가] 메뉴를 선택하여 표시되는 내용에서 다음 그림처럼 제목을 입력하고 내용 영역에 [Contact] 메뉴에서 복사한 단축 코드(Shortcode : [contact-form-7 id="94" title="메일 보내기"])를 붙여넣기합니다. [공개하기] 버튼을 클릭한 후에 [고유주소] 링크를 클릭하여 결과를 확인합니다.

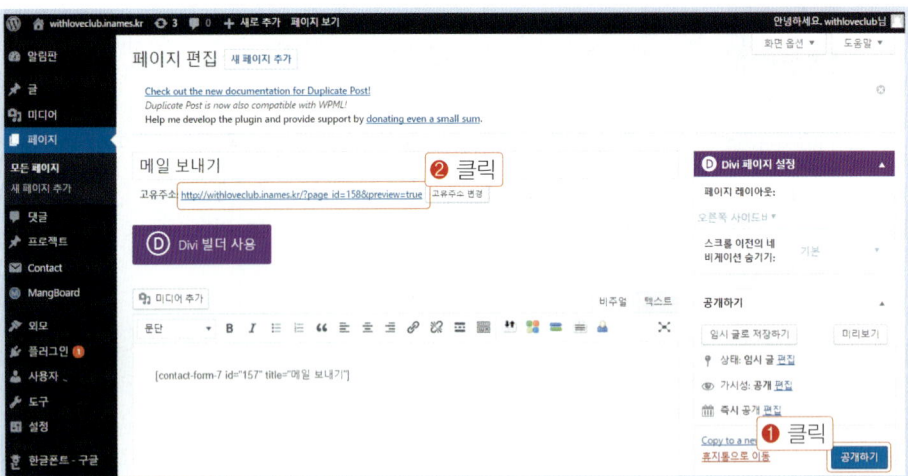

6 메일 보내기 폼이 만들어진 것을 볼 수 있습니다.

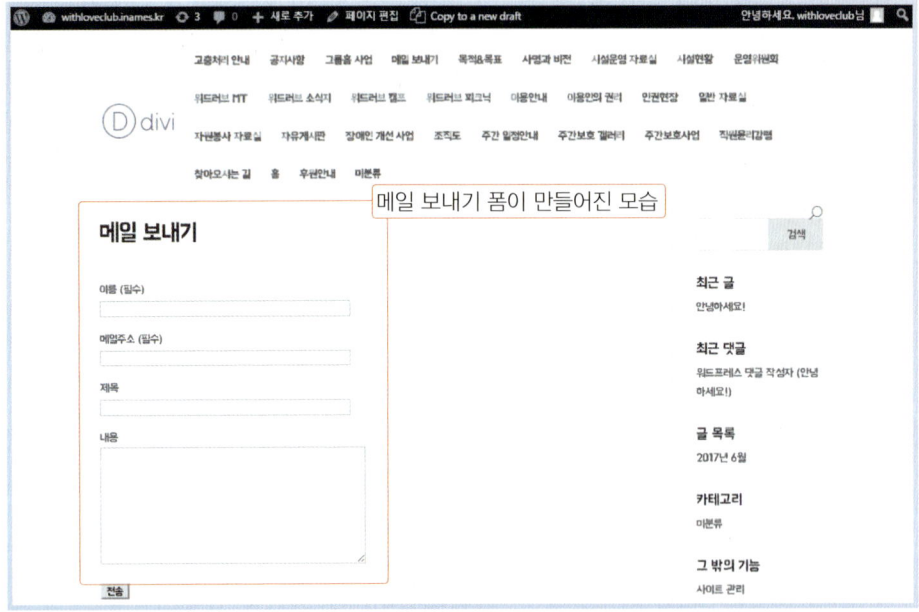

[기본 레이아웃에 메일 보내기 폼을 추가한 모습]

7 사용자 페이지에서 결과를 확인해 봅니다.

[사용자 페이지에서 메일 보내기 폼을 추가한 결과]

> **note**
>
> 앞에서 워드프레스를 만들기 위한 필요한 대부분의 페이지 유형은 모두 해보았습니다. 필요한 페이지를 추가 또는 삭제하며 페이지를 구성하는 시간이 필요합니다. 그리고 다음으로 이어지는 내용은 메인 화면에 콘텐츠를 정리하는 내용입니다. 메인 화면에 내용이 채워지면 무엇인가 만들어진 것 같은 느낌을 받게 될 것입니다.

14 홈페이지에 로고 등록하기

회사를 대표하는 로고 이미지를 등록해 보겠습니다. 로고 이미지를 준비하고, 책의 진행은 미디어 라이브러리에 등록된 로고 이미지를 불러오는 방식으로 진행합니다.

1 워드프레스 관리자 페이지에서 [Divi]-[테마 옵션] 메뉴를 클릭하고 로고 항목에서 [업로드] 버튼을 클릭합니다.

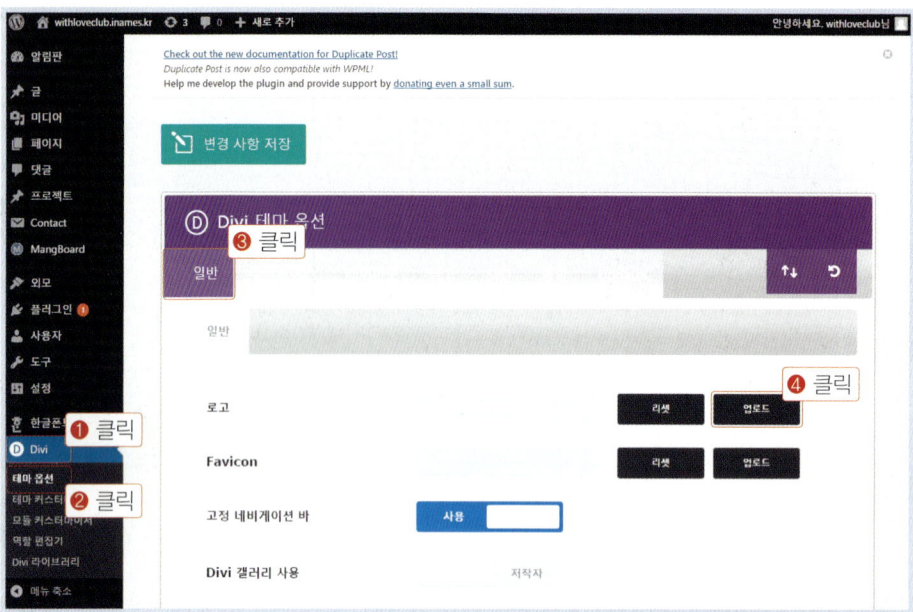

2 업로드할 로고 이미지를 선택하고 [로고로 설정하기] 버튼을 클릭합니다.

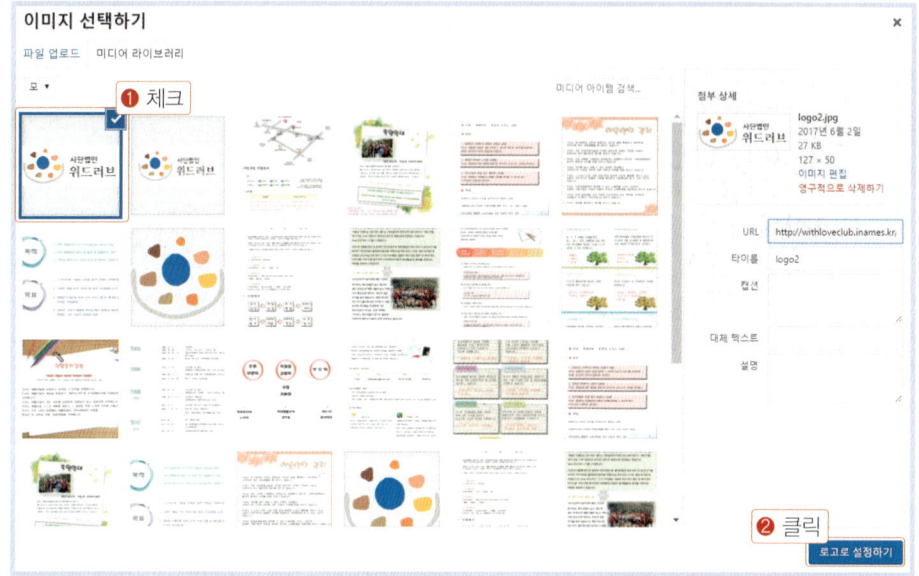

3 로고 이미지의 주소가 설정된 것을 확인하고, 설정 화면의 상단에 있는 [변경 사항 저장] 버튼을 클릭합니다.

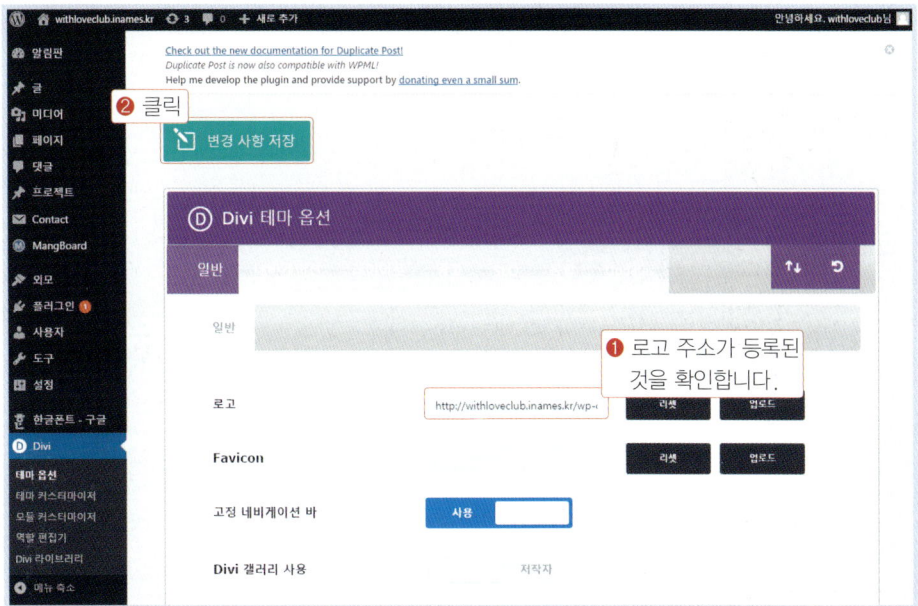

4 사용자 페이지를 확인해 보면 로고 이미지가 변경된 것을 볼 수 있습니다.

> **note**
> 서브 메뉴의 위치는 페이지 설정 화면에서 페이지 레이아웃 항목이 있습니다. 오른쪽, 왼쪽, 전체 너비 중에 선택할 수 있습니다.

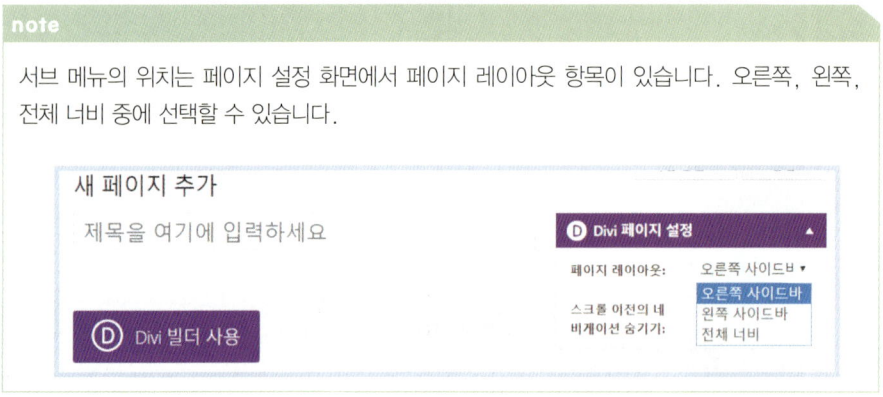

15 홈페이지 메뉴 구성하기

홈페이지 메뉴 구성을 대분류와 중분류로 구성하려고 합니다. 예를 들어 위드러브 사업 메뉴의 경우 대분류는 '위드러브 사업'이 되고 중분류는 '주간보호사업', '그룹홈 사업', '장애인 개선 사업'이 됩니다. 이렇게 메뉴를 구성할 때 대분류에 해당하는 '위드러브 사업' 메뉴를 클릭할 때 표시되는 페이지는 중분류의 첫 번째에 있는 '주간보호사업' 페이지가 나오게 됩니다. 그래서 '위드러브' 사업 메뉴를 등록할 때 사용자 정의 링크 기능을 활용하여 중분류의 첫 번째에 있는 '주간보호사업' 주소로 링크를 연결하게 됩니다.

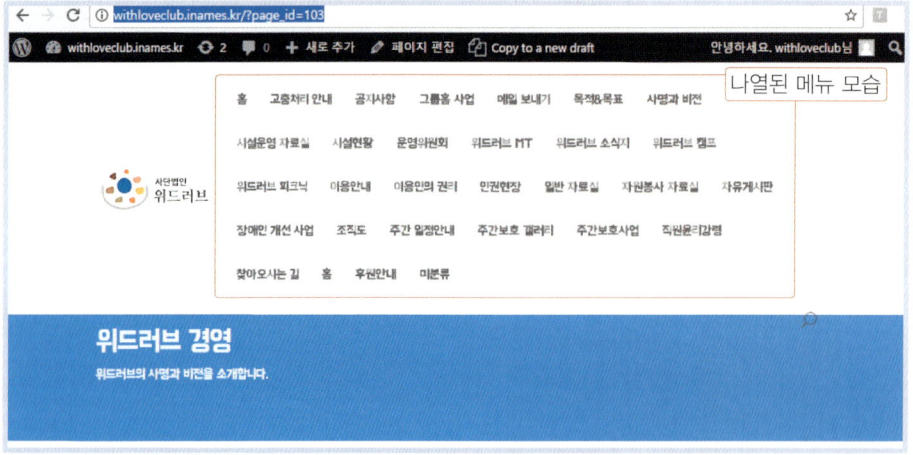

[현재 나열된 메뉴 모습]

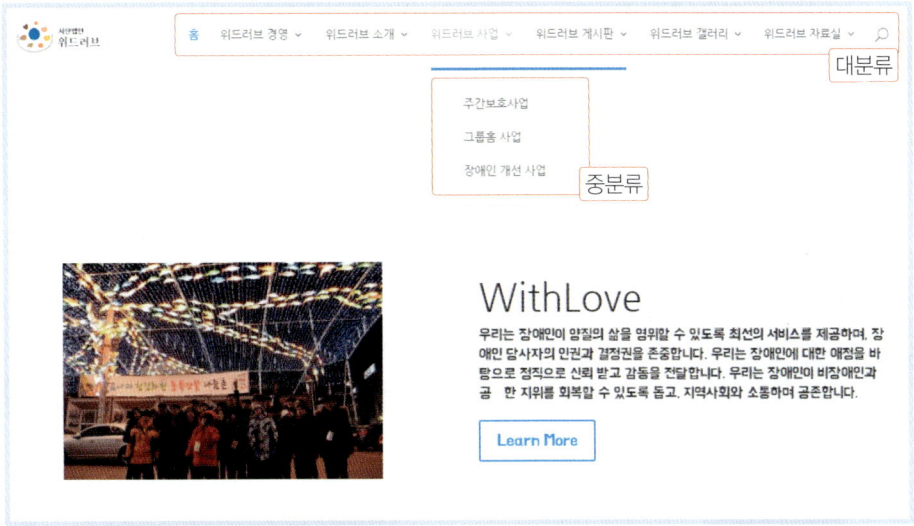

[대분류와 중분류로 메뉴를 구성한 모습]

다음과 같이 홈페이지의 대분류 메뉴가 링크될 페이지 이름과 주소를 정리하면 앞으로 이어질 내용을 쉽게 할 수 있습니다.

대분류	링크 페이지
위드러브 경영	사명과 비전 페이지 : http://withloveclub.inames.kr/?page_id=80
위드러브 소개	목적 & 목표 페이지 : http://withloveclub.inames.kr/?page_id=103
위드러브 사업	주간보호사업 페이지 : http://withloveclub.inames.kr/?page_id=111
위드러브 게시판	공지사항 : http://withloveclub.inames.kr/?page_id=125
위드러브 갤러리	주간보호 갤러리 : http://withloveclub.inames.kr/?page_id=121
위드러브 자료실	시설운영 자료실 : http://withloveclub.inames.kr/?page_id=140

> **note**
>
> 링크 페이지의 URL 주소는 사용자마다 다르게 만들어집니다. 자신이 실습하는 과정에서 실제 페이지 URL을 확인해야 합니다.

● 홈페이지 대분류 구성하기

1. 홈페이지의 대분류를 구성하기 위해 워드프레스 관리자 화면에서 [외모]-[메뉴] 메뉴를 클릭합니다.

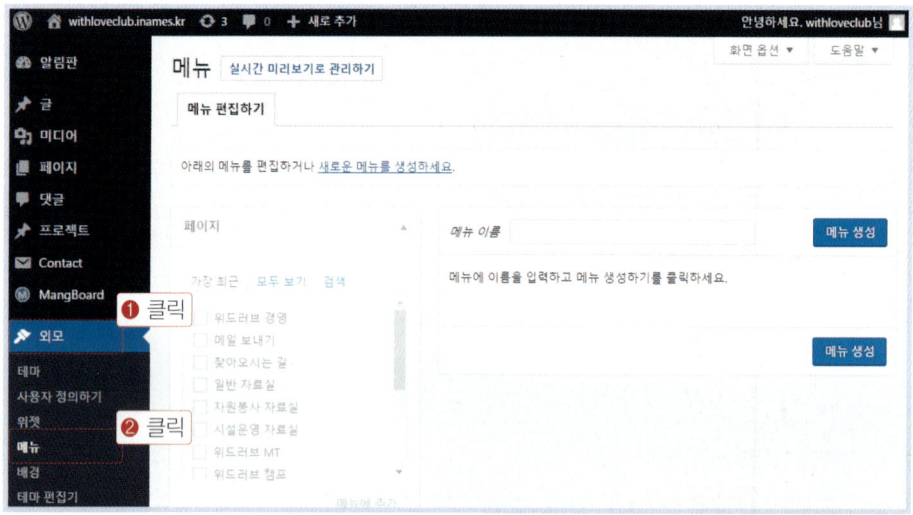

2. 메뉴 이름을 입력하고 [메뉴 생성] 버튼을 클릭합니다.

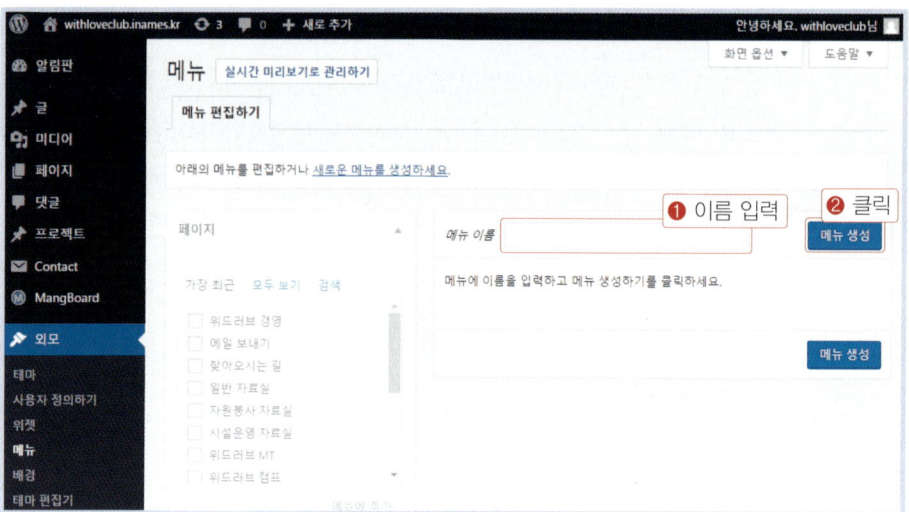

3 생성한 메뉴 이름과 페이지를 연결하기 위해 [사용자정의 링크] 항목을 클릭합니다. 표시되는 URL에 이동하려는 페이지의 주소를 입력하고 링크 텍스트에 메뉴 이름을 입력합니다. 모두 입력한 후에 [메뉴에 추가] 버튼을 클릭합니다.

[사용자정의 링크 설정]

> **note**
> 링크 페이지의 URL 주소는 사용자마다 다르게 표시됩니다. 자신이 실습하는 과정에서 실제 페이지 URL을 확인해야 합니다.

4 메뉴 구조 영역에 메뉴가 추가된 것을 볼 수 있습니다

5 다른 메뉴도 같은 방법으로 다음 표를 참고하여 등록합니다.

메뉴 이름	URL	링크 텍스트
위드러브 경영	http://withloveclub.inames.kr/?page_id=80	사명과 비전 페이지
위드러브 소개	http://withloveclub.inames.kr/?page_id=103	목적 & 목표 페이지
위드러브 사업	http://withloveclub.inames.kr/?page_id=111	주간보호사업 페이지
위드러브 게시판	http://withloveclub.inames.kr/?page_id=125	공지사항
위드러브 갤러리	http://withloveclub.inames.kr/?page_id=121	주간보호 갤러리
위드러브 자료실	http://withloveclub.inames.kr/?page_id=140	시설운영 자료실

note

링크 페이지의 URL 주소는 사용자마다 다르게 표시됩니다. 자신이 실습하는 과정에서 실제 페이지 URL을 확인해야 합니다.

6 대분류가 등록된 것을 확인합니다.

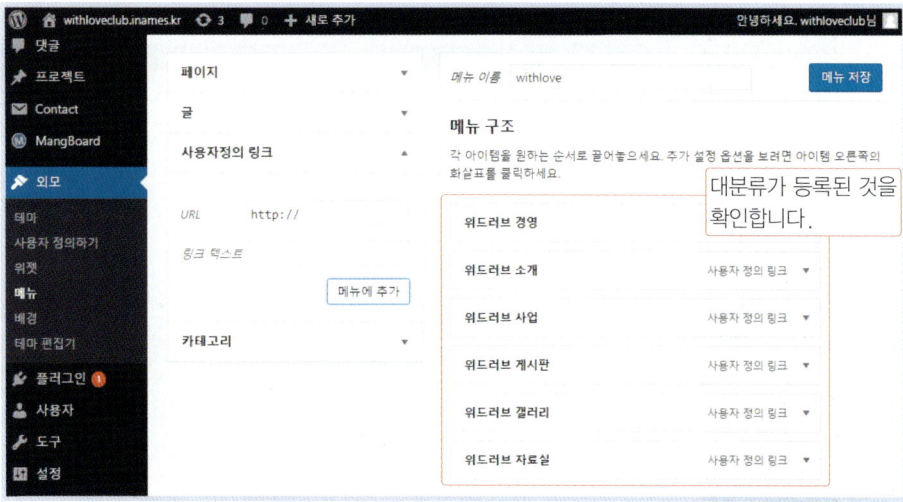

● 홈페이지 중분류 메뉴 구성하기

1 워드프레스 관리자 페이지에서 [외모]-[메뉴] 메뉴를 선택하여 페이지 영역에서 [모두 보기] 탭을 클릭합니다. 페이지 목록 하단에 표시되는 [모두 선택] 버튼을 클릭한 뒤에 [메뉴에 추가] 버튼을 클릭합니다.

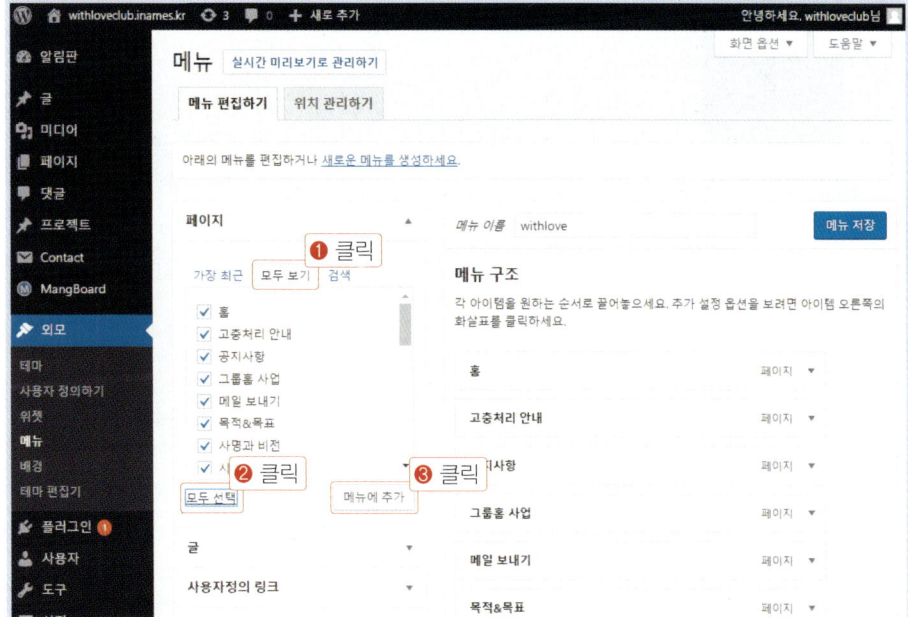

2 메뉴 구조 영역에 표시된 메뉴 항목을 마우스를 이용하여 드래그하면서 메뉴의 위치를 구성합니다.

3 메뉴 구성이 완료되었으면 [메뉴 저장] 버튼을 클릭합니다.

● 사용자 정의 설정으로 상단 메뉴 구성하기

1 워드프레스 관리자 페이지에서 [외모]-[사용자 정의하기] 메뉴를 클릭합니다. 사용자 정의 페이지는 다양한 내용을 사용자가 옵션을 통해 원하는 형태로 변경할 수 있는 페이지입니다. 이번에는 사용자 정의 페이지를 통해 기본 메뉴를 지정하는 내용을 하려고 합니다.

2 사용자 정의 설정 페이지에서 [메뉴] 항목을 클릭합니다.

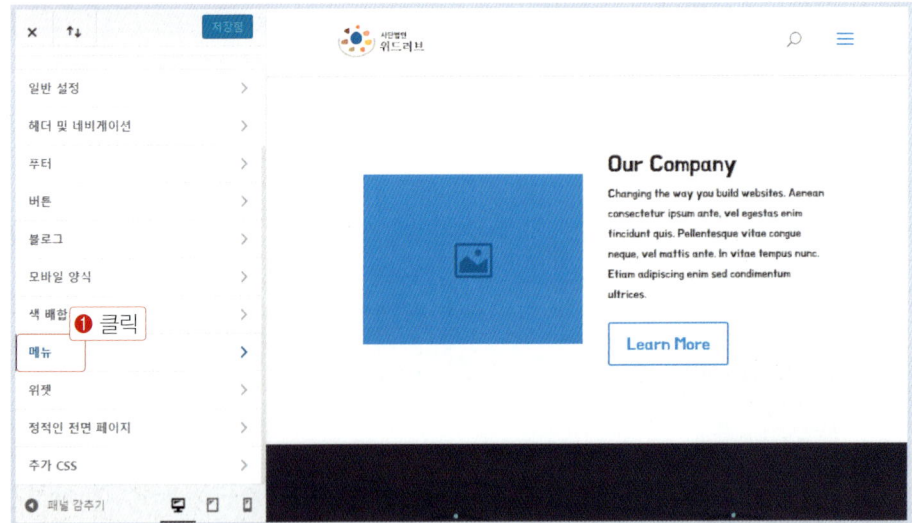

3 [메뉴 위치] 메뉴를 클릭합니다.

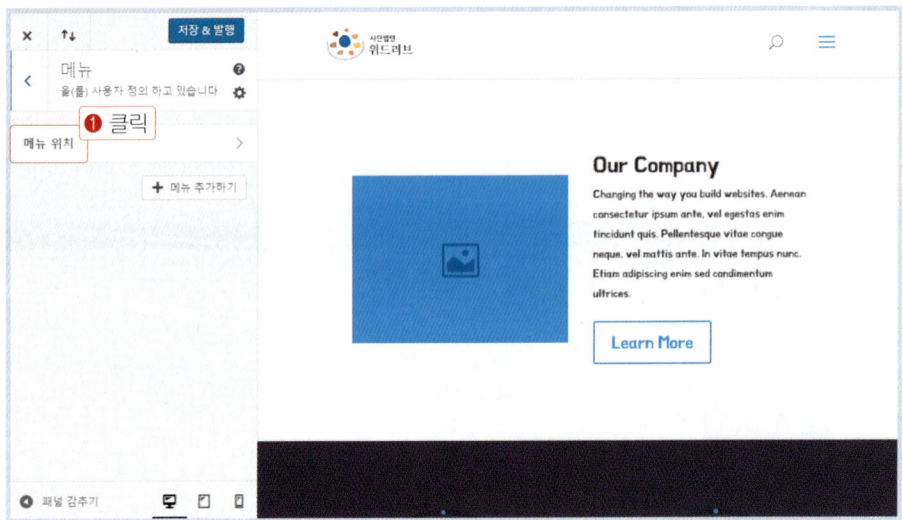

4 메뉴 위치 설정의 기본 메뉴 항목에서는 목록 버튼을 확장하여 앞에서 만든 'withlove' 메뉴를 클릭합니다. 상단에 있는 [저장 & 발행] 버튼을 클릭합니다.

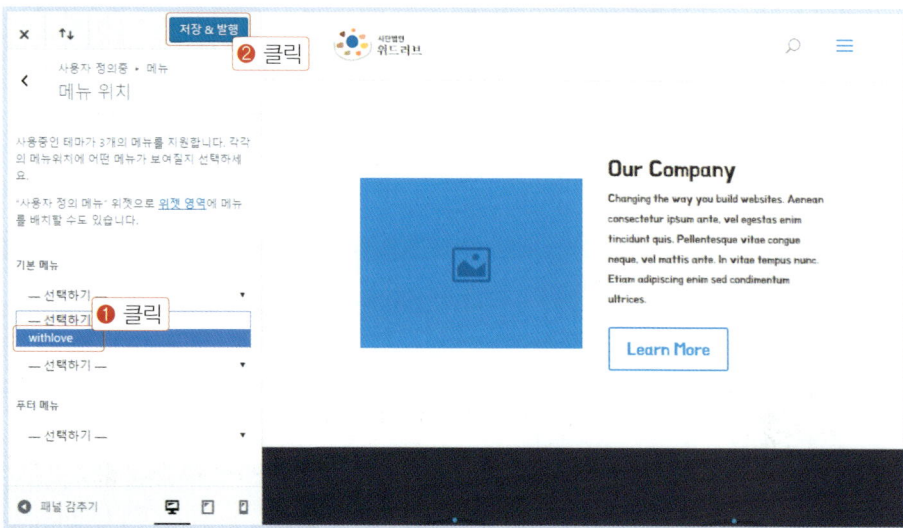

5 홈페이지에 접속해서 확인해 보면 상단 메뉴가 변경된 것을 볼 수 있습니다.

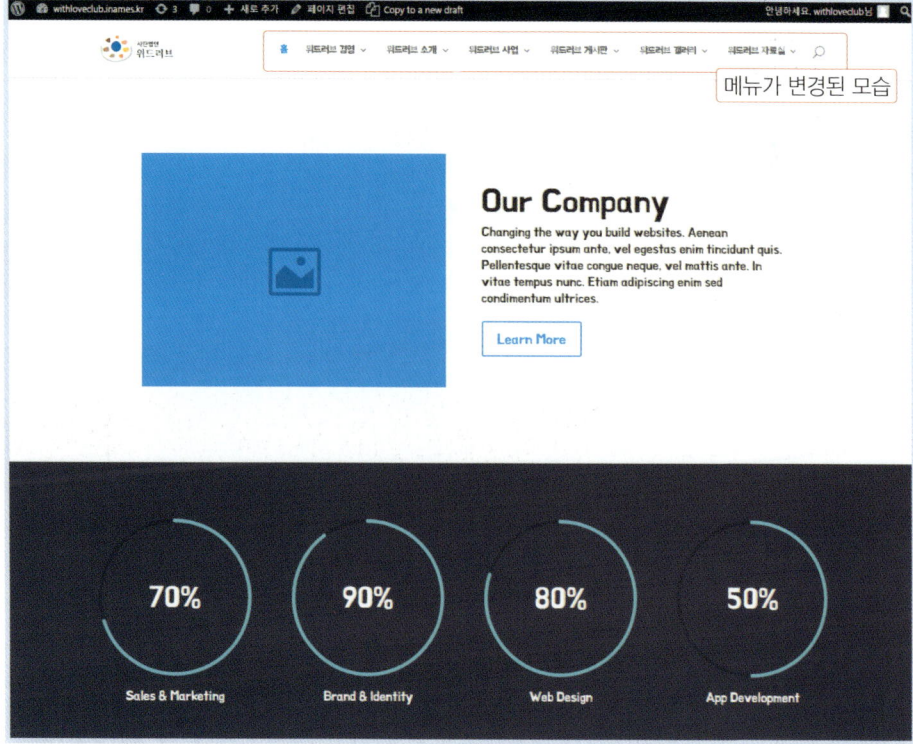

16 폰트 적용하기

앞에서 설치한 "Hangul font nanumgothic – google" 플러그인을 활용하여 홈페이지의 메뉴의 폰트를 변경해 보겠습니다.

ℹ️ 워드프레스 관리 페이지에서 [한글폰트 – 구글] 메뉴를 클릭합니다.

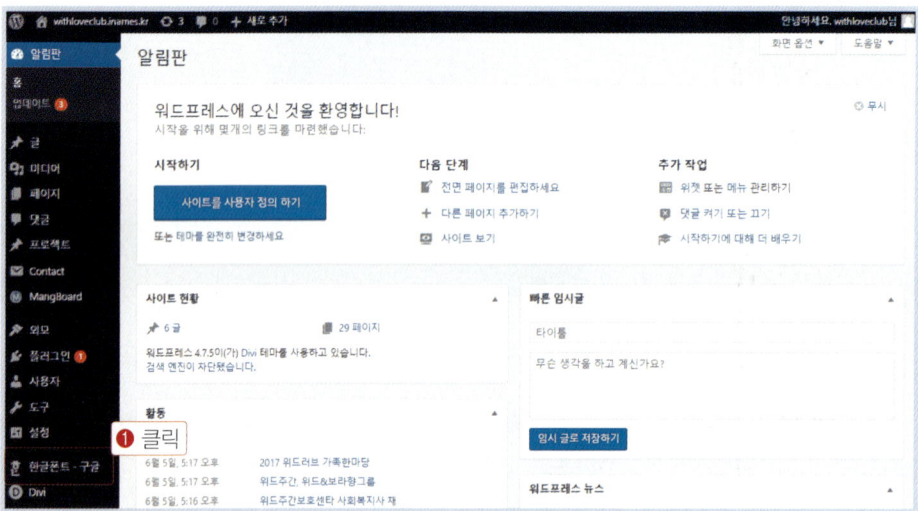

> **note**
> 워드프레스 관리자 페이지에 '한글폰트–구글' 메뉴가 없다면 플러그인 설치 과정에서 'Hangul font nanumgothic – google' 플러그인이 빠져 있기 때문입니다. 플러그인 설치 챕터에서 폰트 설치를 진행해보기 바랍니다.

2 폰트 설정 활성화 항목에서 [활성]에 체크한 후에 화면 아래에서 [변경 사항 저장] 버튼을 클릭합니다.

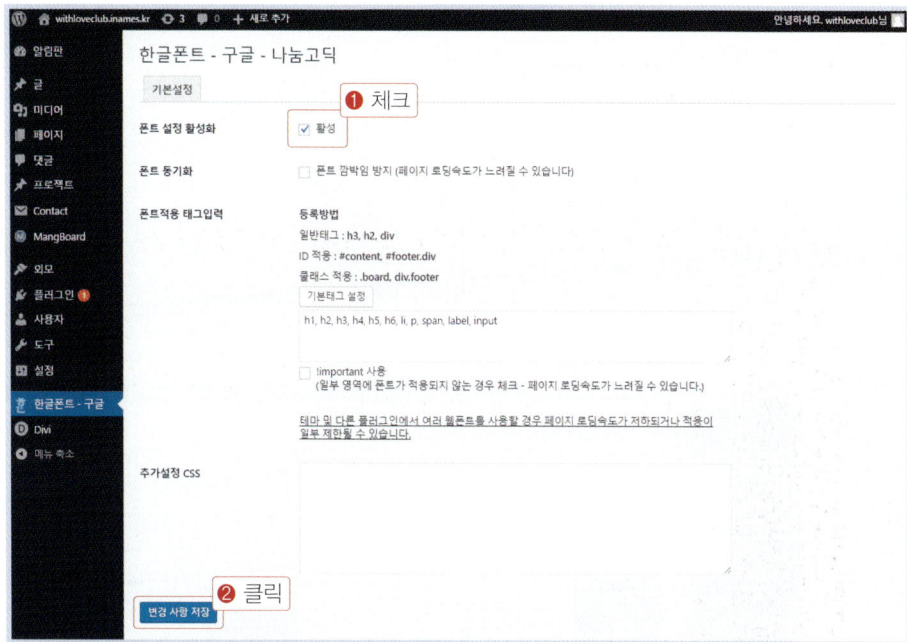

3 홈페이지에 접속하여 확인해 보면 메뉴의 폰트가 변경된 것을 볼 수 있습니다.

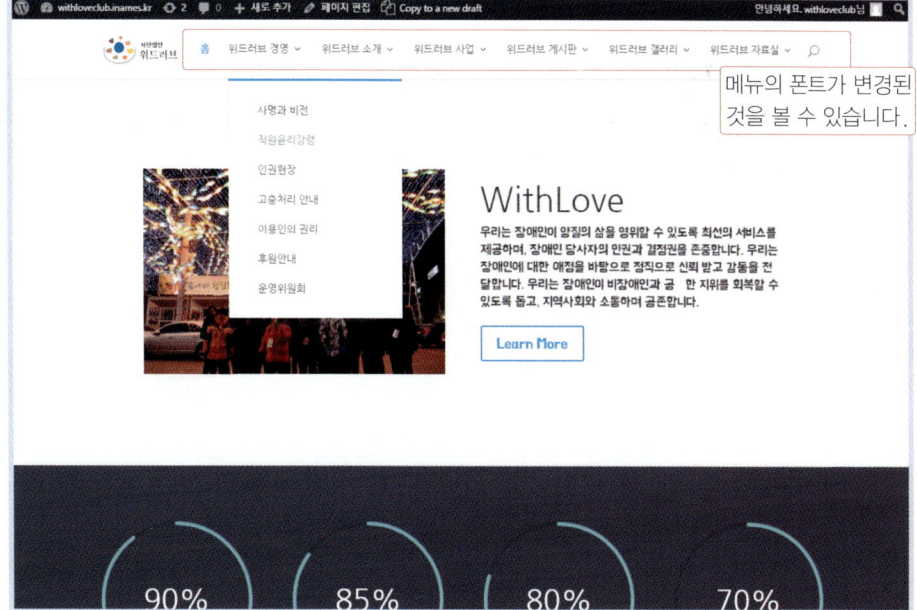

> **note**
>
> 한글 폰트를 제공해 주는 플러그인 중에 'Rocket Font' 플러그인도 설치하여 사용해 보세요. CSS(Cascading Style Sheets)를 잘 다루지 못하는 경우를 위해 많이 단순하게 되어 있습니다. 플러그인을 설치한 뒤에 워드프레스 관리자 페이지에서 [설정]-[로켓 폰트] 메뉴에서 사용하고 싶은 폰트를 선택하고 저장하면 설정된 폰트를 바로 사용할 수 있습니다. 조금 더 세세한 조정을 위해서는 워드프레스 관리자 페이지에서 [설정]-[로켓 폰트]-[각 태그별 크기 및 글 간격 설정] 혹은 [(고급)class 및 id로 설정] 탭에서 조절할 수 있습니다.
>
> 사용할 수 있는 한글 폰트 종류는 한나, 제주 고딕, 제주 한라산, 제주 명조, KoPub 바탕, 나눔 고딕, 나눔 바른 고딕 light, 나눔 바른 고딕 ultra light, 나눔 붓글씨, 나눔 고딕 코딩, 나눔 명조, 나눔 펜글씨, 나눔 스퀘어(웹용 저용량 버전), 나눔 바른 고딕 웹(웹에서 사용하는 저용량 버전), 노토 산스, 스포카 한 산스, 나눔 고딕 등의 폰트를 사용할 수 있습니다.

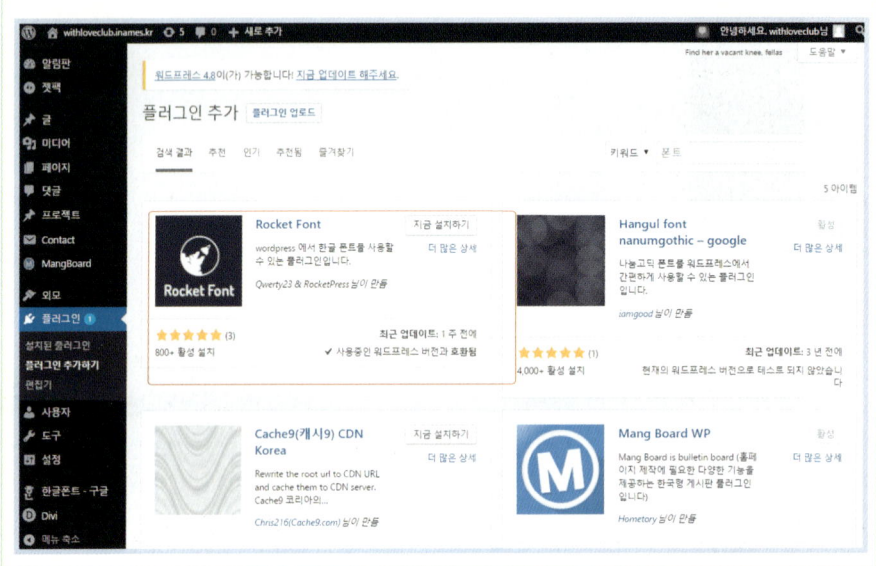

17 메인 모듈 편집하기

메인 화면에 다양한 콘텐츠를 등록하기 위해 현재 만들어진 모듈을 하나하나 수정해야 합니다. 모듈 수정 방법은 유사하며 메인 화면에 어떤 내용을 등록할 것인지만 정해져 있다면 메인 모듈을 편집하는 방법은 어렵지 않게 진행할 수 있습니다.

● 메인 상단 모듈 편집

1. 메인 화면을 수정하기 위해 워드프레스 관리자 페이지에서 [페이지]-[모든 페이지] 메뉴를 선택합니다. 표시된 페이지 목록에서 '홈-전면 페이지' 항목에 마우스 포인터를 올릴 때 표시되는 [편집] 메뉴 링크를 클릭합니다.

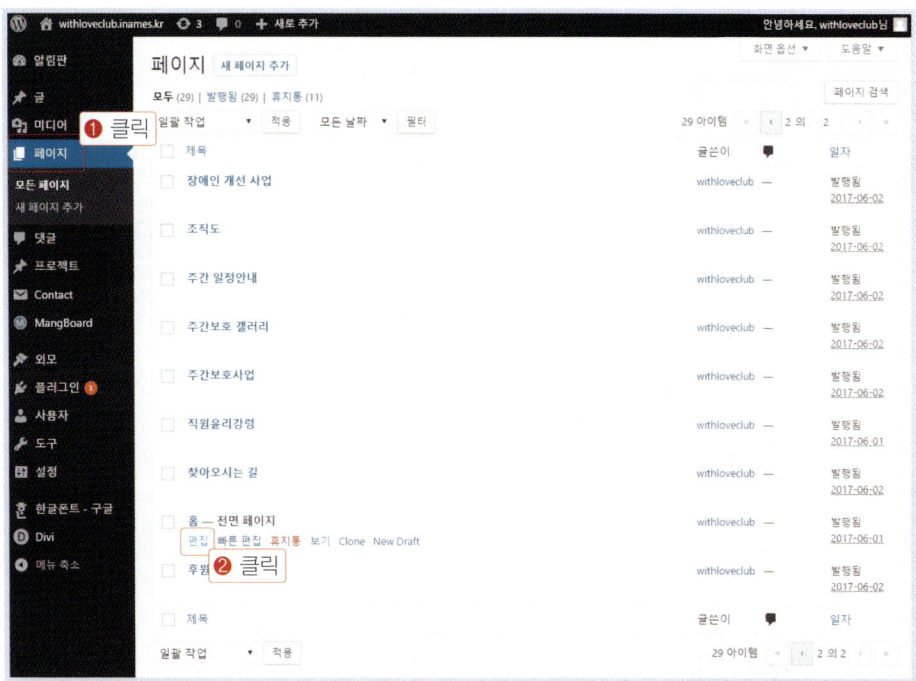

2. 페이지 편집 화면에서 메인 상단에 해당하는 [모듈 설정] 버튼을 클릭합니다.

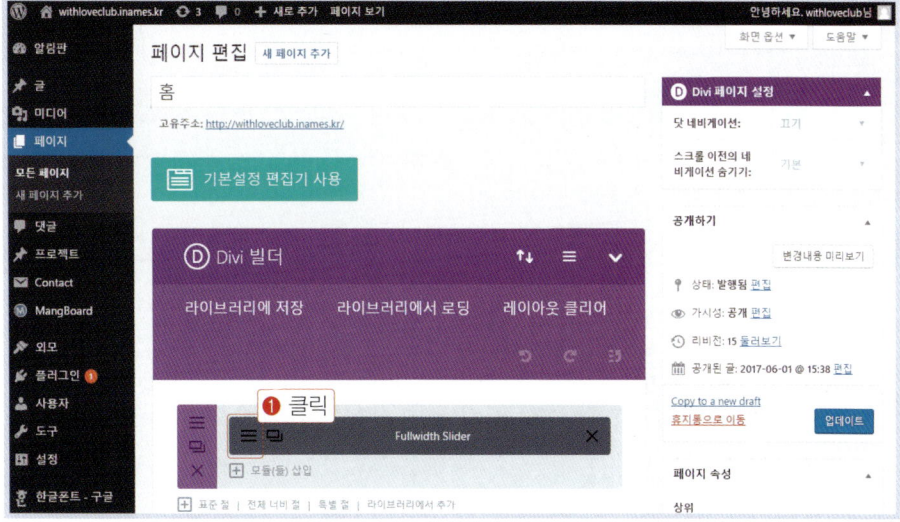

3 항목별 편집 화면에서 [모듈 편집] 버튼을 클릭합니다.

4 슬라이드 설정 창에서 방향 항목의 입력란에 슬라이드를 위한 제목 텍스트를 입력하고, 버튼 텍스트 항목의 입력란에 슬라이드 버튼을 위한 버튼 텍스트를 입력합니다.

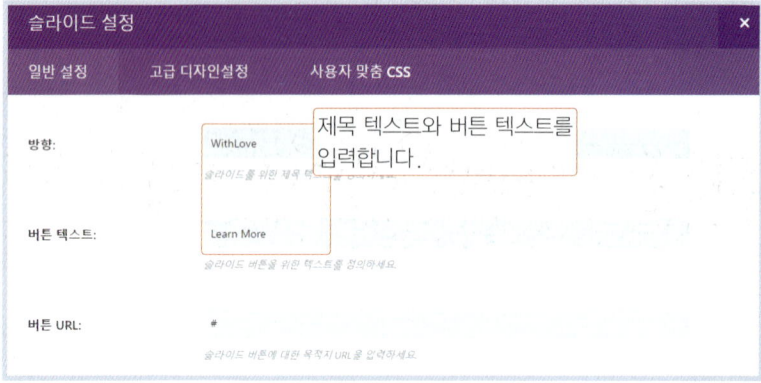

5 버튼 URL 항목의 입력란에는 슬라이드 버튼에 대한 목적지 URL로 '위드러브 소개' 페이지의 주소를 입력합니다.

> **note**
> URL 주소는 사용자마다 다르게 표시됩니다. 자신이 실습하는 과정에서 실제 페이지 URL을 확인해야 합니다.

6 슬라이드 이미지를 추가하기 위해 [이미지 업로드] 버튼을 클릭합니다.

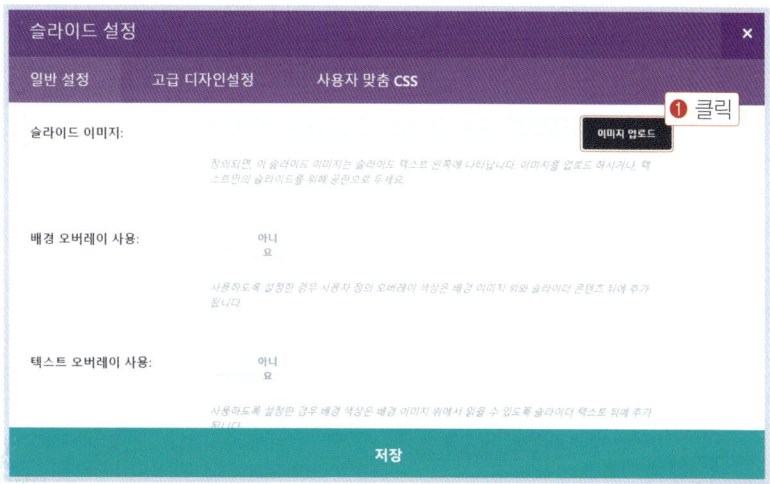

7 슬라이드 이미지 선택 창에서 [미디어 라이브러리] 탭을 선택하여 이미 등록된 이미지 중 슬라이드 이미지로 등록할 이미지를 선택하고 [슬라이드 이미지로 설정] 버튼을 클릭합니다.

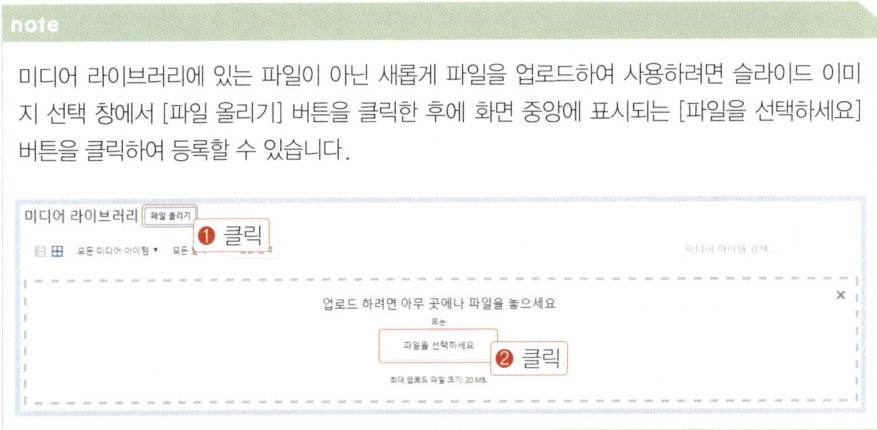

8 슬라이드 설정 창에서 이미지가 등록된 것을 합니다.

9 슬라이드 설정 창에서 아래로 스크롤하여 내용 항목에 슬라이드 이미지에 대한 내용을 입력하고 [저장] 버튼을 클릭합니다.

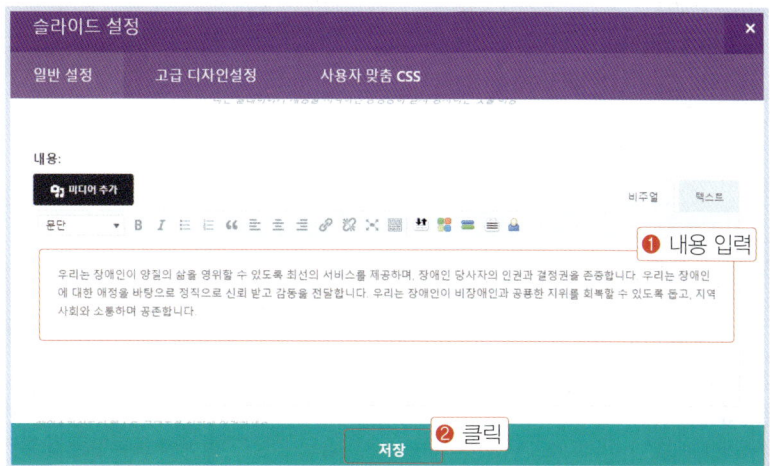

10 꽉찬너비 슬라이더 모듈 설정 창으로 이동합니다. 기본값을 그대로 사용하기로 하고 [저장 및 나가기] 버튼을 클릭합니다.

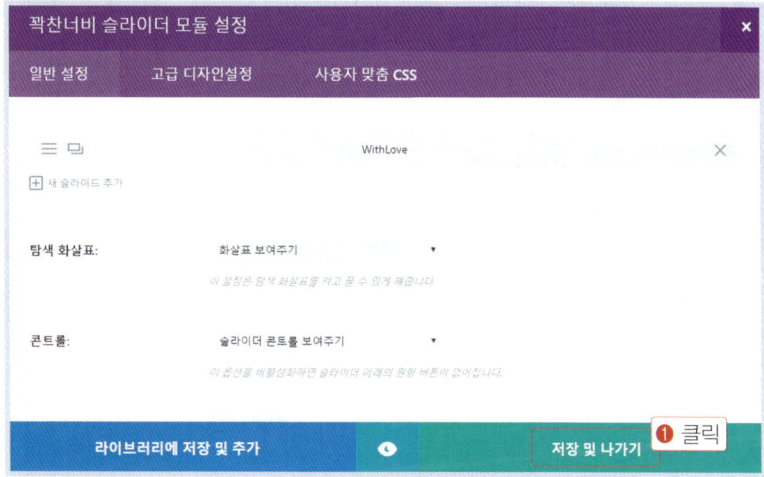

11 페이지 편집 창에서 [업데이트] 버튼을 클릭하여 메인 상단 모듈의 편집을 마무리합니다.

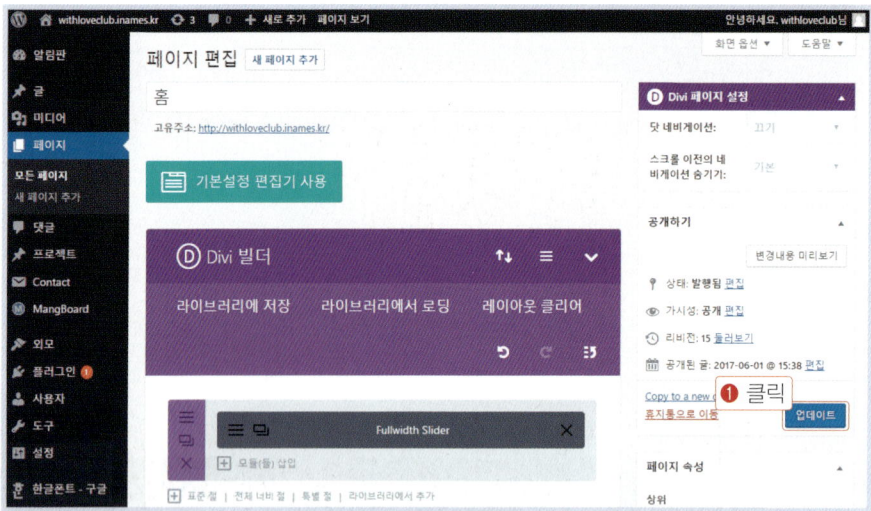

12 사용자 페이지를 보면 다음과 같이 메인 상단이 편집된 모습을 확인할 수 있습니다.

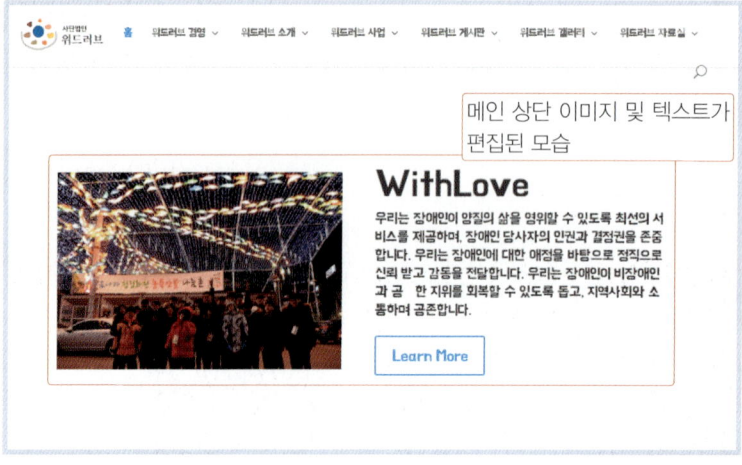

메인 상단 이미지 및 텍스트가 편집된 모습

● 메인 카운터 모듈 설정

메인 화면에 있는 카운터 모듈을 편집하여 회사의 사업에 대한 발전 내용을 숫자로 표현해 보겠습니다.

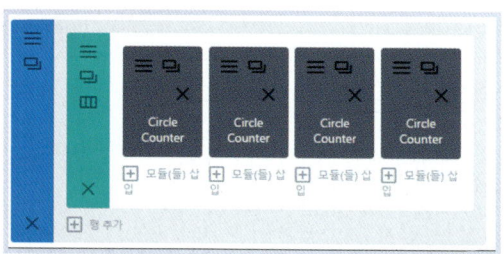

[모듈로 보이는 모습]

[숫자를 적용하여 편집한 모습]

메인 화면의 카운터 모듈을 수정하기 위해 네 가지 Circle Counter 모듈 중 첫 번째 모듈의 [모듈 설정] 버튼을 클릭합니다.

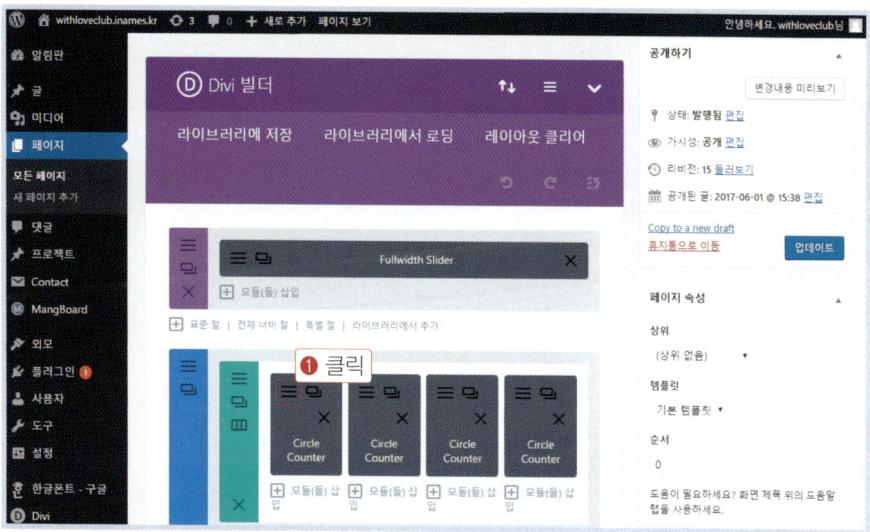

2 원형 카운터 모듈 설정 창에서 카운터의 제목과 카운터 숫자를 입력합니다. [저장 및 나가기] 버튼을 클릭합니다.

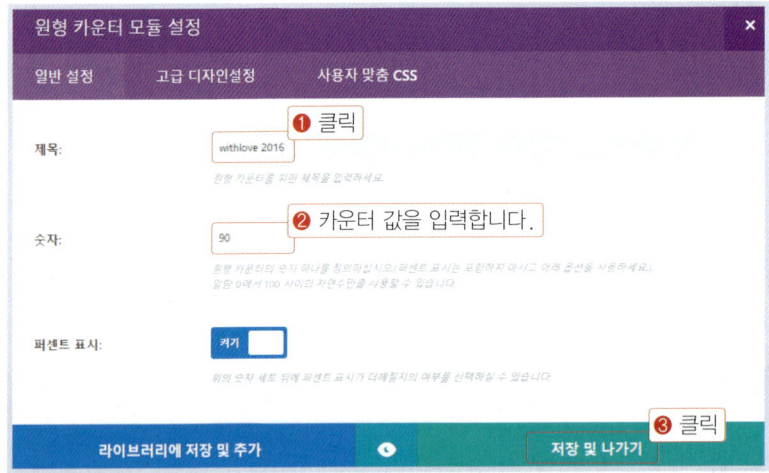

3 나머지 Circle Counter 모듈도 같은 방법으로 설정합니다.

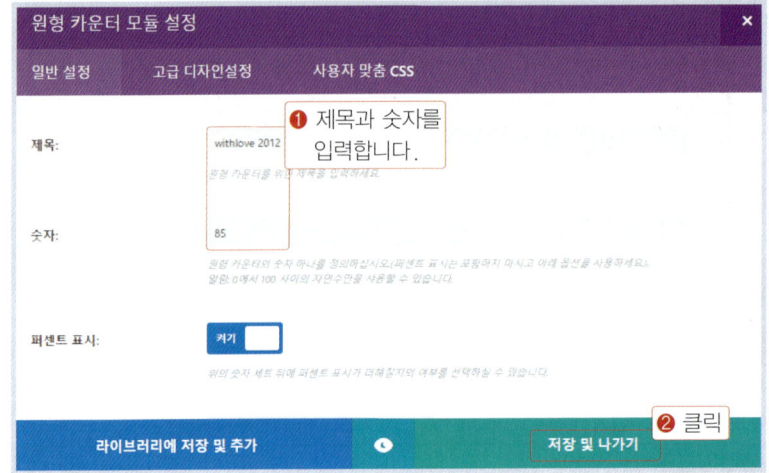

[두 번째 카운터 모듈 설정]

[세 번째 카운터 모듈 설정]

[네 번째 카운터 모듈 설정]

4 페이지 편집 화면에서 [업데이트] 버튼을 클릭하여 변경 내용을 반영합니다.

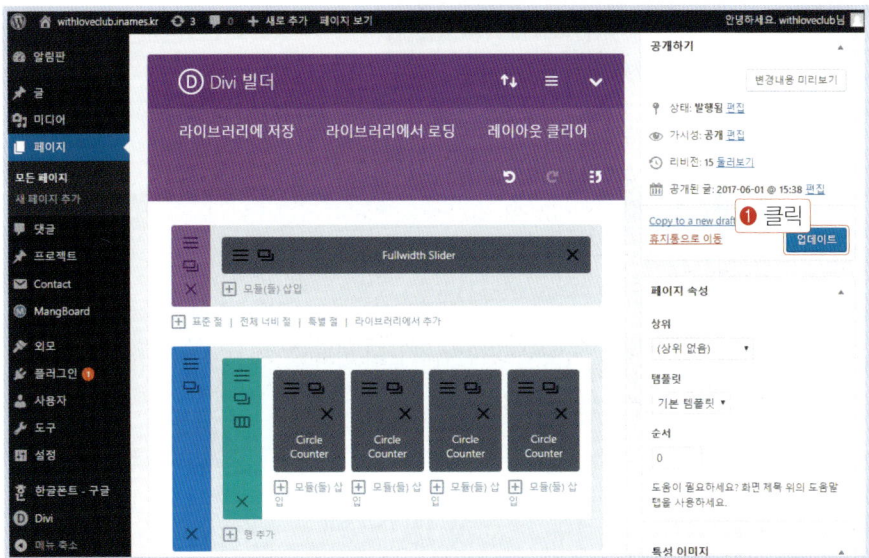

5 사용자 페이지를 보면 다음과 같이 카운터 설정 페이지가 완성된 것을 볼 수 있습니다.

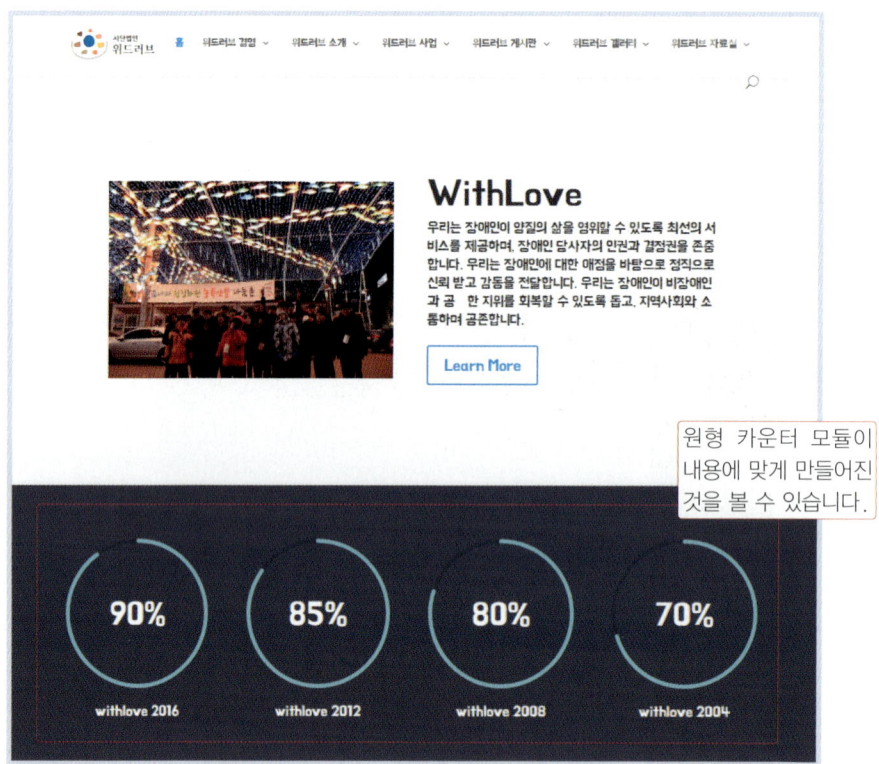

원형 카운터 모듈이 내용에 맞게 만들어진 것을 볼 수 있습니다.

● 메인 탭 모듈 설정

메인 화면의 탭으로 구성된 모듈을 수정합니다. 각 탭에는 대표적으로 이루어지고 있는 사업에 관한 내용을 정리하고 바 카운터 영역에는 사업 분야별 진행 정도를 숫자로 표현합니다.

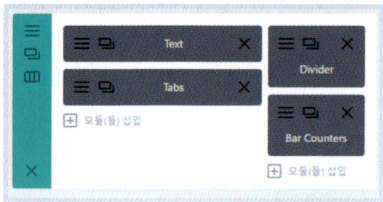

[메인 탭 모듈]

Part 6 실전! 유료 테마로 회사 홈페이지 완성하기 ▸ 247

[탭 모듈을 수정한 모습]

1 메인 탭 모듈 영역을 설정하기 탭 항목의 [모듈 설정] 버튼을 클릭합니다.

2 텍스트 모듈 설정 화면에서 내용 항목의 입력 영역에 '위드러브 사업'을 입력합니다.

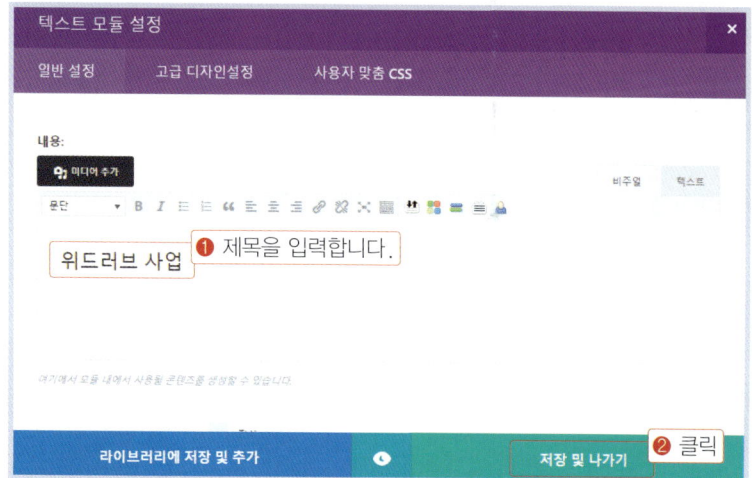

3 탭 항목의 [모듈 설정] 버튼을 클릭합니다.

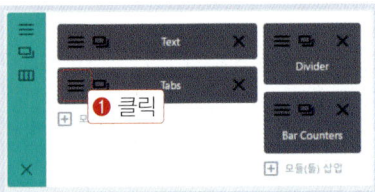

4 탭 모듈 설정 페이지에서 3개의 탭을 수정하는 화면이 나옵니다. 첫 번째 탭부터 [편집] 버튼을 클릭합니다.

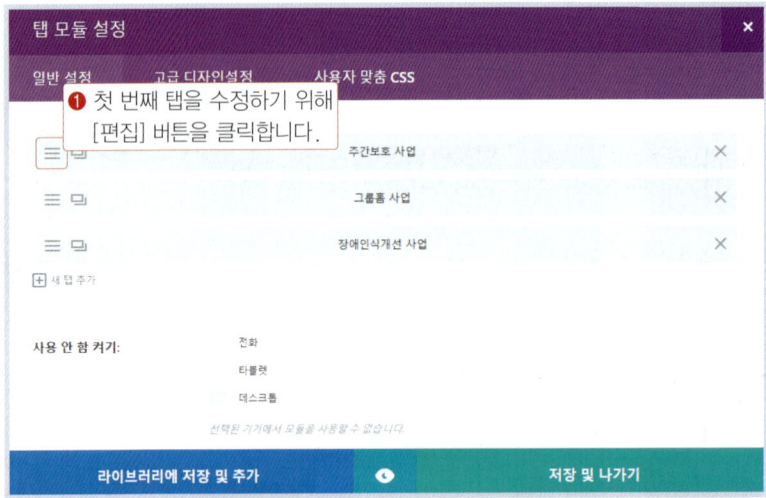

5 제목과 내용을 입력하고 [저장] 버튼을 클릭하여 변경된 내용을 저장합니다.

6 다른 탭도 같은 방법으로 편집한 후에 저장한 뒤에, 탭 모듈 설정 화면에서 [저장 및 나가기] 버튼을 클릭하여 탭 모듈 설정을 마무리합니다.

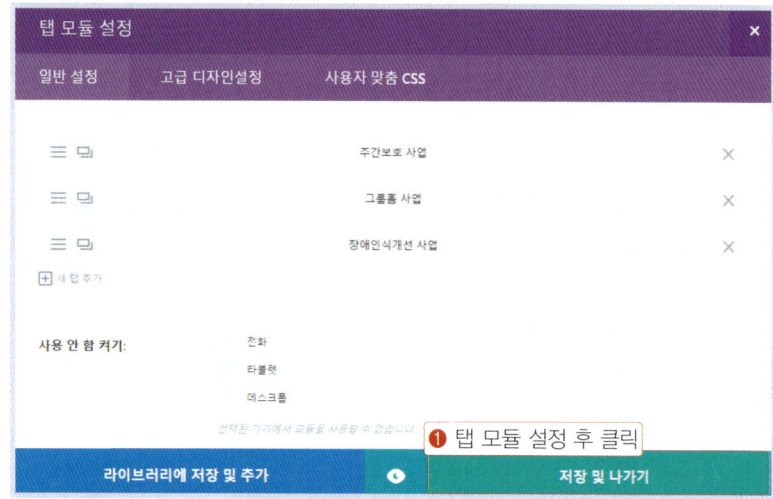

7 탭 영역에 있는 바 카운터(Bar Counters)를 설정하기 위해 해당 모듈의 [모듈 설정] 버튼을 클릭합니다.

8 바 카운터 모듈을 설정하기 위해 첫 번째 바 카운터의 [편집] 버튼을 클릭합니다.

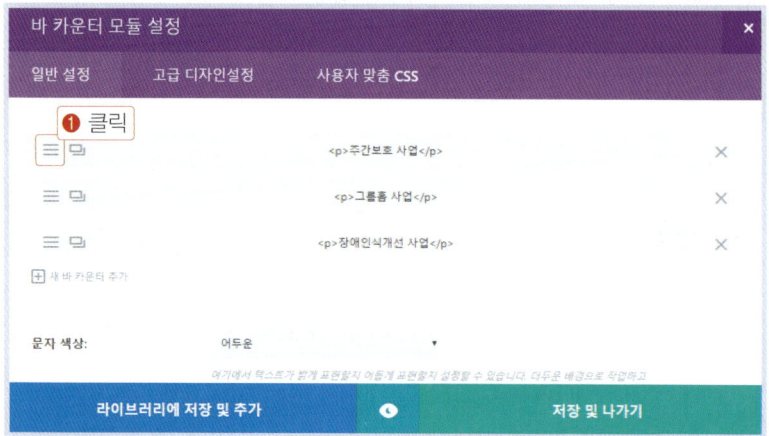

9 제목과 퍼센트를 입력하고 [저장] 버튼을 클릭합니다.

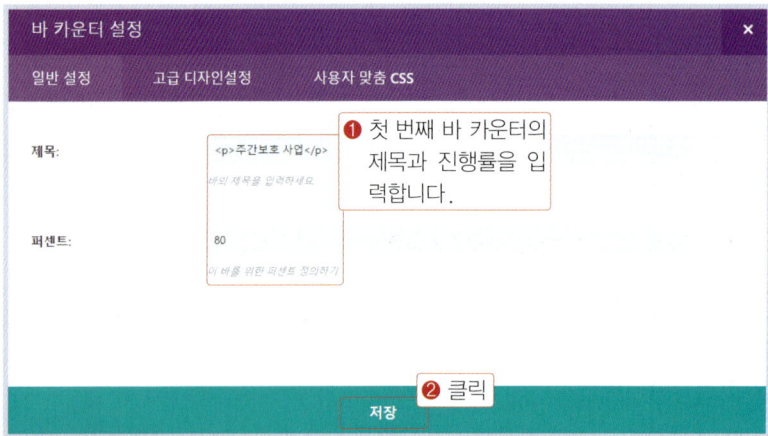

10 다른 바 카운터(Bar Counter)도 같은 방법으로 설정하고 저장한 뒤에, 바 카운터 모듈 설정 화면에서 [저장 및 나가기] 버튼을 클릭하여 바 카운터 설정을 마무리합니다.

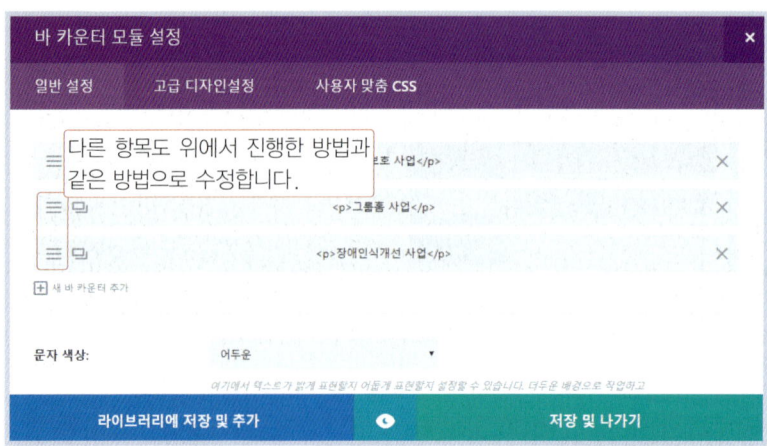

11 페이지 편집 화면에서 [업데이트] 버튼을 클릭하여 변경 내용을 저장하고 반영합니다.

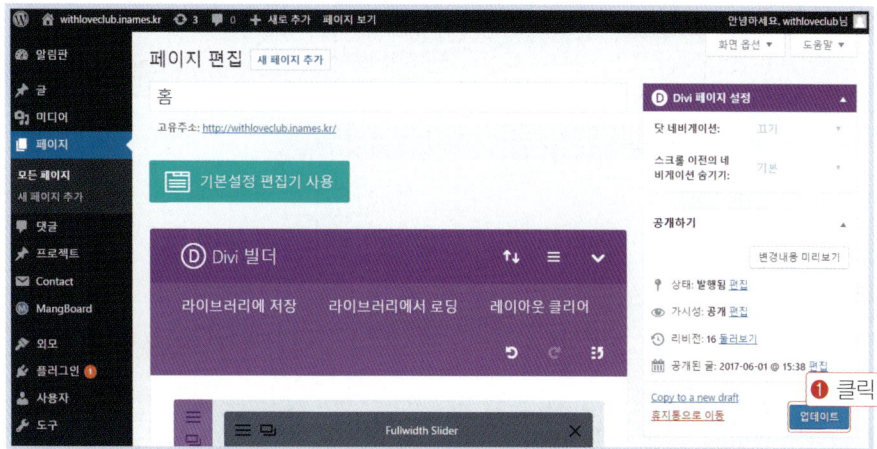

12 사용자 페이지를 보면, 탭 모듈과 바 카운터 모듈에 변경 내용이 적용된 모습을 확인할 수 있습니다.

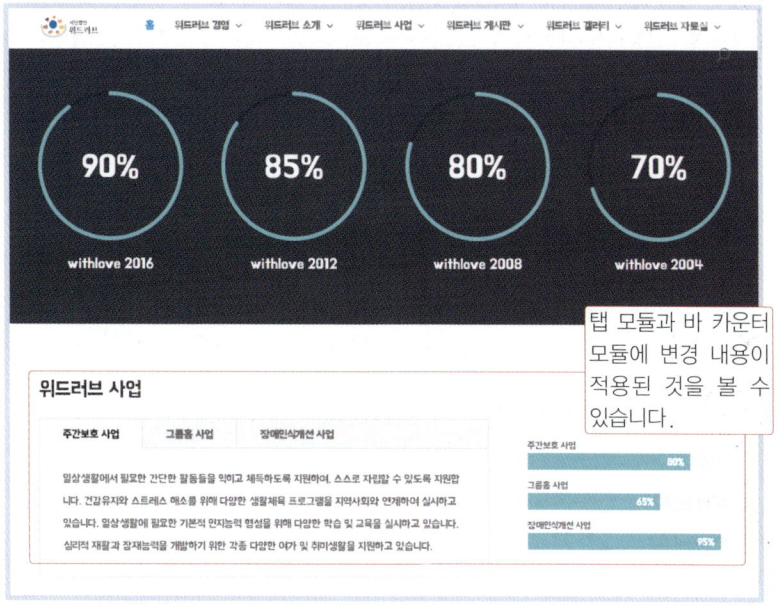

탭 모듈과 바 카운터 모듈에 변경 내용이 적용된 것을 볼 수 있습니다.

● 행동개시 모듈로 메일문의 모듈 설정

행동개시 모듈(Call To Action)은 인터넷 페이지에서 메일 문의처럼 고객과의 소통을 위해 필요한 기능을 제공해주는 모듈입니다.

[행동개시 모듈]

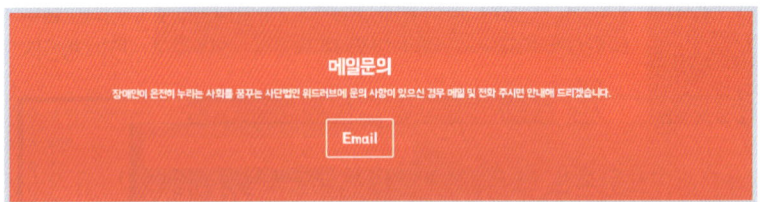

[행동개시 모듈을 변경한 모습]

메일문의 페이지 주소 : http://withloveclub.inames.kr/?page_id=158

> **note**
> URL 주소는 사용자마다 다르게 설정됩니다. 자신이 실습하는 과정에서 실제 페이지 URL을 확인해야 합니다.

1. 행동개시 모듈(Call To Action)의 [모듈 설정] 버튼을 클릭합니다.

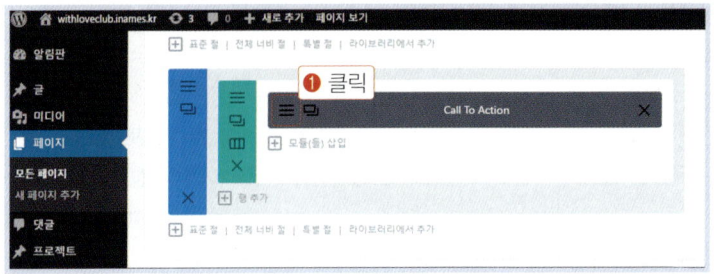

2. 행동개시 모듈 설정 화면에서 제목란에 '메일문의'를 입력하고, 버튼 URL 항목의 입력란에는 메일문의 페이지의 고유주소를 입력합니다. 버튼 텍스트 항목의 입력란에는 'Email'을 입력하고 행동개시 모듈 설정 화면의 하단으로 이동합니다.

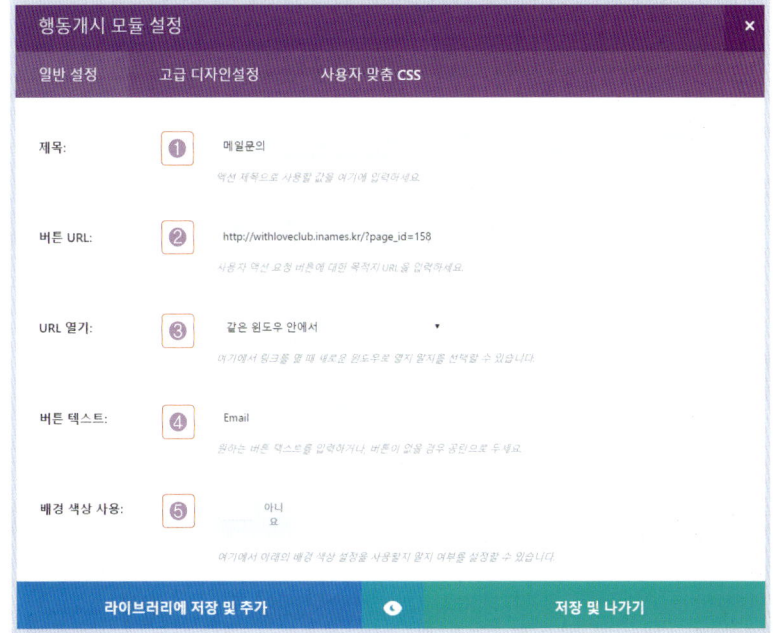

행동개시 모듈 설정 화면의 각 요소는 다음과 같은 기능을 갖습니다.

❶ 제목 : 행동개시 모듈의 제목이 됩니다. 여기에 입력하는 내용이 메인 타이틀로 나타나게 됩니다.

❷ 버튼 URL : 버튼을 누르면 이동할 페이지의 주소를 말합니다. 앞에서 만들어 놓은 메일 보내기 페이지의 고유주소를 입력하면 됩니다.

❸ URL 열기 : 버튼 텍스트로 표시되는 [Email] 버튼을 클릭했을 때 메일 보내기 페이지를 새로운 페이지에서 열 것인지 또는 같은 페이지에서 열 것인지를 결정합니다. 여기에서는 같은 페이지에서 메일 보내기 페이지를 열기 위해 '같은 윈도우 안에서'를 선택합니다.

❹ 버튼 텍스트 : 메인 페이지에서 실제 메일을 보내는 페이지로 이동하기 위한 버튼에 들어가는 문구입니다.

❺ 배경 색상 사용 : 버튼의 배경에 사용할 색상을 지정합니다.

3 행동개시 모듈 설정 화면의 아랫부분에 있는 내용 항목에 이메일 문의에 관한 소개 내용을 입력하고 [저장 및 나가기] 버튼을 클릭합니다.

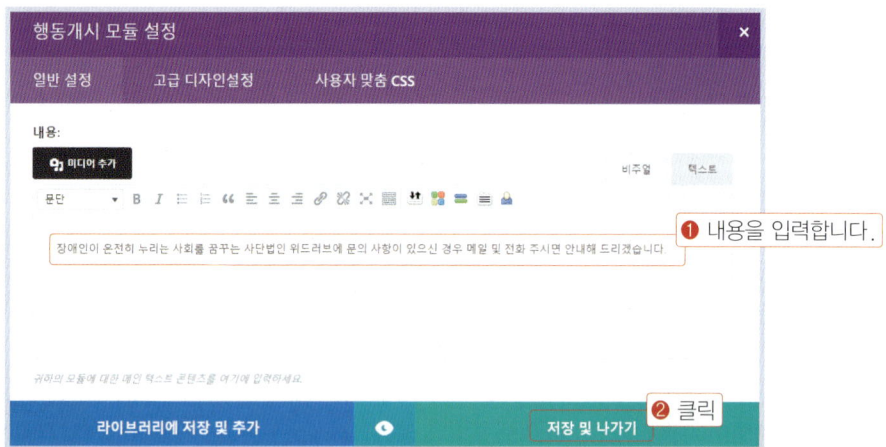

4 페이지 편집 화면에서 [업데이트] 버튼을 클릭하여 변경된 내용을 적용합니다.

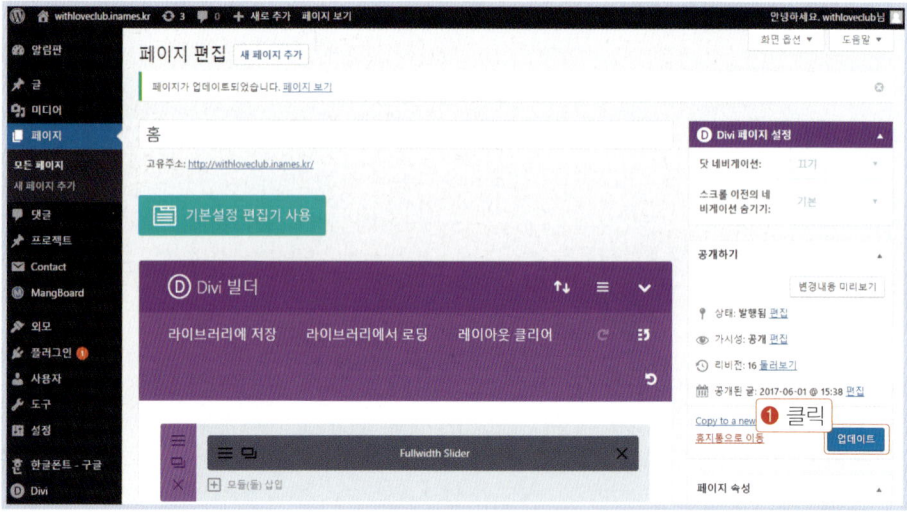

5 사용자 페이지를 보면 메일문의 페이지가 만들어진 것을 볼 수 있습니다. [Email] 버튼을 클릭하여 메일 보내기 페이지로 이동하는지 확인합니다.

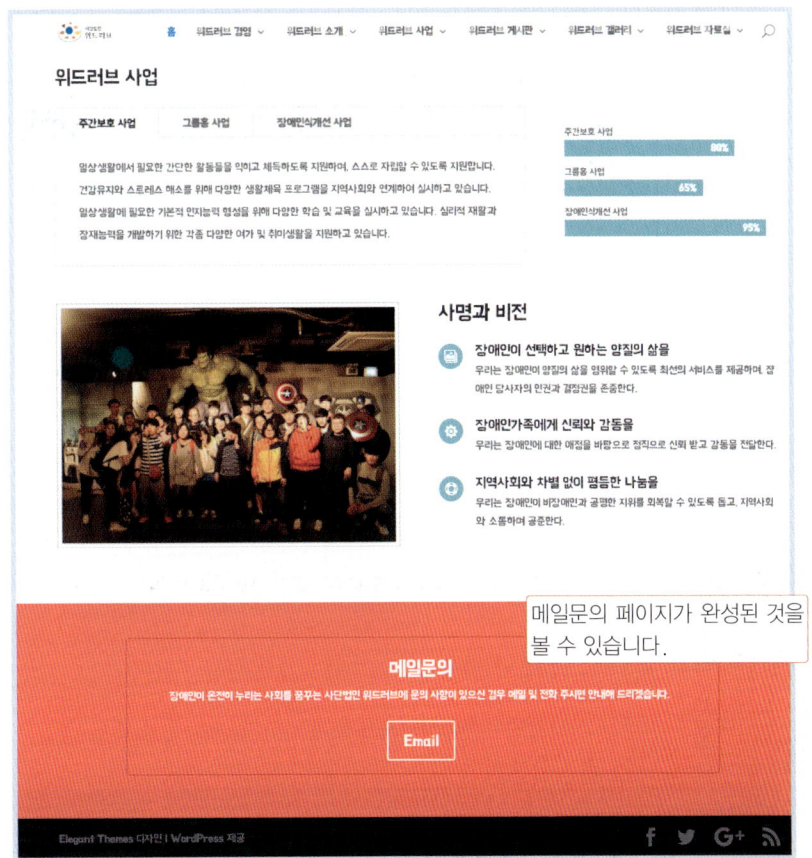

메일문의 페이지가 완성된 것을 볼 수 있습니다.

● 푸터 레이아웃 설정

워드프레스 관리자 페이지에서 [외모]-[사용자 정의하기] 메뉴를 클릭합니다.

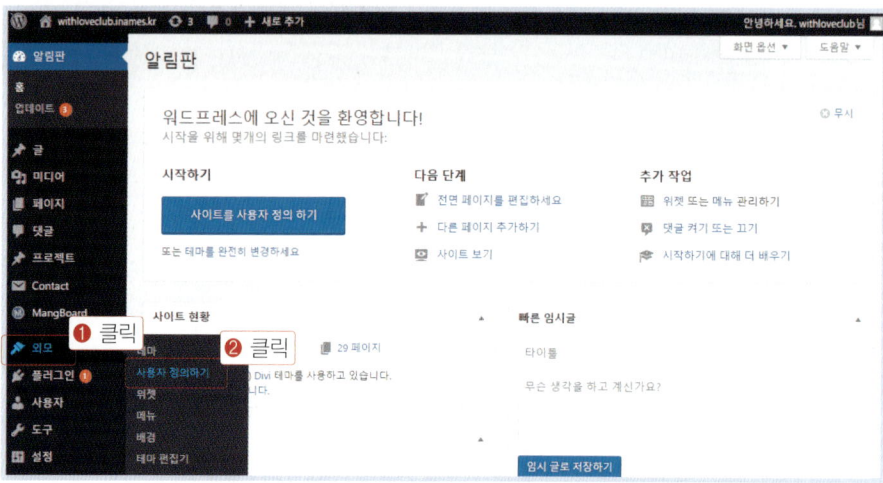

2 왼쪽 메뉴에서 [푸터] 메뉴를 클릭합니다.

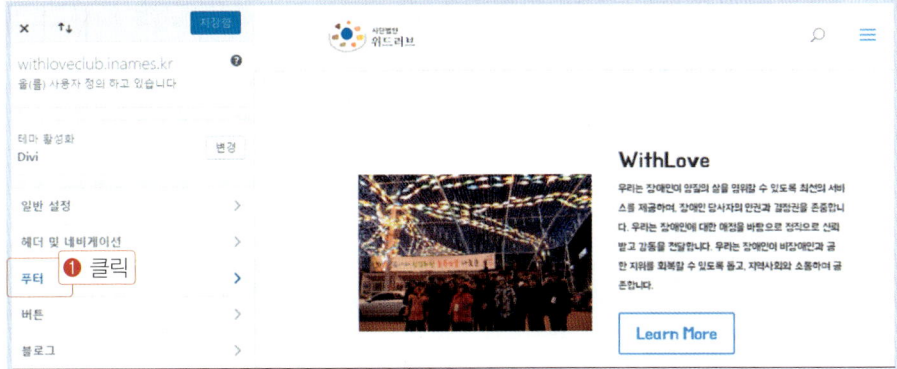

3 푸터 메뉴 중에 [레이아웃] 메뉴를 클릭합니다.

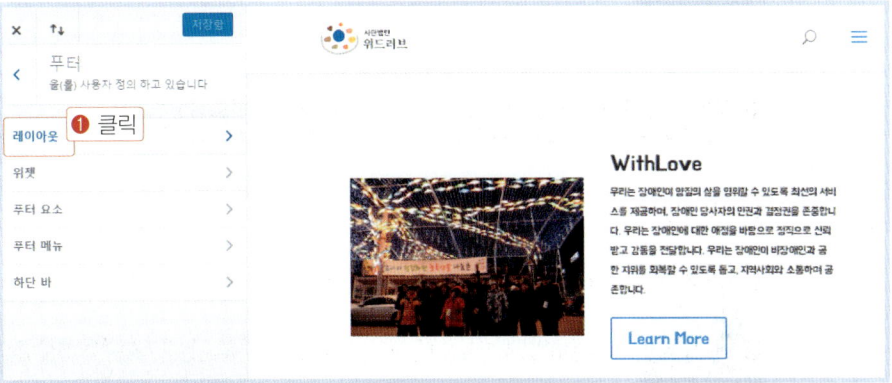

4 레이아웃 항목의 드롭다운 버튼을 클릭하면 레이아웃 목록에 표시됩니다. 레이아웃 목록 중에 아래에서 두 번째의 3단 항목을 선택하고 설정 화면의 위에 있는 [저장 & 발행] 버튼을 클릭합니다.

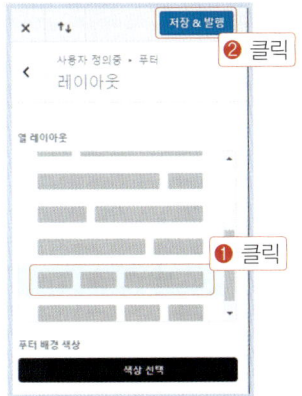

● 최근 글 설정

1. 워드프레스 관리자 페이지에서 [외모]-[위젯] 메뉴를 클릭한 후에 표시되는 사용할 수 있는 위젯 목록에서 [최근 글] 항목을 선택합니다. 홈페이지에 등록되는 최근 글을 표시할 위치를 지정합니다. 최근 글의 표시 위치로 [푸터 영역 #1]을 클릭합니다. 목록 아래의 [위젯 추가] 버튼을 클릭합니다.

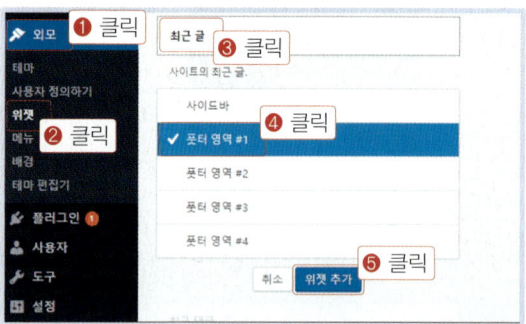

2. 위젯 설정 화면 오른쪽에 [푸터 영역 #1]의 설정 창이 열립니다. 타이틀을 "최근 글"로 입력하고 보여줄 글의 수를 "5"로 입력한 뒤에 [저장하기] 버튼을 클릭합니다.

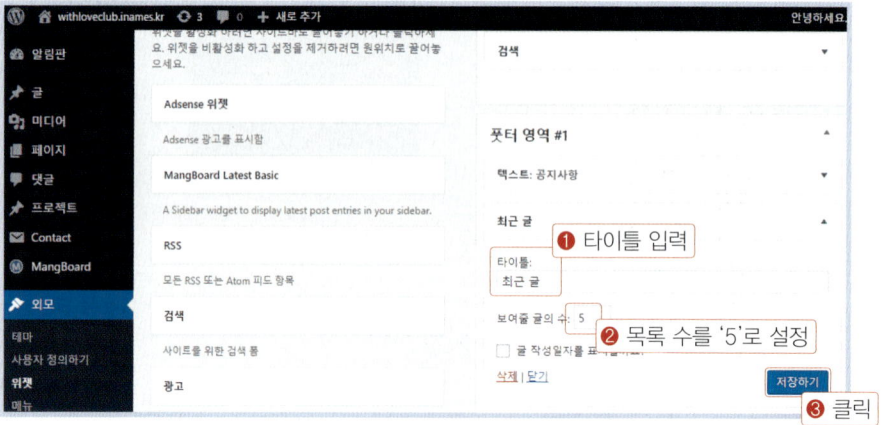

3 사용자 페이지를 보면 [푸터 영역 #1] 위치에 최근 글이 등록된 것을 볼 수 있습니다.

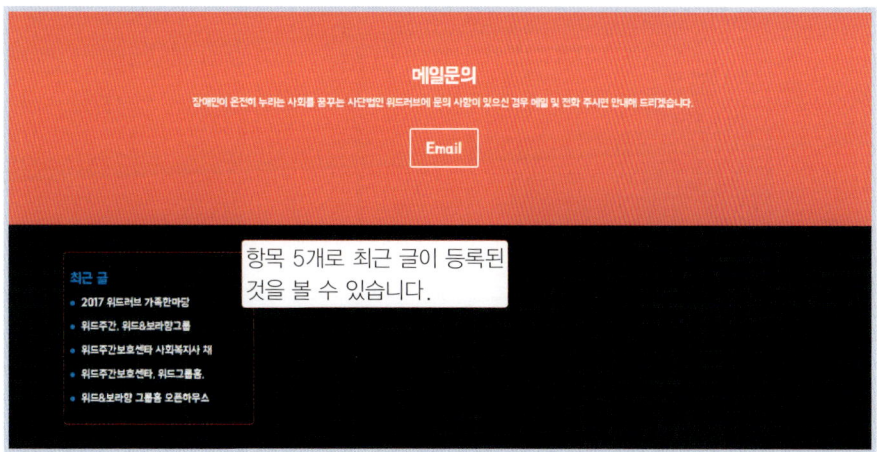

● 푸터 안내 문구

1 [푸터 영역 #2]에는 후원 안내 내용을 입력하기 위해 워드프레스 관리자 화면에서 [외모]-[위젯] 메뉴를 선택하고 사용할 수 있는 위젯 목록에서 [텍스트]를 선택하고 텍스트를 나타낼 위치로 [푸터 영역 #2]를 선택한 후에 [위젯 추가] 버튼을 클릭합니다.

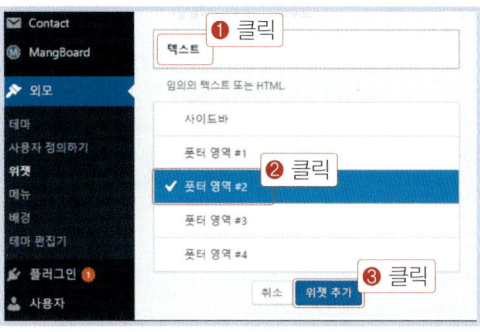

2 [푸터 영역 #2]의 설정 창에서 다음과 같이 타이틀과 컨텐트를 입력하고, "단락을 자동으로 추가합니다." 항목에 체크한 뒤에 [저장하기] 버튼을 클릭합니다.

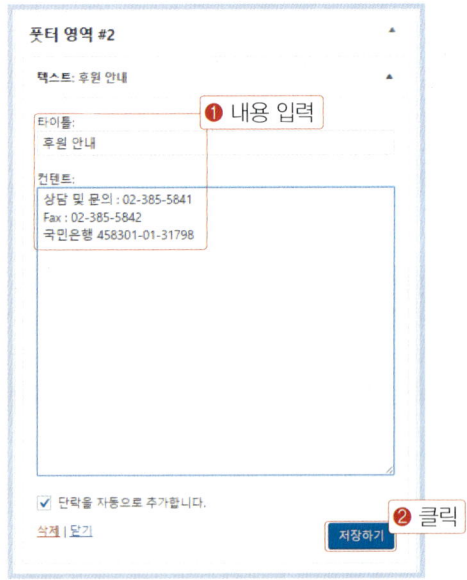

● 푸터 회사 정보

워드프레스 관리자 페이지에서 [외모]-[위젯] 메뉴를 클릭한 후에 사용 가능한 위젯 목록에서 [텍스트]를 선택하고 텍스트를 표시할 위치로 [푸터 영역 #3]을 클릭한 후에 [위젯 추가] 버튼을 클릭합니다.

2 [푸터 영역 #3]의 설정 창에서 타이틀에 '위드러브 주소'를 입력하고 컨텐트에 주소와 오시는길에 대한 안내 내용을 입력합니다. "단락을 자동으로 추가합니다." 항목에 체크한 뒤에 [저장하기] 버튼을 클릭합니다.

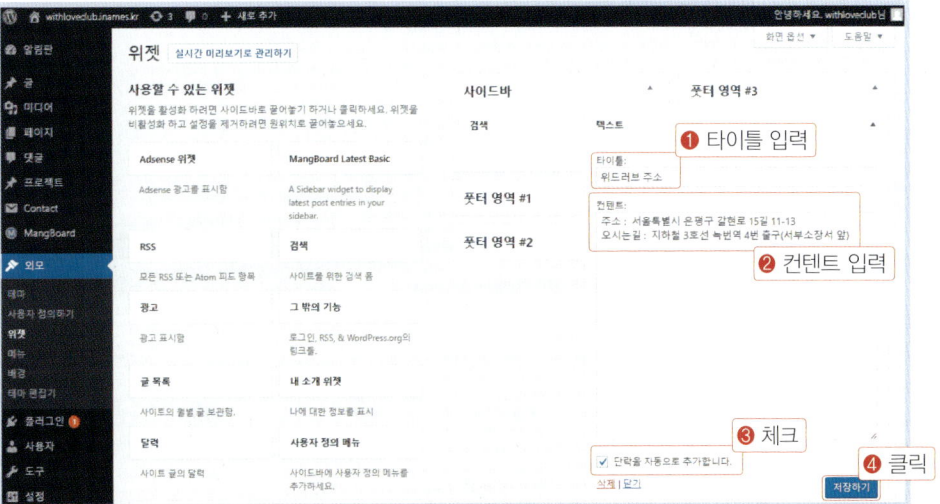

3 사용자 페이지에서 다음과 같은 결과를 확인합니다.

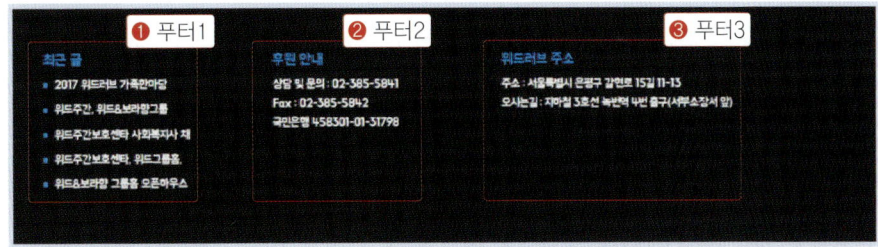

18 FTP 프로그램 설치

FTP 프로그램을 다운로드하여 설치하고 호스팅에 접속한 후에 여러분이 촬영한 동영상 파일을 업로드하고, 동영상을 게시판에 등록하는 과정을 진행해 보겠습니다.

1 FTP 프로그램을 설치하기 위해 네이버 소프트웨어 자료실에서 'FTP프로그램'을 검색합니다. 검색 결과에서 '알드라이브'를 클릭합니다.

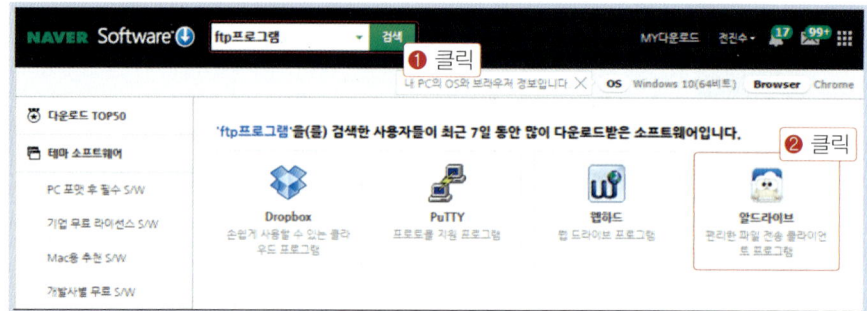

2 알드라이브 다운로드 페이지에서 [무료 다운로드] 버튼을 클릭합니다.

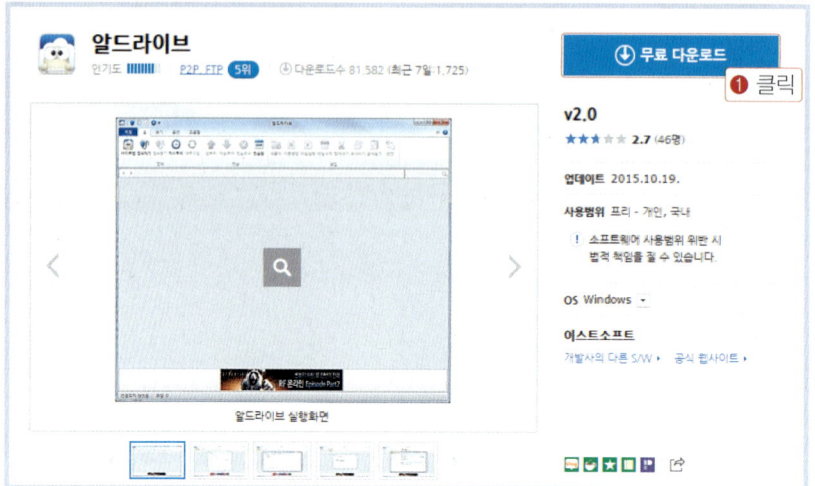

3 다운로드를 완료한 후에 다운로드된 '알드라이브' 프로그램을 실행합니다. '알드라이브' 프로그램의 설치 진행 화면에서 소프트웨어 라이선스 계약 동의 화면의 내용을 읽어 보고 [동의] 버튼을 클릭합니다.

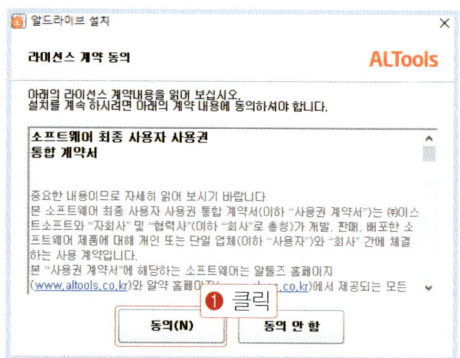

4 '알드라이브' 설치 화면에서 [설치 시작] 버튼을 클릭합니다.

5 설치가 완료된 후에 바탕화면에 아이콘이 생성된 것을 확인합니다. 알드라이브를 통해 이 책에서 사용하는 아이네임즈 호스팅에 접속하고, 데스크톱 컴퓨터에 있는 자료를 호스팅으로 전송한 후에 홈페이지 게시판으로 링크를 연결하는 과정을 진행할 것입니다.

19 FTP로 호스팅 접속하여 파일 전송하기

알드라이브 프로그램을 통해 아이네임즈 호스팅에 접속해 보겠습니다. 알드라이브 실행 전에 먼저 호스팅 정보를 알고 있어야 합니다.

아이네임즈 홈페이지에 접속하여 로그인한 뒤에 [호스팅]-[호스팅 관리] 메뉴를 선택하여 [호스팅 관리/내역] 메뉴를 클릭하여 호스팅 관리/내역 페이지로 이동합니다. 서비스 전체 정보/서비스 기본정보에 사용자가 제공받고 있는 호스팅 서비스 목록에 표시됩니다. 해당 목록의 오른쪽 끝에 [관리] 버튼을 클릭합니다.

2 서비스 상세정보와 서비스 계정정보가 표시됩니다. 화면을 아래로 스크롤하면 서비스 계정정보를 확인할 수 있습니다. 서비스 계정정보에 FTP 사용을 위한 정보로 아이디, 비밀번호, 호스팅주소, 홈 디렉토리 정보를 확인할 수 있습니다. 해당 정보를 메모한 후에 '알드라이브' 프로그램에 입력하면 됩니다.

① 아이디 : FTP에 접속할 때 필요한 아이디입니다.
② 비밀번호 : FTP에 접속할 때 필요한 비밀번호입니다.
③ 호스팅 주소 : FTP에 접속할 때 필요한 호스팅 주소입니다. 호스팅 주소는 홈페이지의 주소가 될 수도 있고, 아이네임즈처럼 해당 호스팅 업체에서 제공해주는 별도의 주소 'web42.uhost.co.kr'가 있는 때도 있습니다.
④ 홈 디렉토리 : 홈 디렉토리는 여러분의 홈페이지가 시작되는 위치를 말합니다. 만약 '/iweb/withloveclub'으로 홈 디렉토리가 구성된 경우 여러분의 자료를 '/iweb/' 디렉토리에 업로드하면 홈페이지에 표시되지 않습니다. '/iweb/withloveclub/' 디렉토리에 자료를 업로드해야만 홈페이지가 표시됩니다.

3 FTP 정보를 확인한 후에 '알드라이브'를 실행하여 새로운 사이트를 등록하기 위해 알드라이브의 즐겨찾기 정보 영역에서 [추가] 버튼을 클릭합니다.

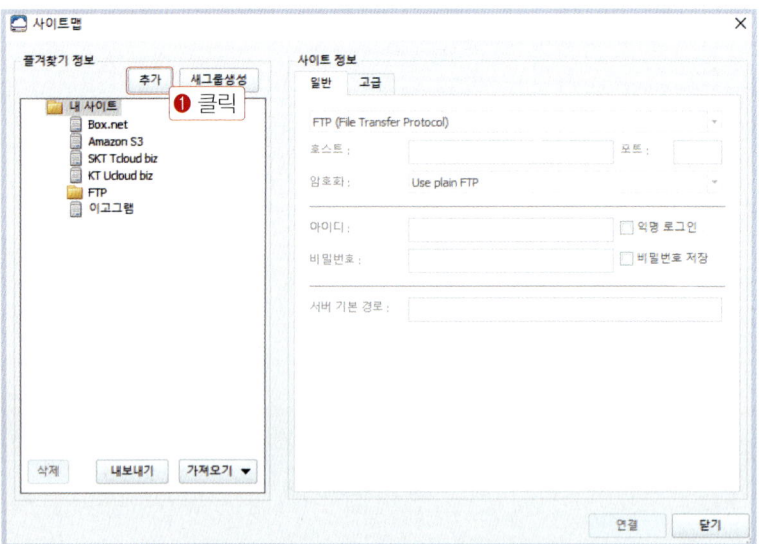

4 사이트명을 입력하고 [Enter] 키를 누르면 사이트 정보를 입력할 수 있는 화면이 활성화됩니다.

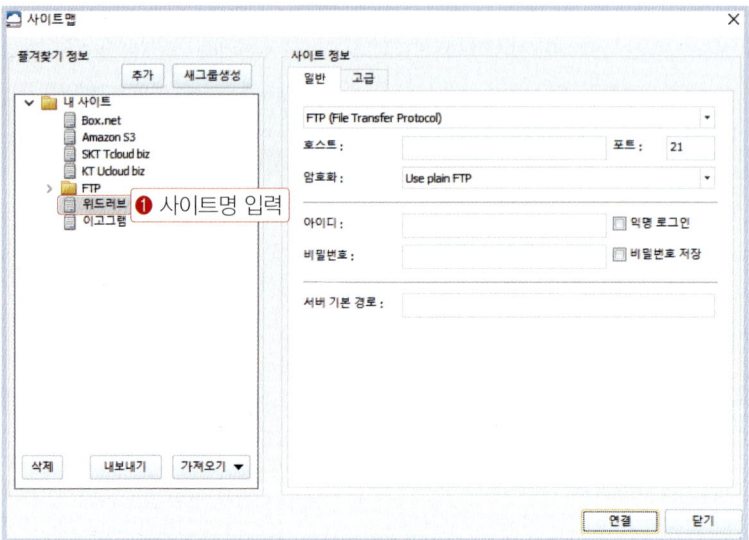

5 사이트 정보에 호스트와 아이디, 비밀번호를 입력하고 [연결] 버튼을 클릭합니다.

> **note**
>
> 포트와 암호화 항목의 내용은 기본값으로 진행이 됩니다. 포트 번호의 경우 호스팅 업체에서 별도로 제공해 주는 경우가 있습니다. 호스팅 업체의 FTP 정보를 확인하는 페이지에서 별도의 포트 번호를 제시하고 있지 않다면 포트 번호는 기본값으로 21을 사용하면 됩니다.

6 접속이 정상적으로 된 것을 볼 수 있습니다. 파일을 업로드하기 위해 알드라이브 화면에서 [업로드] 버튼을 클릭합니다.

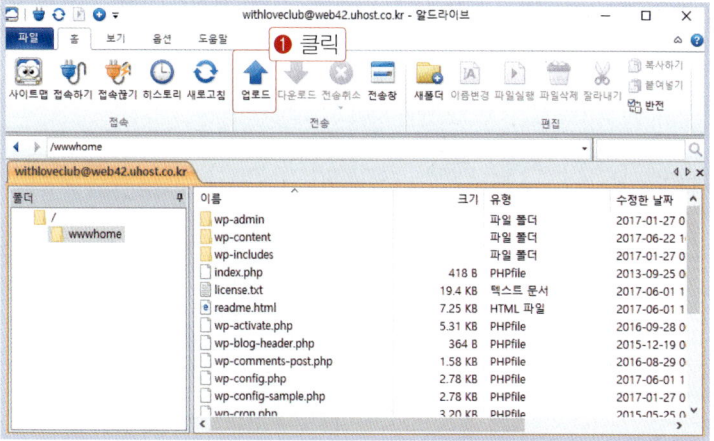

7 업로드 대화상자에서 업로드할 동영상 파일을 선택하고 [열기] 버튼을 클릭합니다.

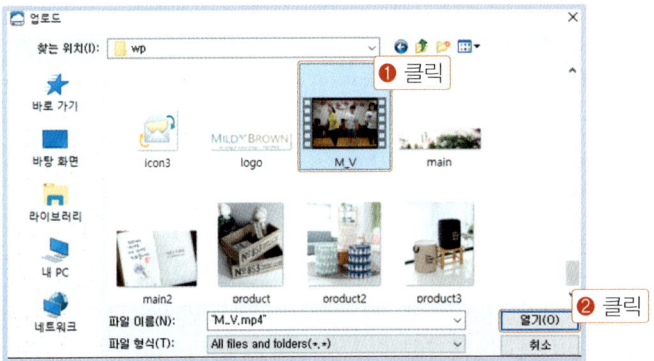

8 업로드가 진행되는 전송창을 통해 파일이 전송되는 것을 확인할 수 있습니다.

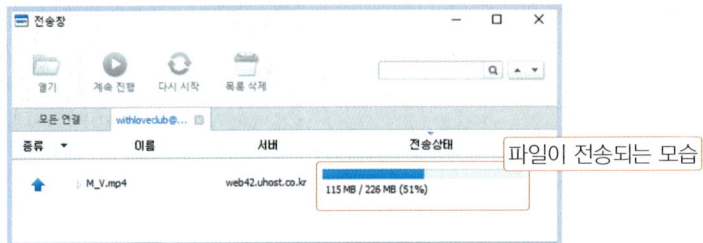

9 파일이 등록된 것을 확인합니다. 알드라이브의 파일 목록에서 왼쪽은 호스팅 서버 컴퓨터의 디렉토리 목록을 트리형으로 나타내고, 기본으로 오른쪽은 왼쪽에서 선택된 디렉토리에 등록된 하위 디렉토리 또는 파일의 목록을 나타냅니다.

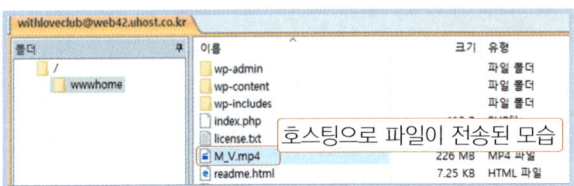

10 등록된 파일이 정상적으로 표시되는지 웹브라우저의 인터넷 주소에 파일의 URL로 'http://withloveclub.inames.kr/M_V.mp4'를 입력하고 Enter 키를 누릅니다.

인터넷 주소창에 업로드한 동영상 주소를 입력해 봅니다. 동영상이 재생되는 것을 볼 수 있습니다.

20 게시판에 동영상 등록하기

게시판에 동영상을 등록하기 위해서는 우선 동영상이 인터넷에 올려져 있어야 합니다. 앞에서 동영상을 확인할 때처럼 FTP를 통해 동영상을 업로드하면 업로드된 파일에 대한 고유주소가 만들어지는데 그 주소를 다음 소스 코드에 접목해 주면 됩니다.

〈video src="동영상 주소" controls=""
　　preload="metadata" onerror="videoFail(this)"〉〈/video〉

위의 소스 코드에 예제의 동영상 주소를 입력하면 다음과 같이 소스 코드가 완성됩니다.

〈video src="http://withloveclub.inames.kr/M_V.mp4" controls=""
　　preload="metadata" onerror="videoFail(this)"〉〈/video〉

1 홈페이지에 접속한 후에 공지사항에 동영상을 등록하기 위해 공지사항 페이지에서 [글쓰기] 버튼을 클릭합니다.

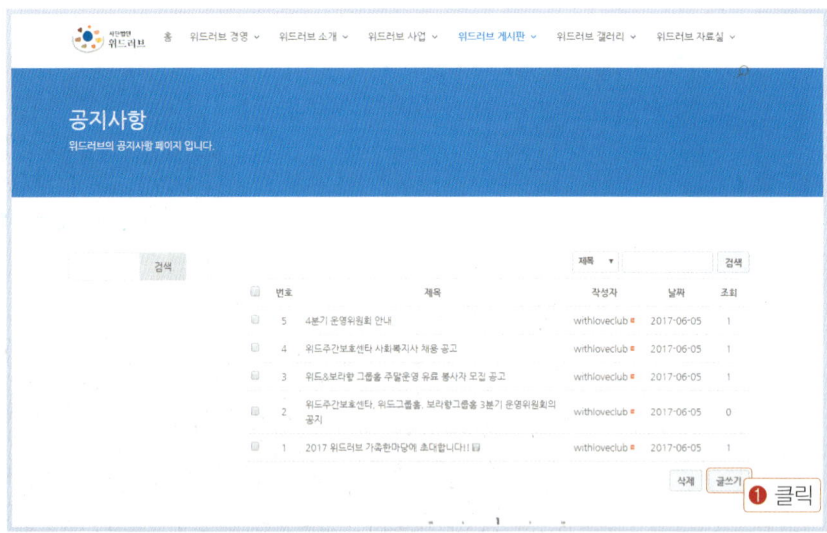

❶ 클릭

2 게시판에 등록할 글의 제목을 입력하고 내용 창의 오른쪽 아래에 있는 [HTML] 탭을 클릭한 후에 내용 영역에 앞서 만든 동영상 주소의 소스 코드를 입력합니다. "동영상 주소" 부분에 호스팅에 업로드한 동영상 파일의 고유주소를 입력하고 화면 아래에서 [확인] 버튼을 클릭합니다.

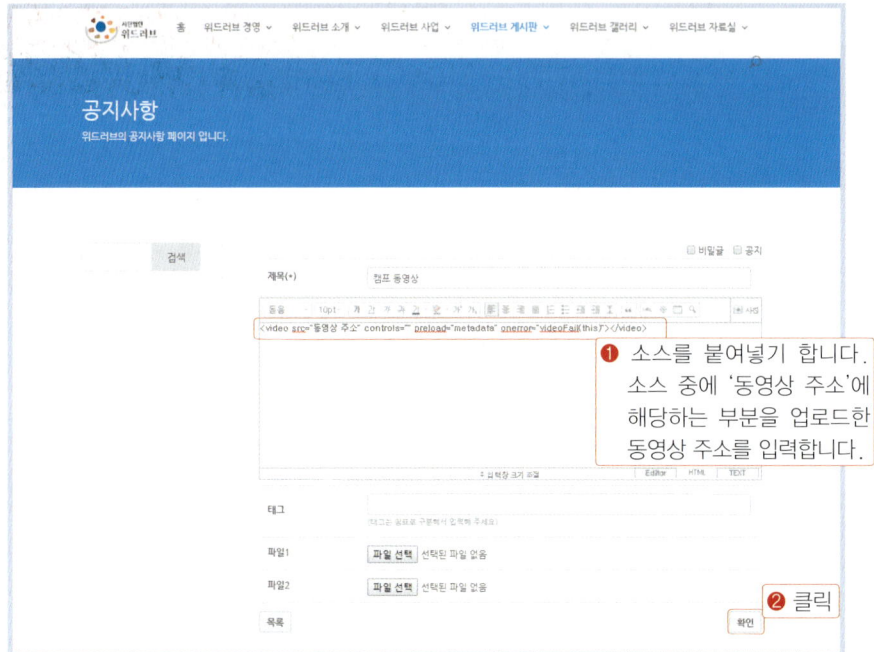

❶ 소스를 붙여넣기 합니다. 소스 중에 '동영상 주소'에 해당하는 부분을 업로드한 동영상 주소를 입력합니다.

❷ 클릭

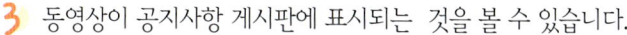

3 동영상이 공지사항 게시판에 표시되는 것을 볼 수 있습니다.

note

카카오 인코더는 모든 동영상의 변환이 가능합니다. 촬영한 동영상이 재생이 안 되거나 용량이 커서 사용하지 못하는 경우, 그리고 특정한 부분을 자르기하여 사용하고 싶은 경우 카카오 인코더를 사용하면 편리하게 작업할 수 있습니다.

자막 파일을 지원하지 않는 기기에서도 동영상에 자막을 삽입하여 감상할 수 있으며, 휴대 기기와 웹, 플래쉬 등 여러 가지 디바이스와 파일 형식(스마트폰, PDA, PSP/PS3, iPod/iPad, MP4/3GP/SKM/K3G, 네비게이션용, 홈페이지, 블로그 게시용, UCC 동영상 변환, FLV, SWF 파일)으로 변환할 수 있습니다.

그리고 동영상에서 음성만 추출하여 MP3 파일로 변환할 수 있고, 다중 인코딩을 지원합니다. 네이버 소프트웨어 자료실에서 카카오 인코더를 검색하면 프로그램을 무료로 다운로드하여 사용할 수 있습니다.

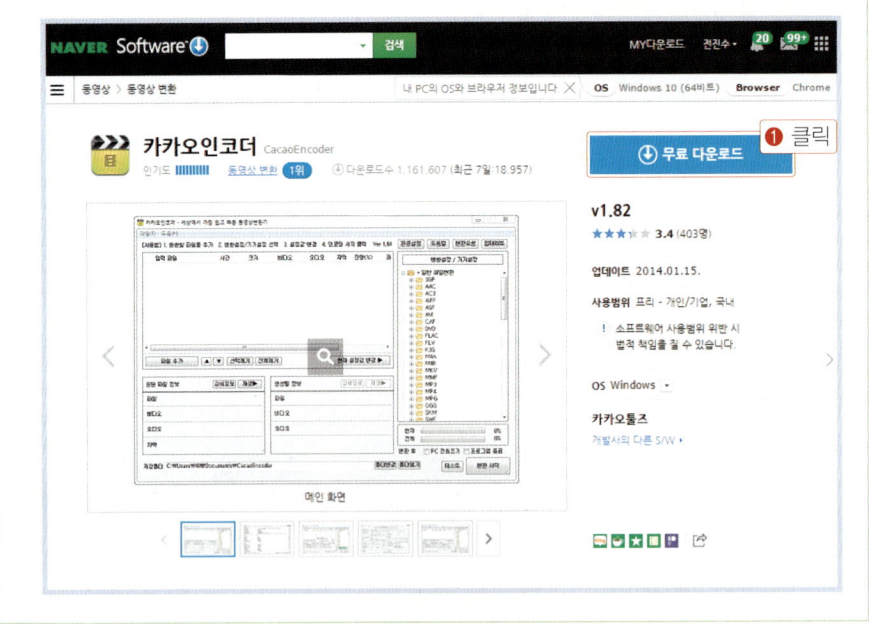

21 홈페이지에 SNS 공유 버튼 달기

'Korea SNS' 플러그인은 워드프레스를 이용하여 제작된 홈페이지의 게시판에 등록된 글에 공유 버튼을 넣어 홈페이지의 내용을 외부로 손쉽게 보낼 수 있는 플러그인입니다. 공유 가능한 소셜 네트워크는 페이스북, 트위터, 구글, 카카오톡, 카카오스토리, 네이버 라인, 밴드, 네이버 블로그 등이 있습니다.

1 'Korea SNS' 플러그인을 활성화 상태를 확인하기 위해 [플러그인]–[설치된 플러그인] 메뉴로 이동하여 표시되는 설치된 플러그인 목록에서 앞에서 설치한 'Korea SNS' 플러그인의 상태를 확인합니다. [활성화] 상태가 아니라면, [활성화] 링크를 클릭하여 플러그인을 활성화합니다.

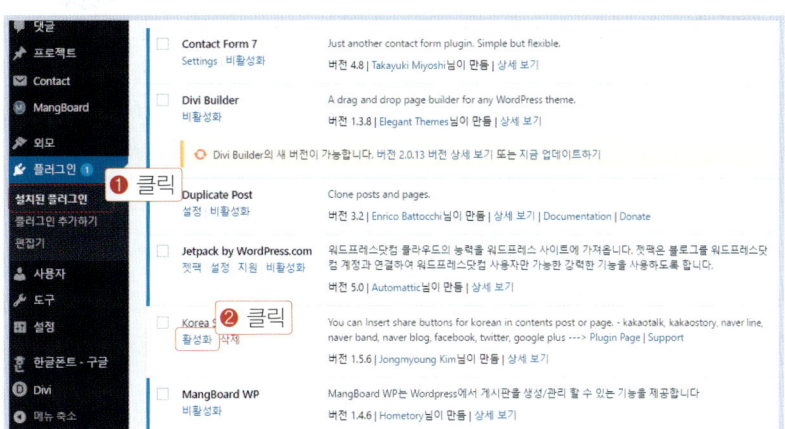

2 'Korea SNS' 플러그인이 활성화되면서 또는 이미 활성화되어 있다면 [설정] 링크 메뉴가 표시됩니다. [설정] 링크를 클릭합니다.

3. Korea SNS Options 화면에서 게시판의 글을 공유하려는 SNS를 선택하고 하단에 있는 [Save Changes] 버튼을 클릭하여 저장합니다.

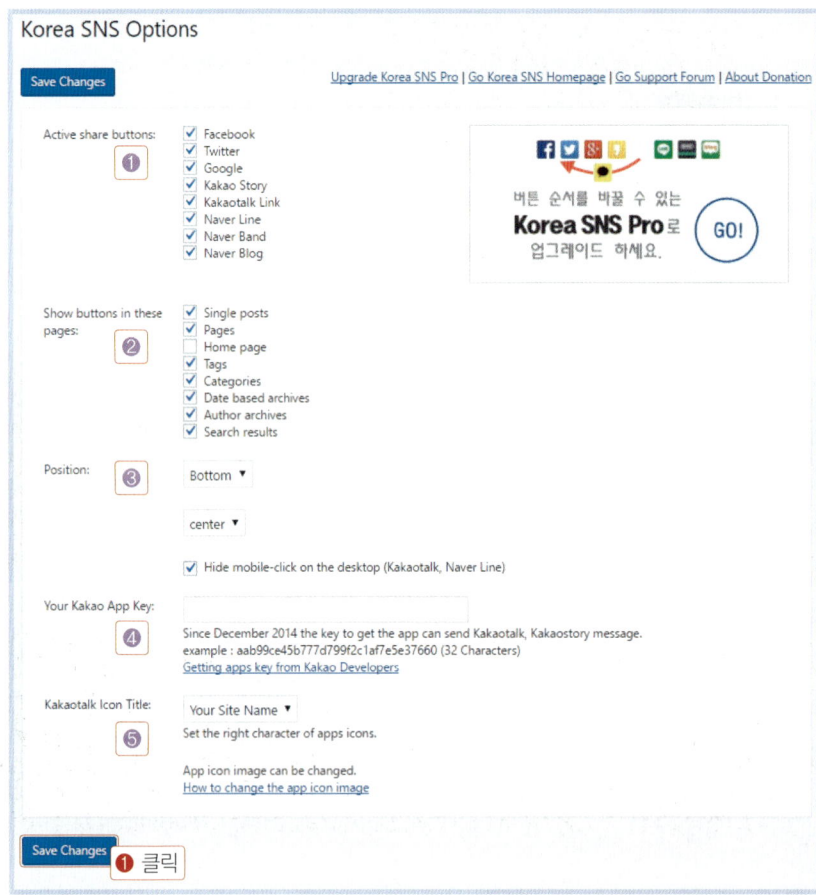

❶ **Active share buttons** : 게시판의 글을 공유하려는 SNS의 종류를 선택하여 버튼 모양으로 화면에 표시하도록 하는 항목입니다. 페이스북, 트위터, 구글, 카카오톡 등 게시판의 글을 공유하려는 SNS 항목에 체크합니다.

❷ **Show buttons in these pages** : Active share buttons 항목에서 선택한 SNS의 종류를 나타내는 버튼을 나열할 페이지 유형을 선택합니다.

❸ **Position** : 게시판을 공유를 SNS를 나타내는 버튼을 페이지의 상단에 표시할 것인지, 하단에 표시할 것인지, 또는 양쪽에 모두 표시할 것인지를 버튼의 표시 위치를 선택합니다.

❹ **Your Kakao App Key** : 카카오를 연동하기 위해 카카오 키를 입력합니다.

❺ **Kakaotalk Icon Title** : 카카오톡 아이콘 타이틀을 입력합니다.

4 홈페이지에 접속하여 각각의 페이지를 살펴보면 SNS 아이콘이 등록된 것을 볼 수 있습니다.

SNS 공유 버튼이 설정된 모습

22 홈페이지에 출력 기능 추가하기

홈페이지에 방문한 사용자가 홈페이지의 내용을 프린터를 이용하여 출력하기를 원하는 경우가 많이 있습니다. 홈페이지에서 출력 기능을 제공하기 위해서는 앞에서 설치한 'Print, PDF Email by PrintFriendly' 플러그인을 활용하면 쉽게 할 수 있습니다.

1. 'Print, PDF & Email by PrintFriendly' 플러그인을 활성화하기 위해 플러그인 [설치된 플러그인] 메뉴를 선택하여 설치된 플러그인의 목록을 확인한 뒤에 'Print, PDF & Email by PrintFriendly' 플러그인의 [활성화] 링크를 클릭합니다.

2. 'Print, PDF & Email by PrintFriendly' 플러그인을 설정하기 위해 설치된 플러그인의 목록을 확인하고, 해당 플러그인의 [Settings] 링크를 클릭합니다.

3. Print Friendly & PDF Settings 창에서 Pick Your Button Style 항목을 통해 인쇄 버튼의 모양을 설정할 수 있습니다. 버튼의 모양을 선택하거나, Custom Button을 선택하여 사용자가 직접 버튼 이미지와 텍스트의 색상, 크기를 정할 수도 있습니다.

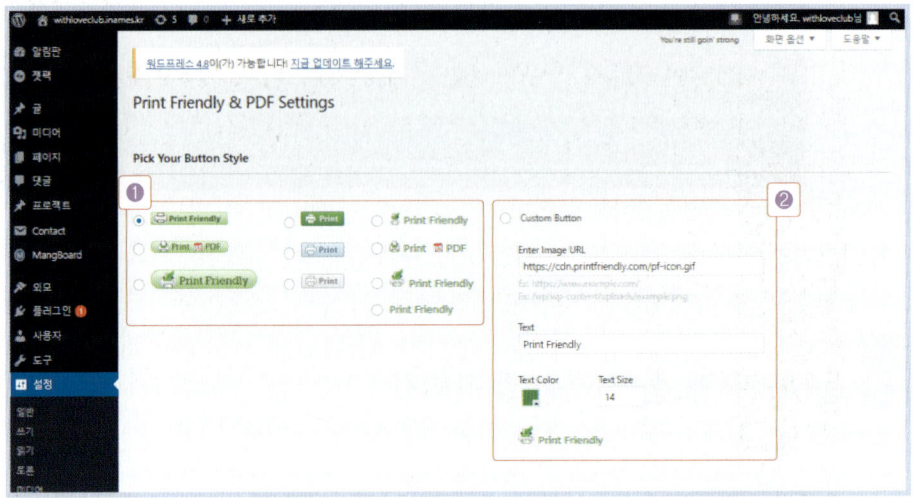

❶ 미리 만들어 놓은 다양한 버튼 모양에서 사용자가 선택하여 쓸 수 있습니다.
❷ Custom Button 항목의 경우는 사용자가 원하는 데로 옵션을 수정하여 버튼을 만들 수가 있습니다.
　• Enter Image URL : 사용자가 만든 인쇄 아이콘 이미지의 URL을 입력합니다.
　• Text : 설정한 아이콘 이미지의 아래에 표시될 내용입니다. 일반적으로는 "Print & PDF"를 사용합니다.
　• Text Color : 앞에서 입력한 Text의 색상을 설정합니다.
　• Text Size : 앞에서 입력한 Text의 크기를 설정합니다.

Part 6 실전! 유료 테마로 회사 홈페이지 완성하기 · 277

4 Print Friendly & PDF Settings 페이지의 하단으로 스크롤하면 Button Positioning을 설정하는 항목이 나옵니다.

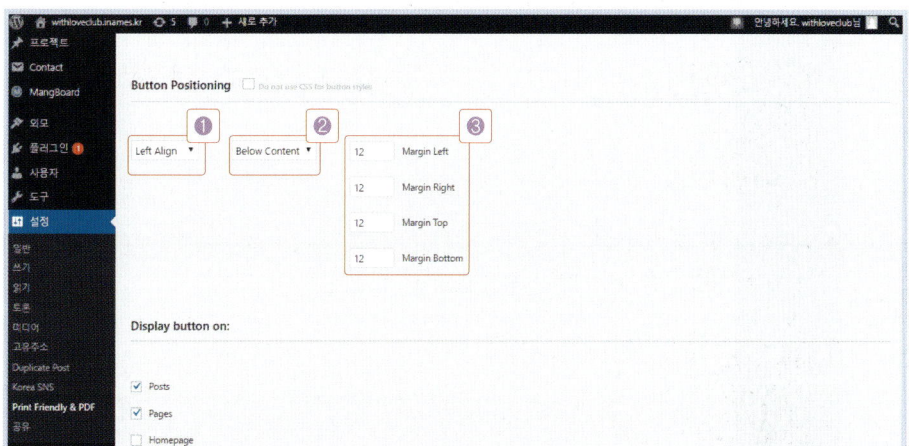

❶ 버튼을 페이지에서 왼쪽, 오른쪽, 가운데 중에 어디에 위치할 것인지를 선택합니다.
❷ 버튼을 콘텐츠(내용)의 위, 아래 중에 어디에 위치할 것인지를 선택합니다.
❸ 버튼의 왼쪽, 오른쪽, 위, 아래의 여백을 몇으로 설정할 것인지를 입력합니다.

5 Display button on 항목에서는 버튼을 표시할 게시물, 페이지 등을 선택하는 화면입니다.

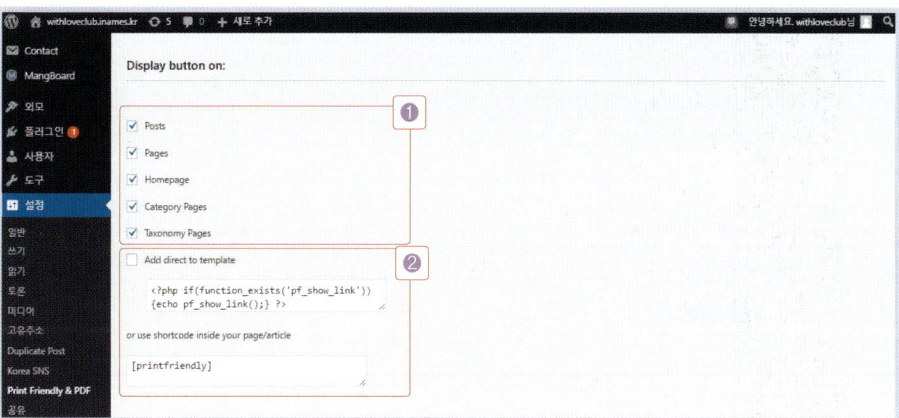

❶ 선택한 곳에 프린트 아이콘이 생성됩니다.
❷ 템플릿에 직접 추가하는 설정으로 내용을 입력하는 페이지에 해당 코드를 입력하고 저장하면 프린트 아이콘이 활성화됩니다.

6 Print PDF Options 항목에서 PDF 인쇄와 관련된 옵션을 설정합니다.

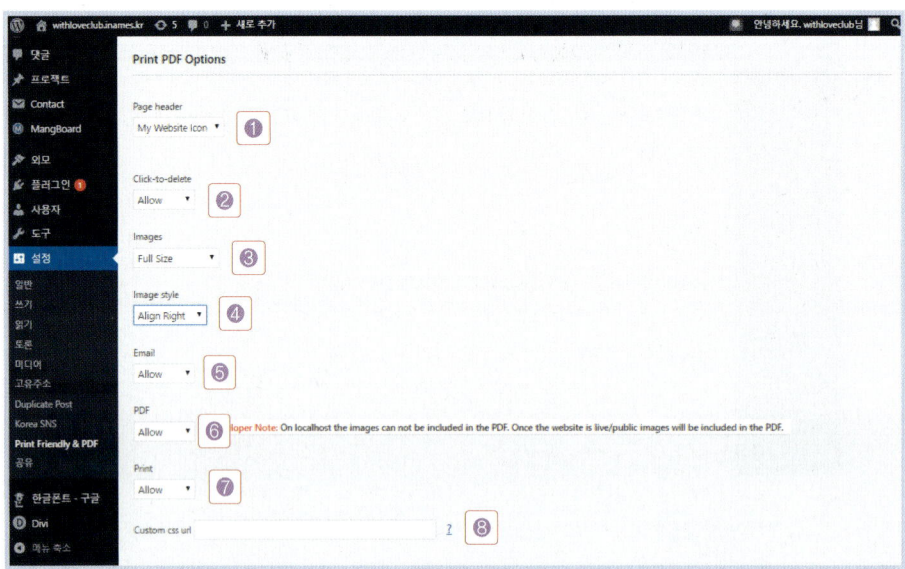

❶ Page header는 문서를 출력할 때 페이지 상단에 웹 사이트 아이콘을 자동으로 표시할 것인지, 아니면 사용자가 올린 이미지나 텍스트를 표시할 것인지를 설정하는 옵션입니다.

❷ Click-to-delete 옵션은 해당 페이지 내에서 특정 부분을 클릭하여 삭제할 수 있도록 설정합니다.

❸ Images 옵션은 이미지를 포함할 때 이미지의 크기를 설정하거나, 이미지를 제거할 수 있는 옵션입니다.

❹ Image style은 이미지를 왼쪽, 오른쪽, 가운데 정렬 중에 선택할 수 있습니다.

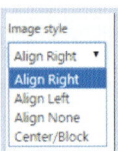

❺ Email은 출력화면에서 이메일로 전송할 수 있는 기능을 활성화할 것인지에 대한 옵션입니다.
❻ PDF는 출력화면에서 PDF 출력 기능을 활성화할 것인지에 대한 옵션입니다.
❼ Print는 출력화면에서 프린트 기능을 활성화할 것인지에 대한 옵션입니다.
❽ Custom css url은 사용자가 직접 출력 옵션에 관한 CSS 코드를 작성하여 만든 파일의 주소를 입력하는 곳입니다. 뒤에 있는 '?'를 클릭하면 코드를 작성하는 방법을 볼 수 있습니다.

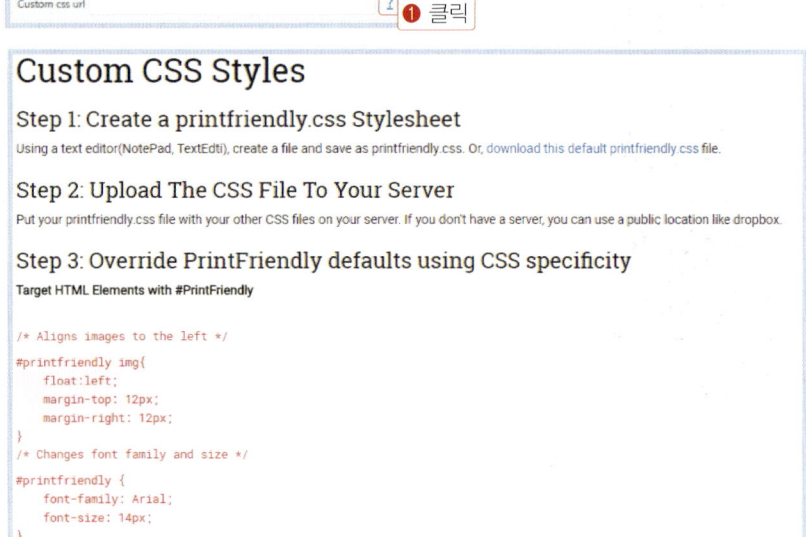

7 Webmaster Settings 항목에서 보안에 관련된 사항을 보여줄 것인지에 대한 옵션을 설정합니다. 설정을 모두 마치면 [Save Options] 버튼을 클릭하여 설정된 내용을 저장합니다.

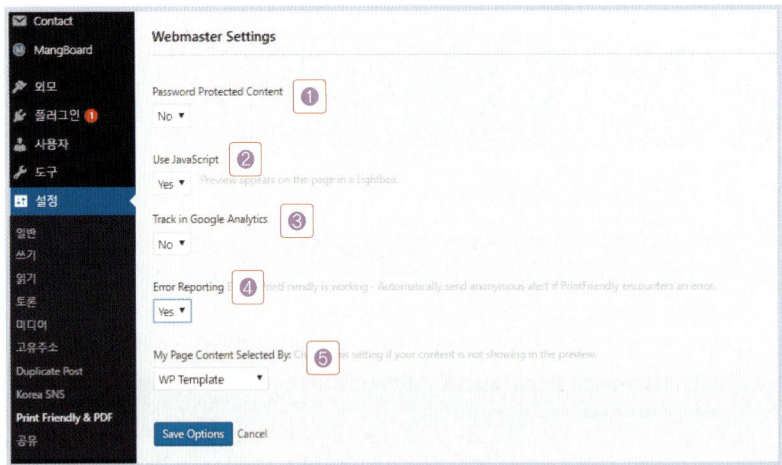

❶ Password Protected Content는 암호로 보호된 내용을 보여줄 것인지에 대한 설정을 합니다.
❷ Use JavaScript는 자바스크립트를 보여줄 것인지에 대한 설정을 합니다.
❸ Track in Google Analytics는 Google 웹 로그 분석에 관한 설정을 합니다.
❹ Error Reporting은 PrintFriendly에 오류가 발생하는 경우 자동으로 오류 보고를 할 것인지에 대한 설정입니다.
❺ My Page Content Selected By는 콘텐트 미리보기를 설정합니다.

8 홈페이지에 접속하여 프린트 아이콘이 활성화되어 있는지 확인하고 프린트 아이콘을 클릭하여 콘텐츠를 출력해 봅니다.

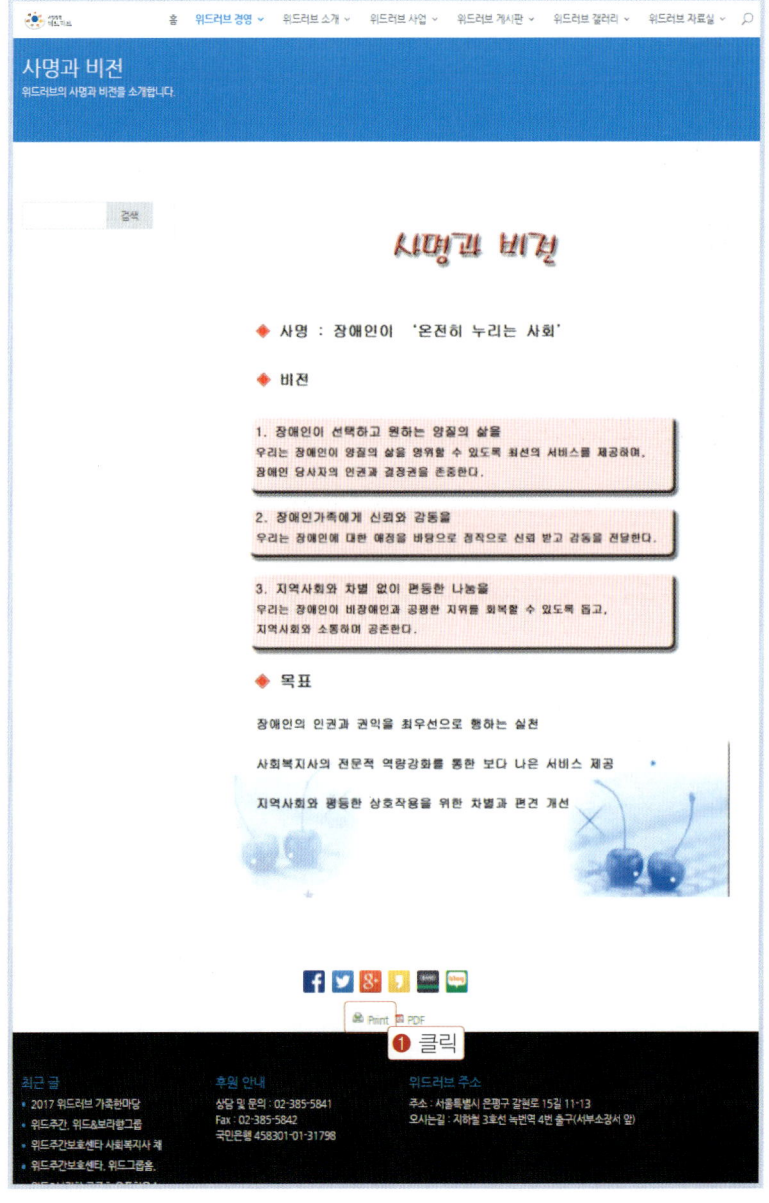

9 프린트 미리보기 창이 나타나는 것을 볼 수 있습니다. 미리보기 창에서 [인쇄] 버튼을 클릭하여 인쇄를 진행합니다.

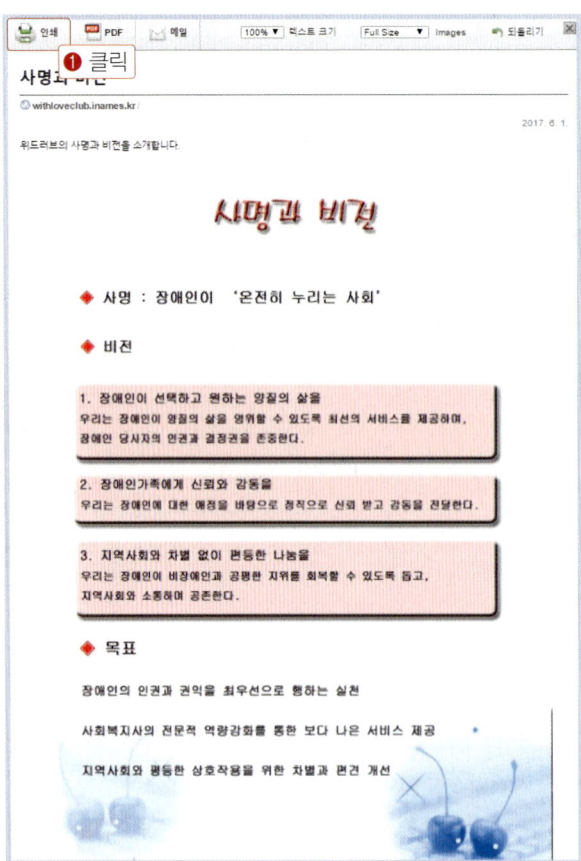

다음은 인쇄 옵션을 설정하는 미리보기 창의 모습입니다.

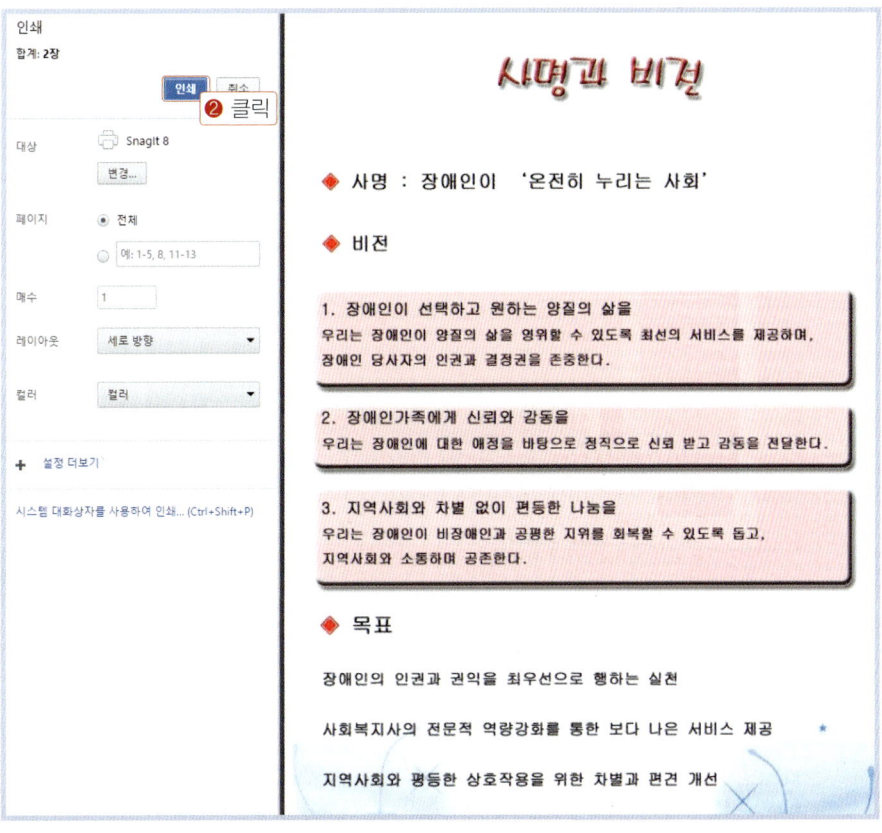

Part 7
홈페이지 최적화하기

홈페이지를 만들고, 사이트가 검색사이트에서 잘 검색되도록 하려면 검색엔진 최적화 작업을 해야 합니다. 검색엔진 최적화 작업을 통하여 사이트 내의 콘텐츠가 네이버의 검색 결과에 빠지지 않도록 할 수 있으며, 무엇보다 사용자가 원하는 콘텐츠의 내용을 명확하게 네이버 검색엔진에 알려 줄 수 있습니다.

01 네이버 웹마스터도구에 홈페이지 등록

네이버 웹 마스터 도구에 홈페이지를 등록하며 등록하려는 사이트의 소유권을 확인하고 최적화 작업을 진행하게 됩니다. 처음 진행해 보는 경우 사이트 소유 작업을 진행할 때 FTP와 몇 가지 기능을 함께 사용하므로 조금 어렵게 느낄 수 있는 부분입니다. 지금부터 진행해 보겠습니다.

네이버 웹마스터도구를 사용하여 최적화를 진행하기 위해 인터넷 주소에 http://webmastertool.naver.com/을 입력하고 이동합니다.

2 네이버 웹마스터도구 사이트에 로그인한 후에 웹마스터도구 메인 화면에 나오는 [사이트 추가] 버튼을 클릭합니다.

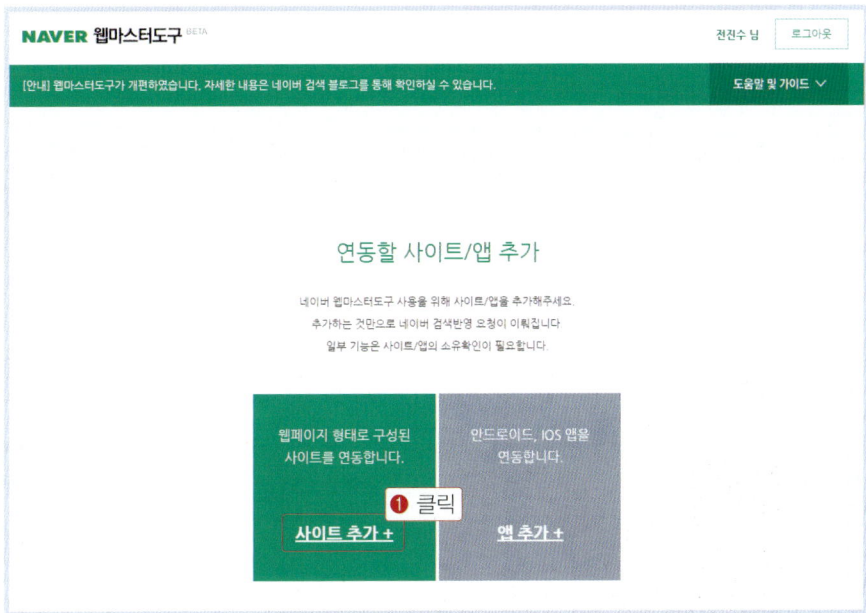

3 사이트 정보 입력화면에서 최적화하려는 홈페이지의 주소를 입력합니다.

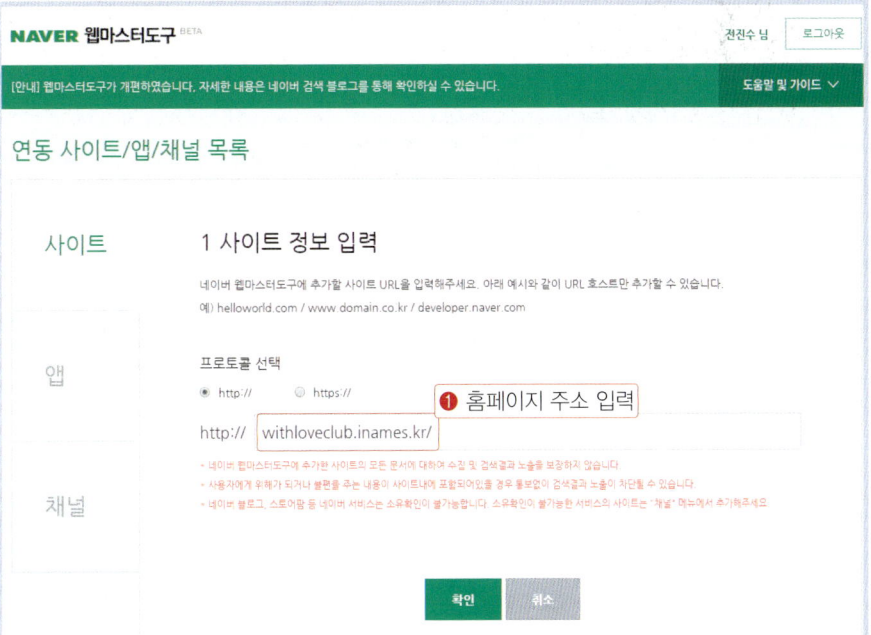

> **note**
> 사이트 주소는 다음 형식과 같이 입력해야 합니다. 도메인 이름만을 입력해야 하며, 뒤에 디렉
> 토리 이름이 따르면 등록할 수 없습니다.
>
> http://www.mysite.com (O)
> http://blog.mysite.com (O)
> http://www.mysite.com/myid (X)

4 사이트 소유 확인 단계에서는 HTML 파일을 다운로드하여 업로드하기 위해 '1.HTML 확인 파일을 다운로드합니다.' 링크를 클릭하여 HTML 파일을 다운로드합니다. 다운로드가 완료되면 작업표시줄에 다운로드한 파일이 나타납니다. 이 파일을 FTP를 통해 호스팅에 업로드해야 합니다.

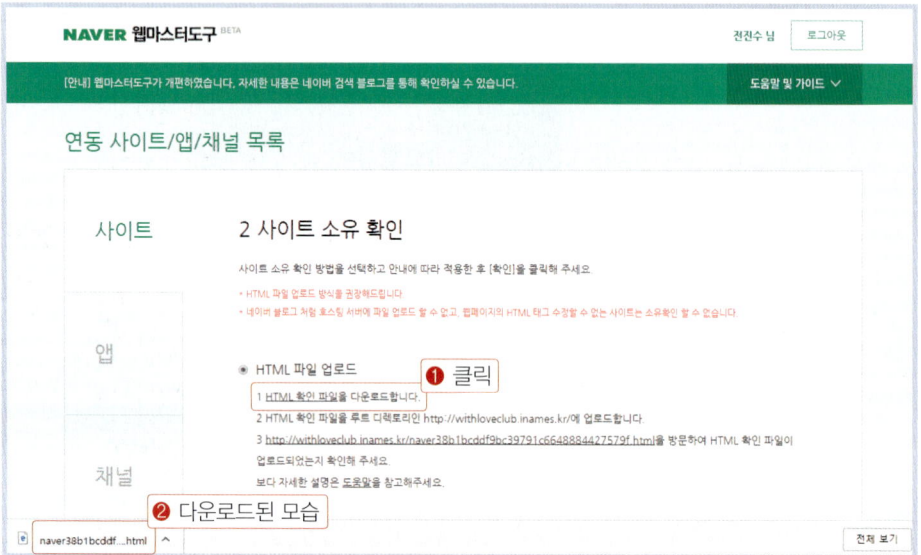

5 다운로드한 파일을 업로드하기 위해 FTP 프로그램인 '알드라이브'를 실행합니다. 다음 그림과 같이 호스팅 중인 자신의 사이트에 대한 계정 정보를 입력하고 [연결] 버튼을 클릭합니다.

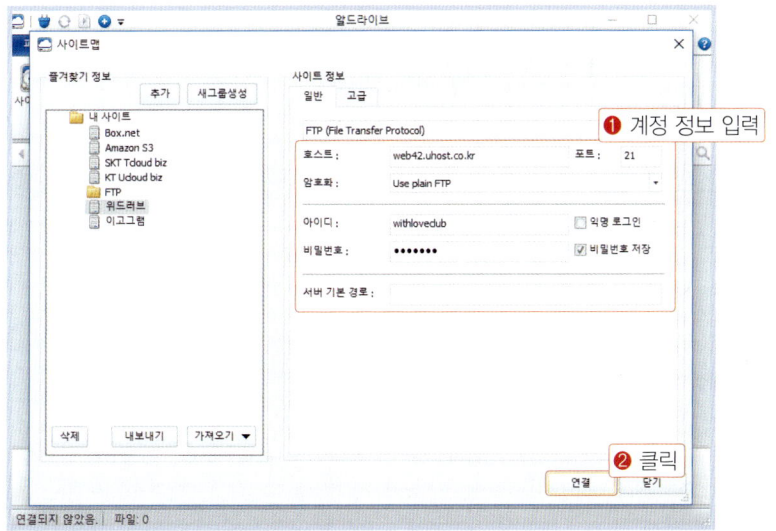

6 호스팅에 접속된 것을 볼 수 있습니다. 접속된 화면에서 [업로드] 버튼을 클릭합니다.

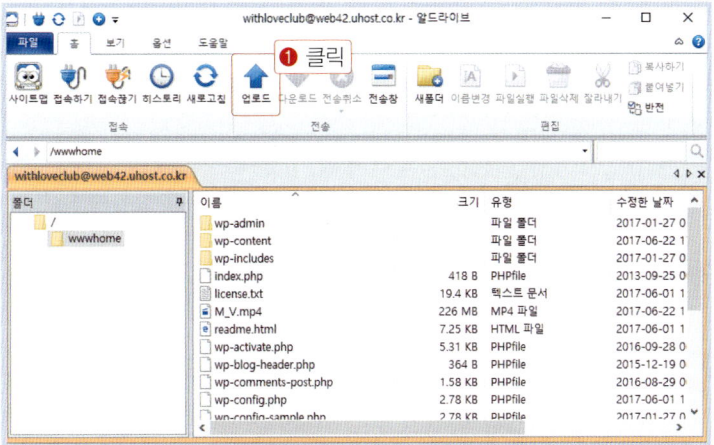

7 파일을 선택하는 창에서 **4**에서 다운로드한 "naver38b1bcddf9bc39791c6648884427579f.html" 파일을 선택한 후에 [열기] 버튼을 클릭합니다.

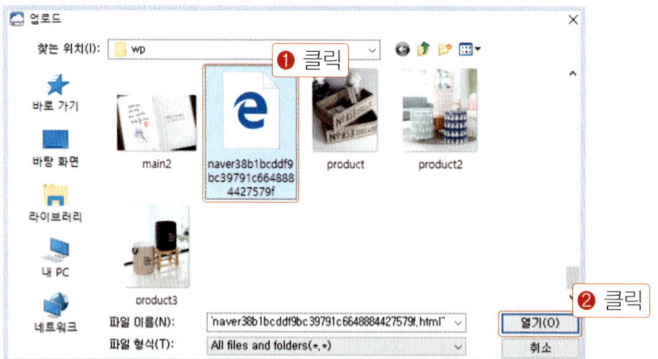

8 호스팅에 'naver38b1bcddf9bc39791c6648884427579f.html' 파일이 업로드된 것을 확인합니다.

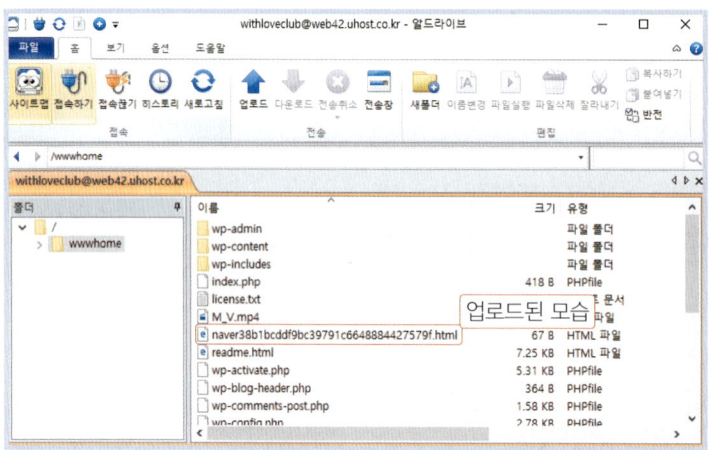

9 파일이 업로드된 것을 확인하고, 네이버 웹마스터도구 화면으로 돌아가 3번 항목을 클릭하여 업로드한 파일이 인터넷을 통해 연결되는지 확인합니다.

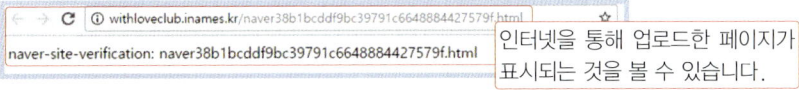

10 자신의 사이트에서 정상적으로 업로드한 파일을 확인하는 것을 볼 수 있습니다.

11 HTML 파일 업로드와 확인 과정을 마친 후에 보안문자를 입력하고 [확인] 버튼을 클릭합니다.

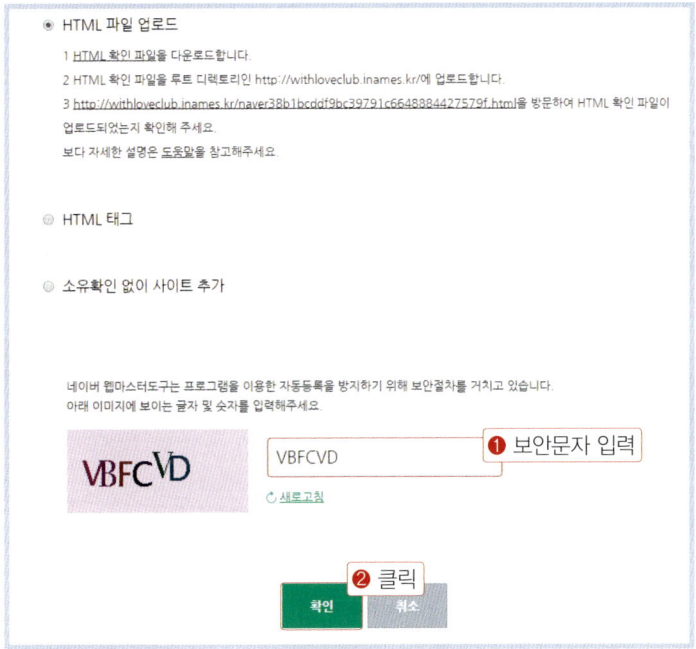

12 웹사이트 소유 확인이 완료되었다는 메시지를 표시하는 팝업창을 볼 수 있습니다. 내용을 확인한 후에 팝업창의 [확인] 버튼을 클릭하여 팝업창을 닫습니다.

❶ 클릭

13 사이트가 네이버 웹마스터도구에 등록된 것을 볼 수 있습니다. 등록된 주소를 클릭하여 웹마스터도구 관리 페이지로 이동합니다.

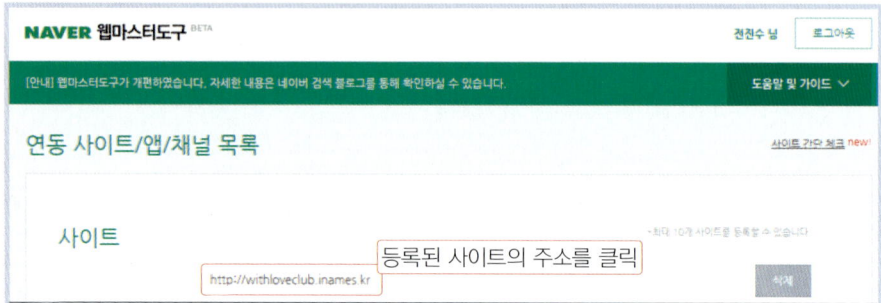
등록된 사이트의 주소를 클릭

14 웹마스터도구 관리 화면이 나옵니다. 화면을 통해 사이트 상태를 확인했을 때 'DNS 상태 : 정상' '수집 상태 : 수집원활' 'ROBOTS.TXT : 수집됨'으로 화면에 표시되어야 합니다. 만약 다음과 같이 표시되지 않는 경우 HTML 파일 업로드 과정에서 문제가 발생한 경우입니다. 파일을 다시 업로드해 보세요.

등록된 사이트의 상태를 확인합니다.

02 사이트 최적화 현황 분석

사이트 최적화 현황 분석을 통해 최적화가 잘 되어 있는 부분과 최적화가 안 되어 있는 부분을 점검하여 홈페이지를 수정해야 검색이 잘 되는 사이트가 됩니다. 사이트 최적화 현황을 하나하나 분석해 보는 과정을 진행해 보겠습니다.

웹마스터도구 관리자 페이지의 왼쪽 메뉴에서 [현황]-[사이트 최적화] 메뉴를 클릭합니다. 처음으로 사이트 최적화를 진행할 때는 다음 그림과 같은 메시지가 표시됩니다.

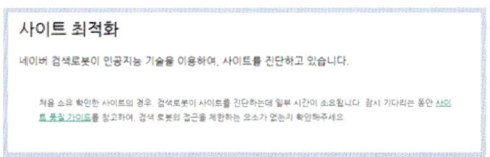

잠시 후 다음 그림과 같은 사이트 최적화 현황이 표시됩니다. 다음 그림은 부분적으로 사이트 최적화에 실패한 모습입니다.

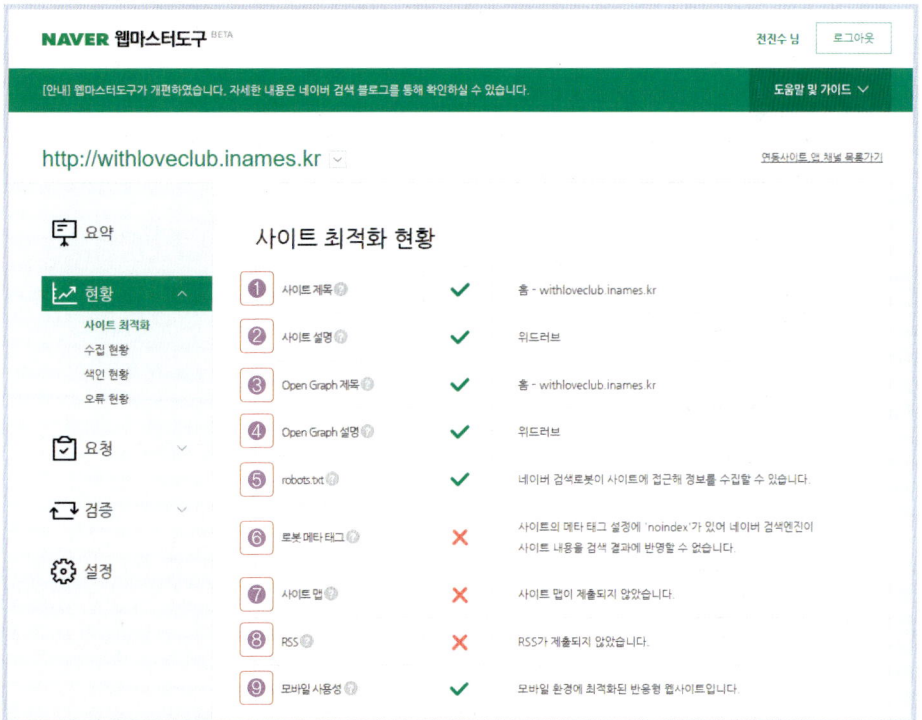

사이트 최적화 현황에 표시된 항목을 하나씩 살펴보겠습니다.

❶ 사이트 제목 : HTML 문서의 〈head〉 태그 내에 있는 〈title〉 내용입니다.
사이트 메인페이지의 〈title〉 태그는 사이트의 성격을 잘 표현할 수 있는 브랜드명으로 적어야 합니다. 사이트의 개설 목적에 맞는 브랜드 키워드를 활용하는 것이 좋으며 상호명, 서비스명, 제품명 등의 고유명사를 사용하는 것을 권장합니다. 또한, 검색 노출만을 위하여 제목을 자주 변경하는 경우, 제목이 과도하게 길어서 사용자가 쉽게 사이트를 파악하지 못하는 경우는 검색 노출에 불이익을 받을 수 있습니다.

개별 페이지의 〈title〉 태그는 페이지의 콘텐츠 주제를 명확하게 설명할 수 있는 문구를 적어야 합니다. 별도의 글자 수 제한은 없지만, 검색 결과에서 표현이 가능한 수준으로 제목의 길이를 제한하여 작성해 주세요. 과도한 길이의 제목은 검색 사용자의 사용성을 저해할 수 있습니다. 2회 이상 반복적인 키워드, 스팸성 키워드, 콘텐츠와 연관이 없는 키워드가 나열된 경우 검색 노출에 불이익을 받을 수 있으니 유의하세요.

사이트 내의 모든 페이지를 같은 제목으로 넣지 마세요. 페이지 콘텐츠에 맞는 고유한 제목을 적어야 검색 사용자가 여러분의 콘텐츠를 찾을 가능성이 커집니다.

```
〈head〉
    〈title〉페이지 제목〈/title〉
〈/head〉
```

〈title〉 태그의 내용은 워드프레스 관리자 페이지에서 변경할 수 있습니다. 워드프레스 관리자 페이지에서 [설정]-[일반] 메뉴를 클릭하여 표시되는 일반 설정 페이지의 내용에서 사이트 제목에 내용을 입력하면 입력한 내용으로 변경됩니다.

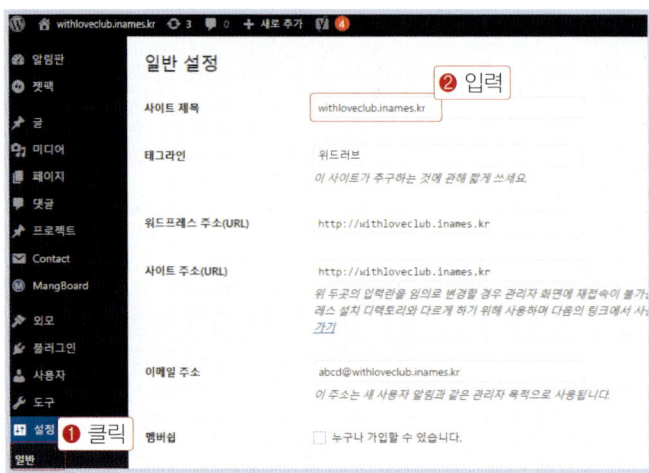

❷ 사이트 설명 : HTML 문서의 〈head〉 태그 내에 있는 〈meta〉 태그를 이용하여 나타내는 메타 description 정보입니다.

```
〈head〉
  〈meta name="description" content="페이지 설명"〉
〈/head〉
```

페이지의 〈meta〉 태그의 description은 페이지의 콘텐츠에 대한 간략한 설명으로 1~2개의 문장으로 구성된 짧은 단락을 사용할 수 있습니다. 단, 2회 이상 반복적인 키워드, 스팸성 키워드, 사이트와 연관이 없는 키워드가 있는 경우 검색 노출에 불이익을 받을 수 있습니다. 또한, 검색 노출만을 위하여 사이트 메인페이지의 description 내용을 자주 변경하거나 과도하게 길어서 사용자가 쉽게 사이트를 파악하지 못하는 경우도 검색 노출의 불이익 대상에 포함됩니다.

간혹 페이지 내의 전체 내용을 복사해서 붙여넣거나 키워드만 나열하는 때가 있습니다. 이런 경우 검색 노출에 불이익을 받을 수 있으니 콘텐츠에 맞는 필요한 문구만을 간추려서 넣어 주세요.

description의 내용 또한 워드프레스 관리자 페이지에서 변경할 수 있습니다. 워드프레스 관리자페이지에서 [설정]-[일반] 메뉴를 선택하여 표시되는 일반 설정 페이지에서 태그라인 항목에 내용을 입력하면 변경됩니다.

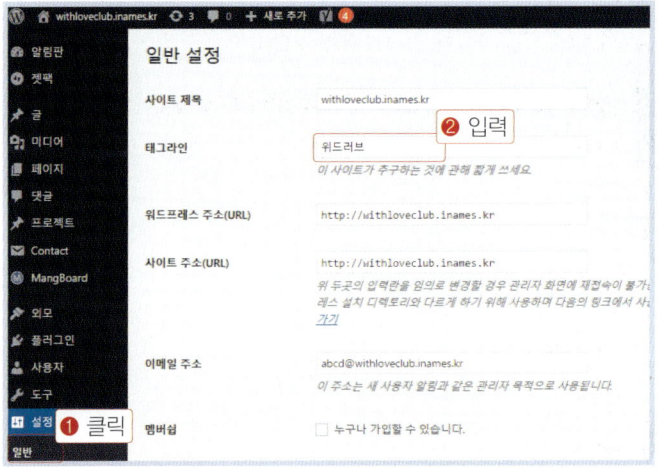

❸ Open Graph 제목 : HTML 문서의 〈head〉 태그 내에 있는 og:title 메타 정보입니다.

〈head〉
　〈meta property="og:title" content="페이지 제목"〉
〈/head〉

오픈 그래프 제목 태그는 사이트가 소셜 미디어로 공유될 때 우선으로 활용되는 정보입니다. 사이트의 제목 또는 페이지 제목을 입력합니다.

워드프레스 관리자 페이지에서 [페이지]-[모든 페이지] 메뉴를 클릭한 후에 표시되는 페이지 목록에서 '홈 – 전면페이지' 항목의 [편집] 링크를 클릭합니다.

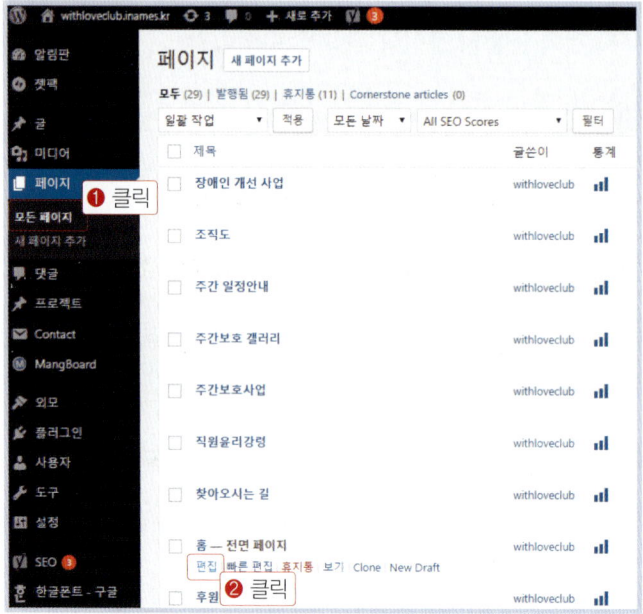

페이지 편집 화면에 'Yoast SEO' 항목이 나오는 것을 볼 수 있습니다. SEO를 편집하기 위하여 [Edit snippet] 메뉴를 클릭합니다.

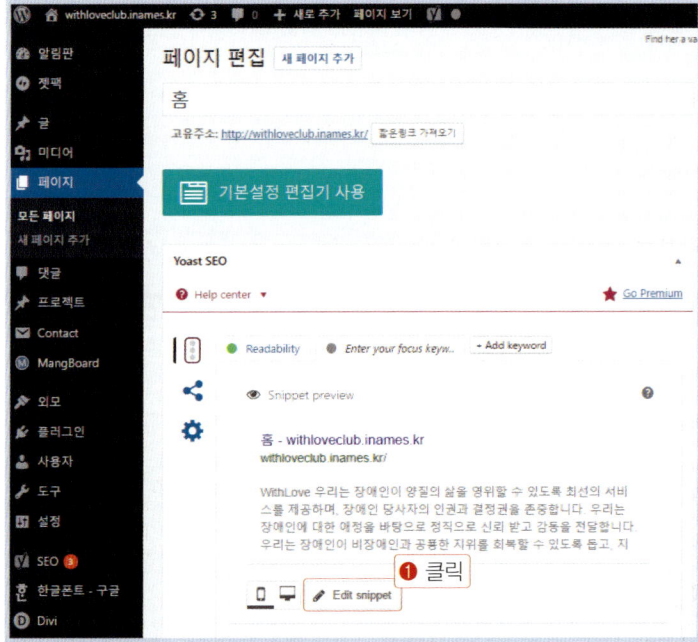

SEO title을 입력하고, [업데이트] 버튼을 클릭하면 완료됩니다.

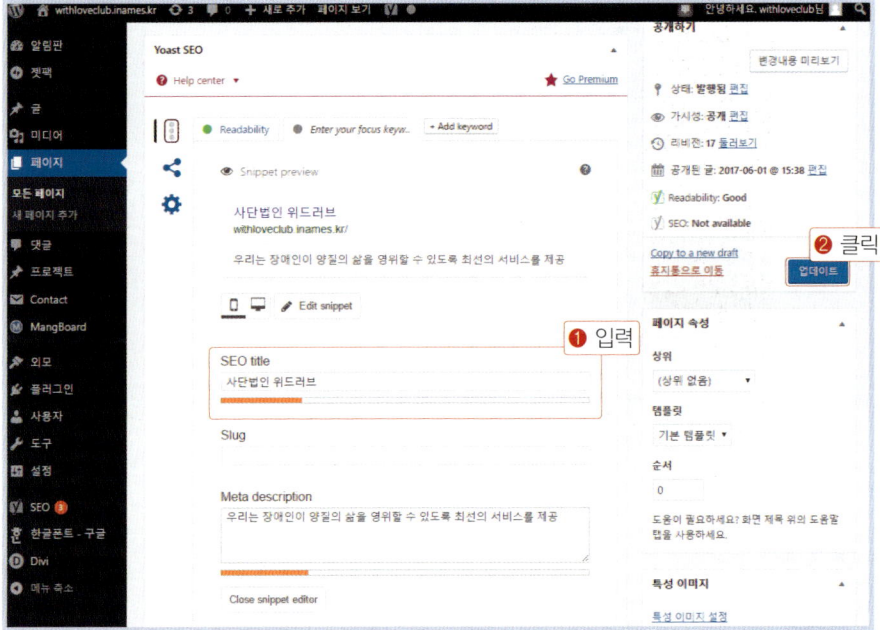

❹ Open Graph 설명 : HTML 문서의 〈head〉 태그 내에 있는 og:description 메타 정보입니다.

```
〈head〉
    〈meta property="og:description" content="페이지 설명"〉
〈/head〉
```

오픈 그래프 설명 태그는 사이트가 소셜 미디어로 공유될 때 우선 활용되는 정보입니다. 사이트 설명 및 페이지 설명을 입력합니다.

앞에서처럼 워드프레스 관리자 페이지에서 [페이지]-[모든 페이지] 메뉴를 클릭한 후에 표시되는 페이지 목록에서 '홈 - 전면페이지' 항목의 [편집] 링크를 클릭합니다. 페이지 편집 화면에 'Yoast SEO' 항목이 나오는 것을 볼 수 있습니다. SEO를 편집하기 위하여 [Edit snippet] 버튼을 클릭하여 메타 정보를 수정하고, [업데이트] 버튼을 클릭하여 수정 내용을 반영합니다.

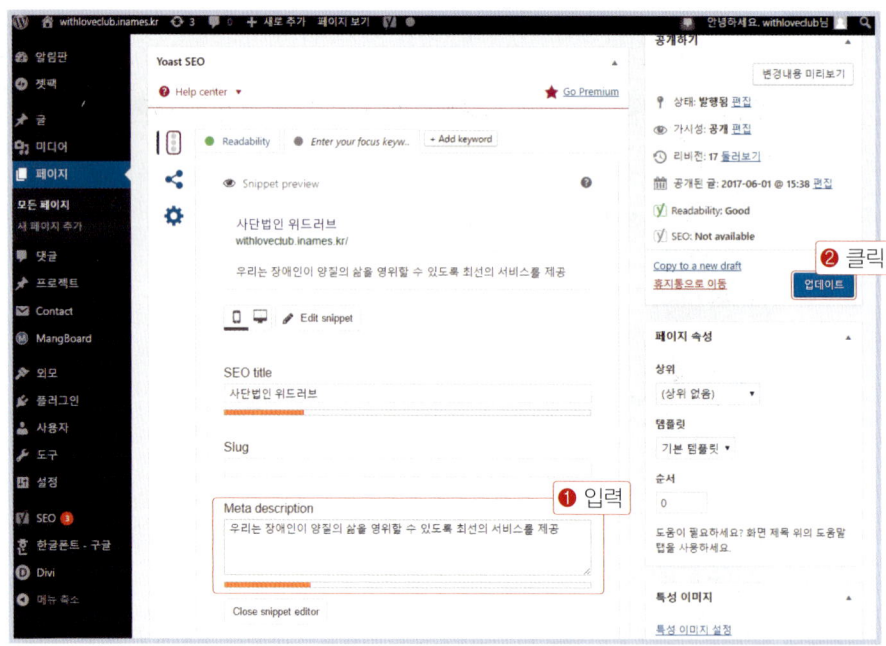

❺ robots.txt : robots.txt 파일로 여러분의 사이트에 대한 정보 수집을 제한하거나 수집을 허용할 수 있습니다. 네이버 웹마스터도구에서 메뉴 [검증]-[robots.txt] 항목을 선택하여 'robots.txt 간단 생성' 항목에서 '모두 방문, 수집하도록 허용합니다.'로 설정할 경우 robots는 다음과 같은 태그를 생성합니다.

> User-agent: Yeti
> Allow:/

모든 수집을 허용하지 않을 경우는 다음과 같은 태그를 생성합니다.

> User-agent: Yeti
> Disallow:/

사이트의 정보가 잘 수집되어야 하기 때문에 '모든방문, 수집하도록 허용합니다.'에 체크하고 [다운로드] 버튼을 클릭합니다. 다운로드된 파일을 사용자 홈페이지의 최상위 디렉토리에 업로드하기 위해 FTP 프로그램을 실행합니다.

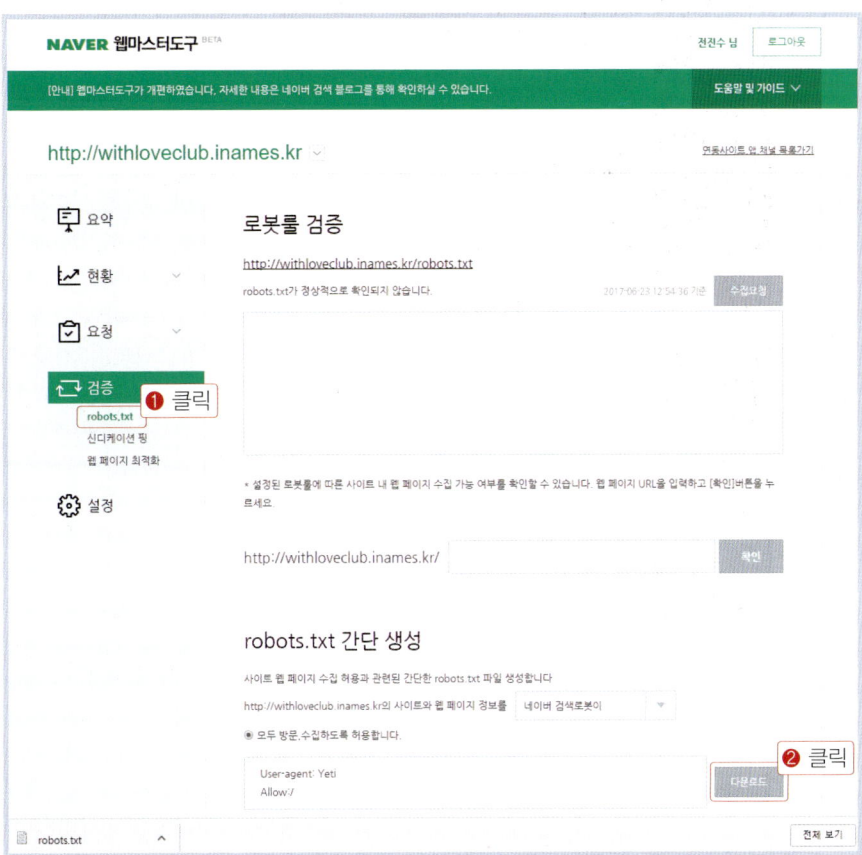

FTP 프로그램인 '알드라이브'를 실행한 후에 [업로드] 버튼을 클릭합니다.

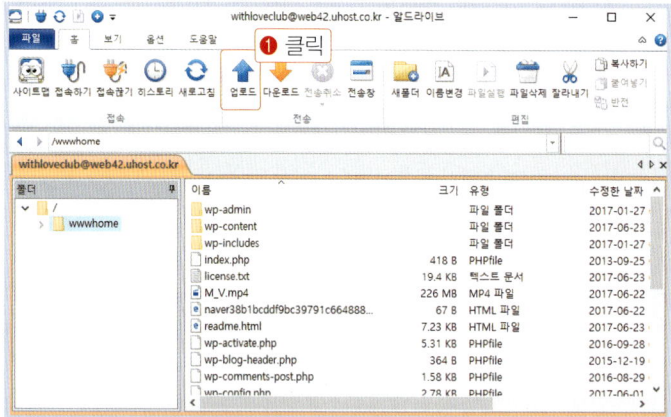

데스크톱 컴퓨터에서 robots.txt 파일을 저장한 폴더로 이동하여 robots.txt 파일을 선택하고 [열기] 버튼을 클릭합니다.

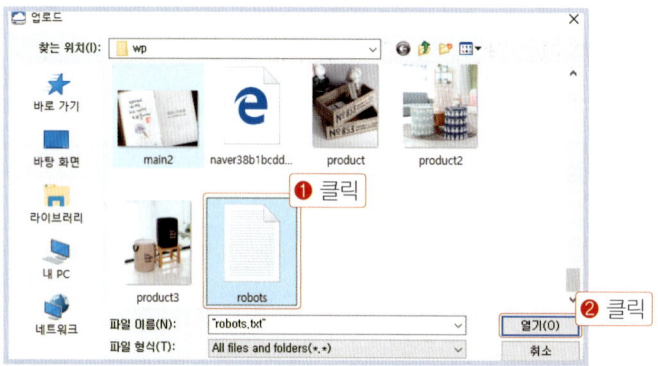

robots.txt 파일이 호스팅 서버 컴퓨터에 등록된 것을 볼 수 있습니다.

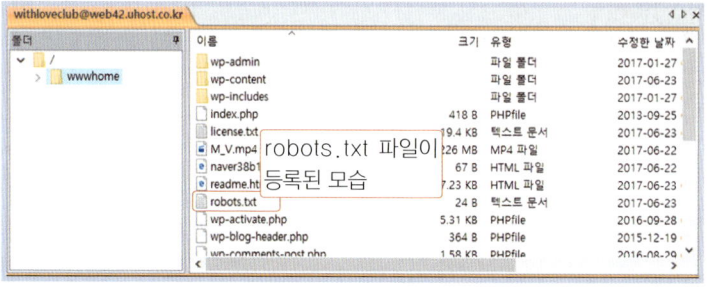

❻ 로봇 메타 태그 : HTML 문서의 〈head〉 태그 내에 있는 로봇 〈meta〉 정보입니다.

```
〈head〉
  〈meta name="robots" content="명령어"〉
〈/head〉
```

로봇 메타 태그는 페이지별로 검색 로봇의 접근 여부를 제어할 수 있는 정보입니다. 명령어에 noindex를 사용하면 해당 페이지는 검색 결과에서 제외되며, nofollow를 사용하면 검색 로봇이 해당 페이지 내의 링크를 따라가지 않도록 설정할 수 있습니다. 사이트의 페이지가 검색 결과에서 제외되지 않도록 해당 태그를 삭제하거나 기본 설정인 index, follow로 설정하시는 것을 추천합니다.

로봇 메타 태그를 설정하기 위해 워드프레스 관리자 페이지에서 SEO 설정 플러그인에서 Titles & Metas – Yoast SEO 항목의 Meta Robots를 index로 설정합니다.

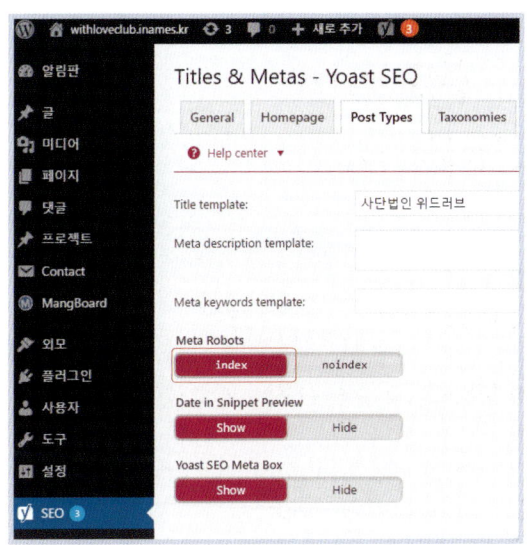

❼ 사이트 맵 : 사이트 내의 모든 URL을 포함하는 파일입니다. 워드프레스 관리자 페이지에서 다운로드하여 네이버 웹마스터도구에서 사이트 맵을 등록할 수 있습니다.

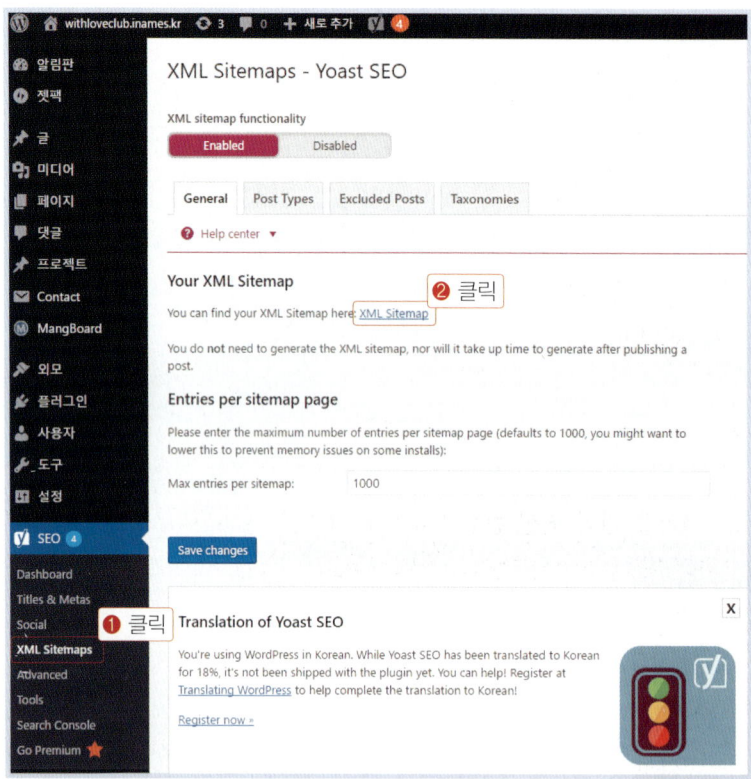

XML Sitemaps 파일을 다운로드하여 네이버 웹마스터도구에서 [요청]-[사이트맵 제출] 메뉴를 선택하여 사이트맵 제출 항목에서 사이트맵 주소를 입력하고 [확인] 버튼을 클릭합니다.

사이트맵 주소 : http://withloveclub.inames.kr/sitemap.xml

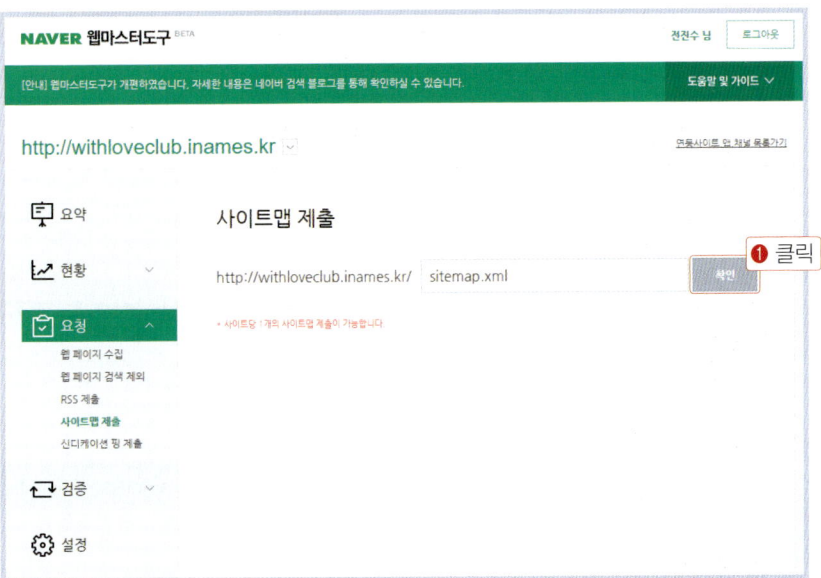

❽ RSS : 사이트 내의 최신 콘텐츠를 담고 있는 파일입니다. 네이버 웹마스터도구의 [요청]-[RSS 제출] 메뉴를 선택하여 RSS 제출 항목에 다음 RSS 주소를 입력하고 [확인] 버튼을 클릭합니다.

RSS 주소 : http://withloveclub.inames.kr/?feed=rss

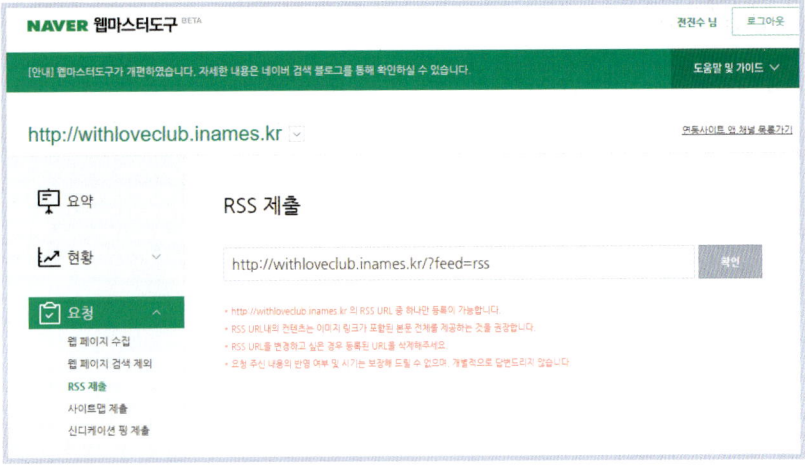

❾ 모바일 사용성 : 반응형 웹 디자인으로 구현된 사이트인지 판별합니다. HTML 문서의 〈head〉 태그 내에 있는 〈meta〉 태그를 활용합니다.

```
〈head〉
    〈meta name="viewport" content="width=device-width"〉
〈/head〉
```

모든 설정이 마무리된 후에 네이버 웹마스터도구에서 [현황]-[사이트 최적화] 메뉴를 선택하여 사이트 최적화가 완벽히 되었는지 확인합니다.

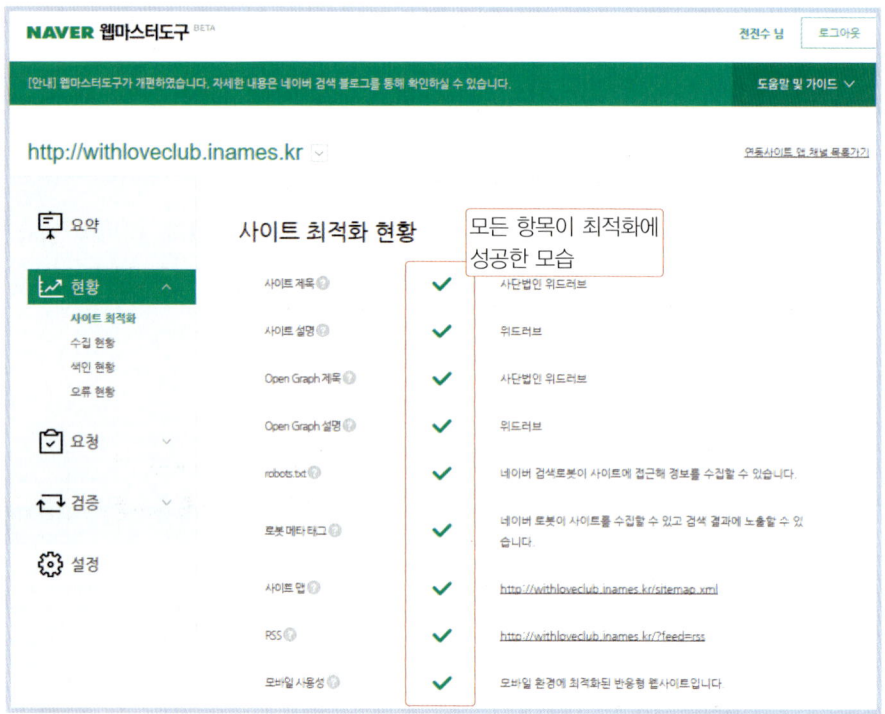

모든 항목이 최적화에 성공한 모습

따라하며 완성하는 반응형 홈페이지
워드프레스

인쇄 일자 : 2017년 12월 22일 초판 인쇄
발행 일자 : 2017년 12월 28일 초판 발행

펴낸곳 : 가메출판사(http://www.kame.co.kr)
발행인 : 성만경
기 획 : YJ 인재개발원
저 자 : 전진수

주소 : 서울시 마포구 서교동 394-25 동양한강트레벨 504호
전화 : 031)923-8317
팩스 : 031)923-8327

ISBN : 978-89-8078-293-2
등록번호 : 제313-2009-264호

정가 : 18,000원

잘못된 책은 구입하신 서점에서 교환해 드립니다.
이 책의 무단 전재 및 복제를 금합니다.

쿠폰번호	inames 무료 호스팅 쿠폰 QL17F2A202K8Z5